DUIWAI HANYU
JIAOXUE LUNCONG

对外汉语教学论丛

（第三辑）

主　编　刘　荣
副主编　何　婉　胡　晓

四川大学出版社

责任编辑:周　洁
责任校对:余　芳
封面设计:墨创文化
责任印制:王　炜

图书在版编目(CIP)数据

对外汉语教学论丛. 第三辑 / 刘荣主编. —成都：四川大学出版社，2016.4
ISBN 978-7-5614-9380-9

Ⅰ.①对… Ⅱ.①刘… Ⅲ.①汉语-对外汉语教学-教学研究-文集 Ⅳ.①H195.3-53

中国版本图书馆 CIP 数据核字（2016）第 076471 号

书名　**对外汉语教学论丛(第三辑)**

主　　编　刘　荣
出　　版　四川大学出版社
地　　址　成都市一环路南一段 24 号 (610065)
发　　行　四川大学出版社
书　　号　ISBN 978-7-5614-9380-9
印　　刷　郫县犀浦印刷厂
成品尺寸　165 mm×235 mm
印　　张　14.5
字　　数　259 千字
版　　次　2016 年 4 月第 1 版
印　　次　2016 年 4 月第 1 次印刷
定　　价　36.00 元

◆读者邮购本书,请与本社发行科联系。
电话:(028)85408408/(028)85401670/
(028)85408023　邮政编码:610065
◆本社图书如有印装质量问题,请
寄回出版社调换。
◆网址:http://www.scupress.net

序

中华文明五千年的历史，通过汉语的书面形式薪火相传。时至今日，随着中华民族的崛起，汉语逐渐走向世界。学习汉语的热潮在全球范围内蔚为壮观。正因如此，中国的对外汉语教学研究具有了“世界性”的意义。

在西方《圣经·创世纪》中，上帝为阻止人类建造通天塔，而变乱原本统一的语言，人类自此各散东西，发展出了不同的语言和种族。虽然“五方之民，言语不通，嗜欲不同”，但“东海西海，心理攸同；南学北学，道术未裂”。即使文化和语言千差万别，四海之内的“人心”也是相通的。而对外汉语教学的目的正是要架起一座沟通不同文化和语言的桥梁。为推进汉语事业的发展，我国对外汉语教学事业的先驱周祖谟等人一路披荆斩棘，筚路蓝缕，为此领域的理论建设铺下了第一块坚固的基石。如今放眼世界，这项“国家和民族的事业”正在以更快的速度和更旺盛的生命力迅猛发展。

《对外汉语教学论丛（第三辑）》的出版正是为国家文化事业建设添砖加瓦。该丛书不仅涉及对外汉语教学法的讨论、汉语学习的研究以及汉语本体的研究等诸多方面，而且学理性强，有较强的现实指导意义。它向人们立体而生动地呈现了一幅关于对外汉语教学理论种种课题实践的图景。虽然研究内容丰富多样，但都与对外汉语教学息息相关。所收录的论文多是在教与学的过程中诞生的成果，教学相长，可谓贵乎！

教学相长，是此书的初衷，也是最终目的。《学记》有言：“虽有佳肴，弗食不知其旨也；虽有至道，弗学不知其善也。是故学然后知不足，教然后知困。知不足，然后能反省也；知困，然后能自强也。故曰：教学相长也。《兑命》曰：学学半，其此之谓乎！”虽然教学有法，教无定法，但本书的诸位作者，在学海中孜孜不倦，不断探求规律，顺应时代发展，挖掘理论热点，将思想的精华付诸笔端，结出了累累硕果。所谓学者，即是在悠闲的时光中忙碌自己的思想和智慧。而此书中的思想正是作者在教学之余刻苦钻研的结晶，定会给其他学者一定的启发，也必然会引起更多人对这一领域的关注。

“百川学海，而至于海；丘陵学山，不至于山”，为师者和治学者应当包举宇内，境界高远。正如“学其上，仅得其中；学其中，斯为下矣”，故“入门须正，立志须高”，当“通大义，识大体，立根本”，更应学贯中西，博学强知，“淹博，识断，精审”，方能高屋建瓴。然而“生也有涯，无涯唯智”，望诸位勤学苦思，切磋琢磨，潜心著书，放宽诸心，道理自会在潜移默化中显现。

后生可畏，焉知来者之不如今也？

是为序！

曹顺庆

目 录

在语言能力测验中建立构想效度的可能性

陈泓明

摘　要：本文讨论的是在语言能力测验中建立构想效度的可能性问题。笔者认为，语言能力测验中构想效度的有效性同时指向理论、构想、测量以及对测量结果的解释，要验证语言能力测试中的构想效度的有效性，就必须对以上四个方面一一加以考察，但是目前要进行这样的考察还面临着相当大的困难。因此本文建议考察被试完成特定目的语任务的能力而非笼统地测试其语言能力。另外，构想效度的概念也有必要进行一定的修正。

关键词：构想；构想效度；语言能力测试

The Possibility of Establishing Construct Validity in Language Proficiency Test

Chen Hongming

Abstract: This paper examines the possibility of establishing construct validity in language proficiency test. It is argued that the validation of construct validity in language proficiency test presupposes, simultaneously, the validation of the underlying theory, the construct, the test, and the interpretation of the test scores. Further, this paper presents the difficulties of validating the underlying theory, the construct, the test, as well as the

interpretation based on test scores. It concludes by suggesting the practicability of assessing, in language proficiency test, test takers' ability of fulfilling specific target language tasks rather than their language competence. It also indicates the necessity of altering our view of construct validity.

Key words：construct；construct validity；language proficiency test

1 引言

语言测验质量的核心是效度问题，其中最本质、最核心的是结构（构想）效度问题[①]（陈宏，1999）。语言测验的开发者需要在测验中建立良好的构想效度，然而在现阶段我们是否能够做到这一点？本文将首先讨论构想效度有效性的指向问题。笔者认为，语言能力测验中构想效度的有效性同时指向理论、构想、测量以及对测量的解释，进而本文将从上述四个方面讨论在语言能力测验中建立构想效度的困难所在。

首先需要声明，本文所讨论的测量（文中指语言能力测验）指的是探索性测量，是作为应用性测量的对立面出现的。张凯（2004b）指出，在语言测量中讨论构想效度有必要区分探索性测量和应用性测量。探索性测量指的是建立理论（尽管不是所有理论）、证明假说所必需的测量；应用性测量指的是测量的实际应用。我们同意张凯（2004b）的观点，即探索性测量是理论的组成部分，应用性测量是理论的产物；构想效度仅仅是理论探索阶段的问题，不是应用阶段的问题。这也是笔者选择在探索性测量中讨论构想效度问题的一个原因。另一个原因是应用性测量的有效性最终还是要靠相关的探索性测量的有效性来保证。

2 语言能力测验中的构想效度有效性的指向

克龙巴赫和米尔（Cronbach & Meehl，1955）指出："构想效度的研究，本质上是证明测验背后的理论有效。"（转引自张凯，2004b）然而，关于构想效度是什么有效的问题一直难有定论。张凯（2004b）总结归纳了前

① 在本文中结构效度和构想效度指的是同一个东西，都是译自英语的"construct validity"。

人对构想效度有效性指向的研究，比较明确的观点大致有以下四种：构想本身有效，测验有效，测验或分数的解释有效，以及理论有效。他同意“证明构想效度就是证明一个理论有效”，而且强调，“在整个证明过程中，构想、测量和理论哪一个也不能先于另外两个获得有效性”（张凯，2004b）。

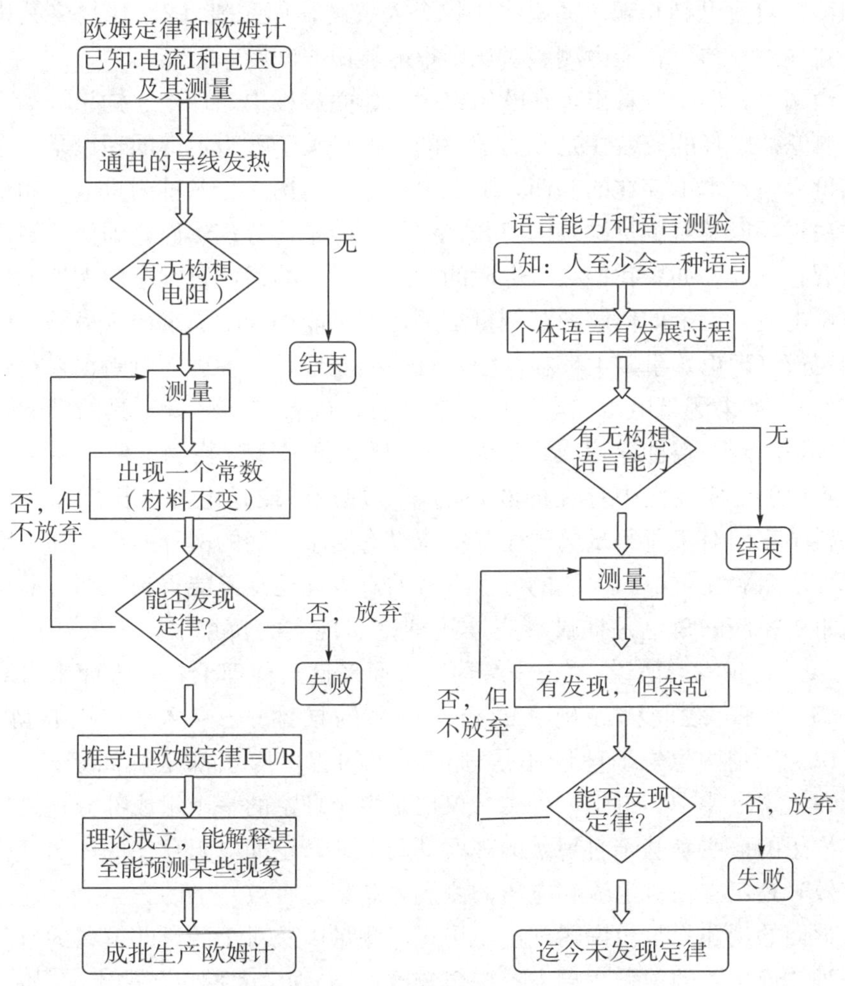

图 1　欧姆定律的建立过程与语言能力测验的对比

笔者同意张凯所强调的内容。既然在构想效度的证明过程中构想、测量和理论哪一个也不能先于另外两个获得有效性，那么构想效度的证明在证明理论有效性的同时，也就包含了证明构想和测量的有效性。因而笔者认为，在语言能力测验中，构想效度的有效性是同时指向理论、构想、测验（测量）、测验（测量）分数的解释有效，其中并不存在主次的问题，正如克龙巴赫和米尔（1955）所说："我们不是先证明'理论'而后证明测验有效，也不是反过来先证明测验再证明理论。当我们根据一类观察现象做出归纳推断时，我们考察的是整个理论网络与观察之间的关系。"（转引自张凯，2004b）。克龙巴赫和米尔的说法比较令人费解，而张凯（2004b）将欧姆定律的建立过程与语言能力测验对比则很能够说明问题。

由图1我们不难看出，在欧姆定律的建立过程中，理论、构想、测量以及对测量的解释的有效性是互为前提的：如果关于欧姆定律的理论是一个在现实世界中根本不存在的东西，那么关于电阻的构想、各种测量电压和电流的方法过程以及对测量结果的解释，都将只能是徒劳；然而，即使欧姆定律是客观存在的，如果我们关于电阻的构想是错误的话，科学家们无论如何测量电压电流，无论如何解释其测量结果，也不能得到欧姆定律；另外，即使欧姆定律（理论）事实上存在（但是有待于发现），（各种）电阻也存在（构想有效），如果测量电压和电流的方法不对，或者由于测量工具的影响，测量结果得不到一致性保障（测量无效），那么再怎么解释测量值，科学家们还是不能够证实现实中存在的欧姆定律（理论）或是电阻（构想）；最后，如果科学家们对于所测量的电压和电流没有给予正确的解释的话，那么欧姆定律、电阻和测量电压电流的方法三者的有效性还是不能得到证明。而构想在这里所扮演的角色是提供一座连接理论与现实的桥梁，正如安娜斯塔西（Anastasi，1982）所说："……结构一方面来自某种理论，一方面来自对行为的各种测度之间已经确立的相互关系的推论……"（转引自陈宏，1997b）。无论构想先于理论还是理论先于构想，构想都是从属于理论的，正如在欧姆定律中，电阻（构想）仅仅是整个理论的一个组成部分；另一方面，构想的证明是基于对现实的观察基础上的，正如电阻存在的证明（构想的有效）是建立在对电流和电压的测量（观察的有效）上的。

上面的论述只是想说明理论、构想、测量以及对于测量的解释的有效性是一种"连坐"的关系。再来看构想效度，《心理学大词典》的定义是："结构效度亦称构想效度，或概念效度，即测验在多大程度上正确地验证了编制测验的理论构想。"（朱智贤，1989）根据这个定义，可以肯定的一点是证明构想效度肯定要证明构想和理论有效，然而"正确"地验证则需要测量及对测量结果有效性的保证。再来看欧姆定律的例子。要证明欧姆定律建立过程中的构想效度，也就是要证明在多大程度上欧姆定律（理论）、电阻（构想）、对于电压和电流的测量（测量）以及对于电压和电流的测量结果的解释（对于测量结果的解释）这四个方面是同时有效的，或者说是同时正确的。

由此笔者认为，在语言能力测验中构想效度的证实就是指语言能力理论、关于语言能力的构想、语言能力测验自身、对语言能力测验结果的解释这四个方面同时有效，缺一不可。构想、测量和测量的解释是建立或证明理论的必要环节，因而也是理论的组成部分。它们之间的关系可以由下图表示：

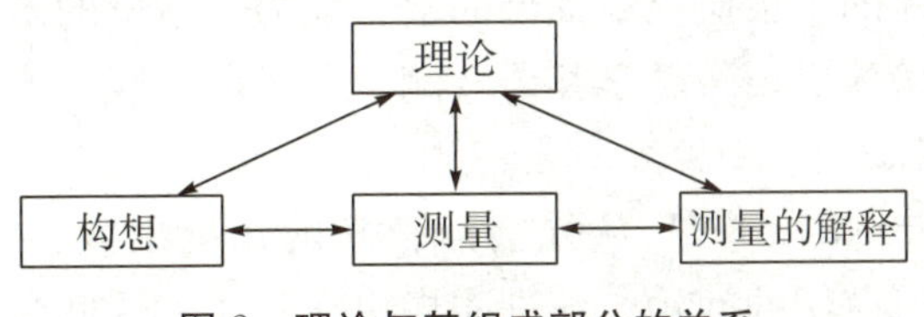

图 2　理论与其组成部分的关系

现在面临的一个问题是，是否可能在语言能力测验中寻找到来自四个方面的足够的信息和证据，从而建立和证明构想效度？换句话说，如果要在语言能力测验中建立和验证构想效度，需要回答下述四个问题：语言能力的理论在多大程度上有效？关于语言能力的构想在多大程度上有效？测验本身在多大程度上有效？对测验的解释在多大程度上有效？事实上，正是在回答这些问题的时候，笔者遇到了困难。

3　语言能力的理论在多大程度上是有效的

张凯（1992）在讨论汉语水平考试（HSK）效度问题时指出："我们对于理论建构的认识并不充分，因此没有建立起一个可以进行操作性定义的、可以被量化的关于语言能力结构的理论模型。"陈宏（1997b）指出，语言能力测验中结构效度所面临的理论上的挑战主要是语言能力的定义问题。事实上，围绕什么是语言能力这一问题的讨论几十年来一直没有定论。

拉多（Lado，1961）从结构主义和行为主义的观点出发对语言能力测验进行解释，他认为语言测验必须包括两种变量：一种是语言本身的各种成分，另一种即是所谓的听、说、读、写四种技能。然而这种表述没有将语言能力与语言行为区分开来（陈宏，1997b）；巴赫曼（Bachman，1990）指出了其理论的另外两个不足：知识和技能在这种理论中关系不明，而且这个理论没有考虑到语言环境的作用。

乔姆斯基（Chomsky，1965）对语言能力（competence）和语言表现（performance）进行了区分。在乔姆斯基那里，语言能力被理想化了，被认为指的是理想化的听/说者关于语言的潜在知识；是同质的语言知识或语法知识，是心理状态、心理器官或认知结构，是天赋的、绝对的心理特征；语言能力不是怎样使用语言知识的能力，不是过程或实际运用（戴曼纯，1997）。乔姆斯基试图在剥离语言习得过程中社会文化因素作用的高度纯净条件下，通过演绎的手段研究最抽象的语言能力。遗憾的是，这种理想化的假设至今没有能为建立语言教学和语言测试关于语言能力的理论模型提供任何实际的帮助（陈宏，1996）。

海姆斯（Hymes，1972）从社会语言学的角度出发，认为乔姆斯基没有考虑语言是如何应用的问题，他进而提出交际能力的概念。海姆斯认为语言能力包括潜在的知识（knowledge）和使用知识的能力（ability for use）。但是，海姆斯没能清楚地指出语言能力的本质是什么，他的语言能力的概念是非常宽泛的，由此带来了理论应用范围方面的模糊。例如，承认运用知识的能力也是语言能力的一部分，就相当于把动机等非认知因素也划归到语言能力的范围中了。海姆斯的语言能力理论对于语言测验来说，也仅仅是有效的语言交际行为的一部分特征和通过这种语言行为观察推断交际能力需要参照的基本范畴（陈宏，1996）。

巴赫曼（1990，1996）将语言能力放到语言使用的互动模型中加以讨论，并且提出了交际语言能力的理论框架。图 3 反映了交际语言能力的各个组成部分。

从上文的论述不难看出，对于什么是语言能力这一问题学者们还难有定论，而且就现阶段学者们提出的理论来看，距离“可进行操作性定义的、可以被量化的”语言能力结构还有相当一段距离。还有一个问题是，即使我们有了满足条件的理论模型，我们又能够在多大程度上说这种模型拟合了人类所具有的语言能力这种特质呢？正如爱因斯坦提出相对论之前，很多人认为牛顿的经典物理学理论能够解释自然界所有的现象，然而事实并非如此。这可能是一个更高层次上的问题：理论总是在不断地完善和演进的。但是另一方面，理论在某种程度上的被证伪是建立在那个理论能够为我们所证伪的前提下的：牛顿的经典物理学理论在微观领域能够被证伪是因为其本身具有这种被证伪（或证实）的特质，或者说是一种科学理论的特质。但是目前的语言能力理论还缺少这种科学理论的特质——我们很难通过科学测量的手段对现有的语言能力理论进行证伪或者证实，这也造成了目前对什么是语言能力这一问题争论不休的局面。

图 3　交际语言能力的组成部分

然而，笔者认为，在语言能力测验中对语言能力理论的争议是可以暂时搁置的，因为任何理论在被证实之前都只能是假设成立的。正如张凯（2004b）所说："在建立理论的过程中，测量不一定总是在提出定律之前进行……很多时候，测量一定要在提出定律之前进行，欧姆定律、量子论、语言测验、心理测验都是这种情况。"韩宁（Henning，1987）说："某个测验被说成是有效的，是指其在多大程度上测量了他应该测量的东西。因此我们可以推论'有效'这个词，但用于描写一个测验时，常常应该配以介词'对于'意义才会完整。因此任何测验对于某个目的都可以是有效的，而对于其他目的又都是无效的。”事实上，如果我们承认语言能力测验中的构想效度是同时针对理论、构想、测量和对测量的解释的话，我们可以用其他三部分的有效性来证明理论的有效性。奥勒（Oller，1979：266）认为：“理论本身能够为与理论拟合得较好的测验程序提供效度的证据，因为理论本身在不同于语言测验数据和研究的效度检验中是与现实相连的。”[①] 正如在欧姆定律这样一种理论被证实之前，它只能作为一个假设成立的理论；恰恰是电阻（构想）、电压电流的测量（测量）和对所测到的电压和电流的正确解释（对于测量的解释），使得我们证明了欧姆定律的有效性；而欧姆定律的有效性是在随后的无数次测量中得到验证的。正如张凯（2004b）所说：“要使理论有效，构想、测量、定律[②]三者必须同时有效”，“整个理论及其组成部分的有效性是有数学的有效性保证并有经验事实证明的”。

所以，在语言能力测验中，我们可以先根据某一个语言能力的构想（这个构想可以是基于某一种语言能力的理论，也可以是先有这个构想，而后再推导出相应的理论）来编制测验，通过对测验结果的解释来证实或者证伪某一种理论。正如我们可以先有电阻这个构想，设想它和电流、电压的关系（一个理论），然后通过测量和相应的解释来检验这种理论。如果理论成立，那么构想是有效的。这看起来似乎可行，然而一个重要前提是构想、测量以及对测量结果的解释必须同时有效，但是我们能够做到这一点吗？

4 语言能力的构想在多大程度上是有效的

梅西克（Messick，1975，转引自 Bachman，1990：255）说：“一个测量对人们拥有或显示的某些东西的量进行评估。一个（关于构想验证的[③]）基本问题是：那个东西的本质是什么？”巴赫曼（1990：255）认为：“要回答这样一个问题，我们必须确认和定义我们想要测量的东西是什么，当我们对那是什么做出定义时，我们实际上是在定义一个构想。”

---

① 原文是“The theory can be used as an argument for the validity of proposed testing procedures that accord well with it because the theory itself is anchored to empirical reality through validity checks other than language test date and research”，参见 Oller（1979），*Language Tests at School*，p. 266。

② 我们把这里的定律理解成对于测量的解释。

③ 原文是“construct validation”。

事实上，在语言能力构想的有效性问题上，我们一直热衷于“定义”一个构想，而很少关注我们希望测量的语言能力的本质。这种对所测东西本质属性的忽视很可能造成我们长时间无谓地浪费大量时间和精力来测量一种根本不能为我们所测量的东西。以电阻为例，电阻是我们的一个构想，围绕电阻的所有测量及其解释是基于这样的一个假设，即电阻这种东西是可以为我们所测量的。同样，我们围绕语言能力所做的各种测量也是基于这样一个假设，即语言能力是能够为我们所测量的。但是事实上是这样的吗？我们又怎么能够证明语言能力这种人类的特质是可以为我们所测量的呢？

沃利斯（Wallis，2004）指出，在心理测量领域，对智商和性格结构的争论持续了一个多世纪却依然没有定论，一个主要原因就是研究者们“忽略了一个重要前提，即证明那些被测量的变量事实上是可以被测量的”。他引用米歇尔（Michell，1990）的研究，指出这些可以被测量的变量应该具有两个性质——顺序性（ordinality）和可加性（additivity）。所以在证明“那个东西”可以为我们所测量之前，任何有关结构的争论都没有太大的意义。只有当一种属性“可以作为一种可加的性质进行处理时，他才可以被描述成一种可测量的性质”（特拉斯特德，2002：70，转引自张凯，2004c）。沃利斯（2004）引用米歇尔的研究指出：要测量任何变量，第一步就是要证明这些变量具有和数字系统一样具有经验性的结构，而且这些变量所具有的经验性结构是独立于数字结构的。

正如心理测量中所面临的问题一样，语言能力测验首先要证明的是语言能力是可以为我们所测量的。张凯（2004b）认为，与构想效度有关的理论（语言能力理论、智力理论）是一种量化的理论，可以且必须用数学来表示。但是我们怎么才能判定语言能力理论是一种量化的理论呢？我们显然遇到了一个悖论：要证明语言能力能够被量化就需要通过量化的手段，然而我们在利用任何量化手段来证明语言能力这种特质（能够被量化）的时候都不能保证其有效性，因为我们不知道语言能力能否被量化。这是一个很令人头疼的问题，很可能语言能力这种特质的证明是与整个理论的证明同步的。

5 测验本身在多大程度上有效

格雷戈瑞（Gregory R. J. ，2004：108）认为，所有心理构想具有的一个共同的特征就是“依据现有的关于一个构想的理论能够得到一个相互联系的假想的网络”。

在编制语言能力测验时，我们所依据的就是基于关于构想的理论的相互联系的假想的网络。克龙巴赫和米尔（1955）认为，所谓构想，就是“人所具有的某个假设的特质（attribute），这个特质被假定为是能够在测验表现中有所反映的”，而且“拥有某一特质的人将会在X情境中以Y方式行事，而且两者之间有一种明确的概率（stated probability）关系”。这就是说，通过对语言行为的观察，我们可以推知语言能力，并且两者之间具有一种稳定的关系；而找出这种关系的手段便是语言测验。由于语言能力难以直接观察，我们为了得到可供推论的样本，必须对什么是语言能力进行操作性定义，根据操作性定义来设计测验选区相关的语言行为样本。这就是说，语言测验既是对语言能力操作性定义的结果，也是记录语言行为的工具。

语言测验的这种双重属性带来了一个问题，就是测验本身要同时满足解释的充分性和描写的充分性（陈宏，1997b）。

解释的充分性是针对语言能力的操作性定义的。自从奥勒（1983）承认一元特质假说的最强式是错误的以来，人们倾向于将语言能力看成是多个要素的综合体。相应地，我们倾向于把语言能力测验分成几个不同的分测验，分别对应语言能力的多个方面。理想的状态就是我们的分测验所测的仅仅是我们希望测到的那个语言能力的要素，而非其他要素。我们越是能够保证所测能力要素的单一性，基于测验结果的解释可信度也就越高。

但是在实际情况中这是很难实现的，而且也可能没有必要去实现。一方面，在实际操作中我们是通过听、说、读、写等不同语言行为来测量的，而其中的任何一方面都显然涉及整体的语言能力而非语言能力的某个要素。正如陈宏（1999）所说：“我们很难想象，在听、说、读、写测验中，我们又能观察到什么别的，而脱离了听、说、读、写，我们还能观察到什么。”另一方面，从真实性角度来说，语言能力测验不是为了测语言能力而测语言能力，而是“希望并且相信，我们可以从他在某个特定场合、某些数量有限的任务上的行为方式，对他在所有其他有关场合的行为方式做出概括”（Ingram，1977，转引自陈宏，1997b）。这就要求测验本身具有充分的真实性，因为真实性“为我们提供了一种工具，这种工具使我们能够考察对分数的解释在多大程度上能够超越测验表现而推广到目的语使用域（target language use domain），或是其他相同的非测试性质的语言使用域（nontest language use domain）”（Bachman，1996：24）。

从现有的测验手段来看，要完全做到测验解释的充分性几乎是不可能的，我们的测验在很大程度上是对语言行为而非语言能力的测量。那么我们能够保证测验描写的充分性吗？巴赫曼（1996：24）指出了困难所在，即对“真实”的感觉是因人而异的，“不同的被试可能对他们各自的目的语使用域（target language use domain）有不同的感觉。同样地，不同被试对给定的测验任务和他们的目的语使用域的相关性的感觉也是不同的”。测验任务的属性在被试的测验过程中是受到多方面因素的影响的。巴赫曼（1990）将这种影响归纳为如图 4 所示：

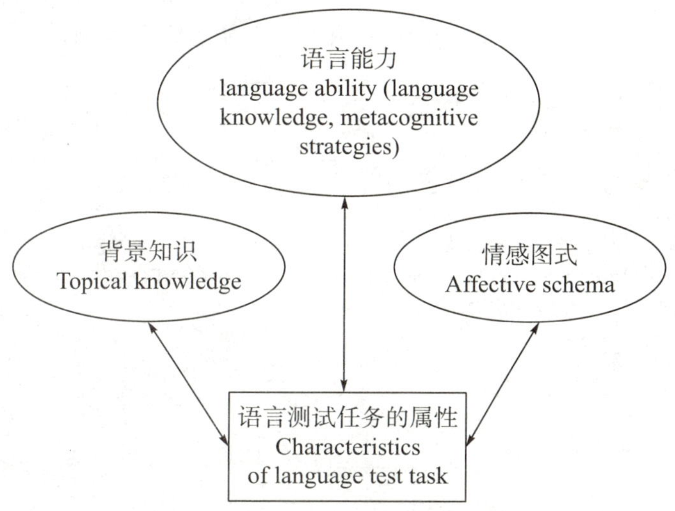

图 4　语言测试任务属性与其他因素的相互影响

我们可以看到，在测验过程中被试对语言测验任务属性的感知是受到多方面因素的影响的。情感因素和背景知识这两个变量因人而异，它们的介入显然为语言测验本身能在多大程度上检测到语言能力带来了不稳定因素。如果我们认为正是对这些变量的考虑保证了测验本身的真实性的话，那么我们在对测验分数进行解释时，如何正确区分语言能力因素和其他因素对测验分数的影响就成为一个亟待解决的问题。

6　对于测验的解释在多大程度上有效

张凯（2004c）在托格森（Torgerson，1958）提出的测量的三个中心

（以主体为中心、以刺激为中心、以反映为中心）的基础上，认为语言测验中有三个变量：语言能力、题目（刺激）以及被试的答案。他进而论证语言测量的中心是被试的答案，即语言测验应该是以反应为中心的。被试的反应就是分数。然而，因为语言能力测验并不能真正测到他想要测的东西——语言能力，而只能观测特定的语言行为，或者更确切地说，是被试完成某项特定的测验任务的能力，所以“测验分数只能用来解释被试完成特定测验任务的情况，而无助于确认哪些语言能力参与了被试的那些语言行为”（陈宏，1999）。那么我们由语言能力测验分数做出的关于语言能力的推论的可靠性就要大打折扣了。巴赫曼（1996：22）的测验分数解释的构想效度模型（construct validity of score interpretation）很能够说明问题，如图 5 所示。

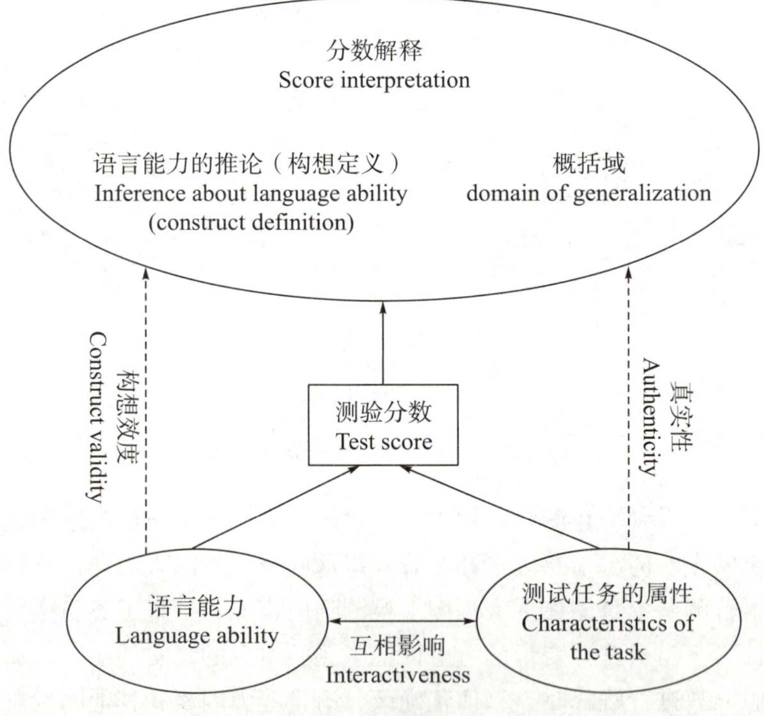

图 5　测验分数解释的构想效度模型

从图 5 我们可以发现，测验的分数是两方面共同作用的结果，相应地，我们对分数的解释也应该包括两方面的内容。但是一个很大的问题是，我们怎么样才能够，而且在多大程度上能够区分一个分数的哪一部分是语言能力作用的结果，而哪一部分是其他因素作用的结果。就语言能力内部来说，对不同类型题目的刺激，被试做出反应所依据的语言能力包括的各要素及其权重是不同的；其次，被试的语言能力与测试本身的特征是相互影响的，因而被试依据其语言能力做出的反应和题目难度是互相依赖的；再次，被试的反应会受到一些与语言能力无关的变量的影响，或者说受到随机误差的影响。这些变量“共享”了一个可供我们观察的窗口，那就是测验的分数。显然，要通过测验分数来推断语言能力是非常不可靠的。

但是我们却可以由测验分数来大致推断被试完成特定语言测验任务的能力，或者大致推断某一个被试处于总体中的水平。我们说“大致”是因为语言能力测验与很多测量一样是存在误差的，一个被试在测验中得到的分数不是他的真分数，而是包含了许多误差。张凯（2004c）认为可以依据奎特勒方式，通过建立一个虚构测度的方法解决不同测验分数之间的比较问题。在比较的基础上，我们才有可能对被试的能力做出推断。具体来说，就是利用正态分布的特性建立一个常模，把不可测的变量变为可测的测度[①]。具体做法是：把所有被试的反应当作一个整体来描述，计算出其测验分数的平均分，把被试整体的标准差作为新的度量标准。这样做的好处就是能够（至少在理论上）把那些与我们所要测量的语言能力无关的其他变量作统一处理，或者是在理论上抵消，从而客观地反映出被试之间语言能力的相对水平，因为“尽管每个反应中会掺杂着非能力因素（误差因素），然而这些误差因素（如走神、猜测等）可以假定是随机的、方向不定的。当我们对所有的被试分数求平均分时，这些误差在某种程度上可以相互抵消”（张凯，2004c）。这样我们可以大致推断被试之间能力的相互水平，从而对其相对（于其他被试的）能力做出推断。

然而就是这一点也不容易做到，因为“当测量一个被试时，我们不知道影响它的是正向因素多还是反向因素多……我们看到的分数（实际得分）中是包含了误差的”（张凯，2004c），我们只能根据统计方法，对被试的真分数在一定概率的基础上做出推断。

由此我们可以看出，我们对语言能力测验分数的解释并不能有把握地被我们用来推断被试的语言能力，甚至连推断其“完成特定测试任务的能力”

① 张凯（2004c）认为测度指的“不是泛泛而论的语言能力或交际能力，而是测量程序（即测量工具）直接操作的那个（那些）东西”。显然，这里的“测度”并不是指“语言能力”，而是“完成特定测试任务的能力”。

都是要打些折扣的。正如巴赫曼（1996：22）所说："对于测验的开发者和使用者来说，很重要的一点是认识到……（我们）对测验分数的解释从来都不能被认为是绝对有效的。"

7 余论：我们是不是还要测语言能力

由于构想效度的有效性是同时针对理论、构想、测量和测量的解释的，因而在语言能力测验中建立构想效度，我们面临多方面的问题。在理论方面，我们缺少一种能够进行操作性定义的、可以被量化的语言能力结构的理论模型；在语言能力的构想方面，我们还不能证明构想所代表的特质——语言能力是能够为我们所测量的；同时，语言能力测验自身很难测到语言能力，而在很大程度上是测量了被试完成特定测试任务的能力；最后，语言能力测验分数反映的是被试的语言行为，因而我们对它所做的推断在很大程度上只能是局限于针对其语言行为的。

由此看来，语言能力测验中所谓要测量语言能力似乎只是空谈，这不由得让我们反思是否有必要对语言能力进行测量（既然它如此难以测量）。笔者认为似乎可以放弃对语言能力的测量，而改为对被试完成特定语言任务能力的测量，特别是当我们想到语言能力测验的最终目的是为了预测或者推断被试在现实中使用目的语进行交际的能力。

这似乎有把探索性测量与应用性测量混为一谈的嫌疑。但是我们为什么一定要孜孜不倦地找出那个不可见的"语言能力"与语言行为的数量关系呢（尤其是我们想到这种关系即使找出来也没有太大的用处）？我们为什么要努力对"语言能力"进行操作性定义，分为几个要素来进行分别测量，而我们现实中的听、说、读、写以及其他各个方面的语言交际是语言能力各个要素共同作用的结果（特别是很多研究表明分立式测试各部分的相关性很高）？

我们是不是可以换一个角度看问题，即把语言能力各要素的相互作用看成一个整体，而这个整体在不同的语言表现中呈现出不同的状态。我们如果能够找出这个整体与不同的语言任务（如听、说、读、写）之间的恒定的数量关系，也同样能够建立一个科学理论（这个过程同样也用到探索性测量），而且更为实用。至于这个整体内在是什么样的结构，可以先不去管。这就好比我们并不关心"电阻"这个抽象的概念本身有什么内容（当然很可能"电阻"这个概念就没有什么内容），我们关心的是特定的电阻，如铁的电阻、铜的电阻、铝的电阻等。欧姆计测量的是各种特定的电阻，而不是一般意义上的电阻。一般意义上的“电阻”与特殊意义上的“电阻”是一种上下位的关系，如图 6 所示。

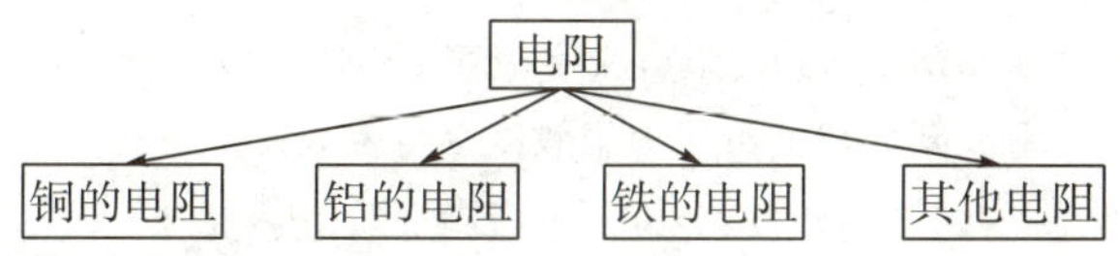

图 6　一般意义上的电阻与特殊意义上的电阻的关系

同样地，我们可以定义出“完成听力任务的语言能力”“完成写作任务的语言能力”等，它们与一般意义上的语言能力的关系也是一种上下位的关系，如图 7 所示。

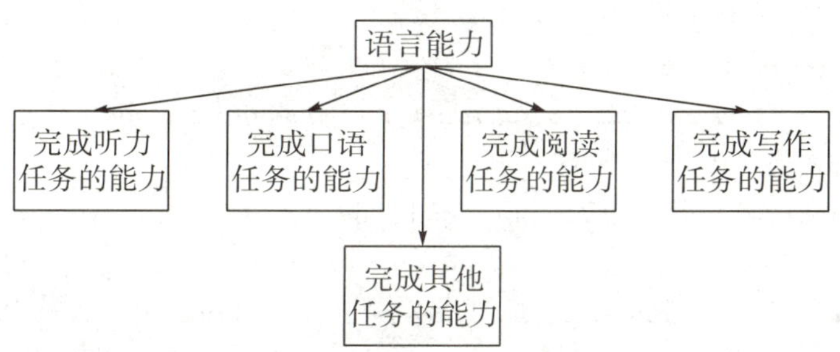

图 7　一般意义上的语言能力与特殊语言能力的关系

我们可能并不需要找出那个一般意义上的语言能力，我们需要的是特殊意义上的语言能力与现实中运用语言的对应关系。

在 1999 年修订的《教育与心理测量标准》（*Standards for Educational and Psychological Testing*）中，效度被定义为“关于测验分数的特定解释所得到的支持程度。这种支持来自积累的证据或理论。这种解释是测验应用的基础”（转引自谢小庆，2003）。笔者认为，效度观念的转变从某种程度上反映了我们对现行语言能力测验中的构想进行重新定义的必要性。

参考文献

陈宏. 第二语言能力结构研究回顾［J］. 世界汉语教学，1996（2）.

陈宏. 在语言能力测验中如何建立结构效度［J］. 语言教学与研究，1997a（2）.

陈宏. 结构效度与汉语能力测验——概念和理论［J］. 世界汉语教学 1997b（3）.

戴曼纯. 语言学研究中“语言能力”的界定问题［J］. 语言教学与研究，1997（2）.

谢小庆. 对测验效度的一些新认识 [G] //谢小庆，彭恒利. 考试研究文集. 北京：经济科学出版社，2003.

杨满珍. 20世纪90年代国外语言测试的发展 [J]. 外语教学，2002 (5).

张凯. 关于结构效度 [J]. 语言教学与研究，1998 (4).

张凯. 语言测验的测度和精度 [J]. 语言文字应用 2004，(4).

张凯. 测量是理论的组成部分——再谈构想效度（待发表）.

张凯. Performance 是“运用”还是“表现”（待发表）.

朱智贤. 心理学大词典 [M]. 北京：北京师范大学出版社，1989.

Anastasi，A. Evolving Concepts of Test Validation [J] *Annual Review of Psychology*，1986，37：1-15.

Bachman，L. F. ，A. S. Palmer. *Language Testing in Practice* [M]. New York：Oxford University Press，1996.

Bachman，L. F. Some Reflections on Task-based Language Performance Assessment [J]. *Language Testing*，2002，19 (4)：453-476.

Bachman，L. F. *Fundamental Consideration in Language Testing* [M]. New York：Oxford University Press，1990.

Chapelle，Carol. A. Construct Definition and Validity Inquiry in SLA Research [M] // Bachman，L. F.，A. D. Cohen eds. *Interfaces between Second Language Acquisition and Language Testing Research*. Cambridge，UK：Cambridge University Press，1998.

Chomsky，N. *New Horizons in the Study of Language and Mind* [M]. Cambridge：Cambridge University Press，2000.

Davis，A. et al. *Dictionary of Language Testing* [M]. Cambridge：Cambridge University Press，1999.

Gregory，R. J. *Psychological Testing：History，Principles，and Application：4th edition* [M]. Boston：Allyn and Bacon，2004.

Henning. *A Guide to Language Testing：Development，Evaluation and Research* [M]. USA：Heinle & Heinle Publication，1987.

Kunnan，A. J. *Test Taker Characteristics and Test Performance* [M]. Cambridge：Cambridge University Press，1995.

McNamara，T. Language Assessment as Social Practice：Challenges for Research [J]. *Language Testing*，2001，18 (4)：333-349.

Messick，S. Validity and Washback in Language Testing [J]. *Language Testing*，1996，13 (2)：241-256.

Oller，J. W. *Language Tests at School* [M]. Essex：Longman Group UK Ltd.，.

Wallis，T. Psychological Tests Do Not Measure What They Claim to Measure：A Reevaluation of the Concept of Construct Validity [J]. *South Africa Journal of Psychology*, 2004, 34 (1): 101-112.

（陈鸿明，硕士，四川大学海外教育学院讲师，研究方向为第二语言习得。）

汉语中高级学习者习得汉语词汇方法思考

程　文

摘　要： 本文根据对外汉语教学实际情况，提出汉语中高级学习者习得汉语词汇时应字词并重。笔者首先通过教学实例，从不同角度强调汉字（语素）学习的重要性，认为语素学习是理解、掌握词义的不可或缺的途径，进而指出需要培养学生的词语整体意识，使学生能通过词语搭配、语体感知来习得词语在句子中的正确使用。

关键词： 汉字；词语；词义理解；词语使用

On the Acquisition of Chinese Words by Intermediate and Advanced Chinese Learners

Cheng Wen

Abstract： This paper shows that the learning of Chinese character and the whole word are of the same importance when intermediate and advanced Chinese learners study Chinese vocabulary. Firstly, through some examples and from different angles, the author emphasizes the extreme importance of character（morpheme）learning, regarding it as an indispensible way to understand the meaning of the word. Secondly, the paper states that the Chinese learners should see the word as a whole, should use the word appropriately by understanding the collocation and the type of writing.

Key words：Chinese character；Chinese word；understanding of the word；use of the word

1 引言

在汉语作为第二语言教学领域，对“字本位”“词本位”有过广泛的争论。笔者认为，汉字①是汉语的呈现形式，汉语学习者要学会认读汉语，必须能解码汉字，这是汉语独特性使然。汉语学习的关键和基础是理解与把握汉字，对汉字形、音、义的准确掌握再怎么强调都不过分；但是，理解汉字字义是学习的第一步，达到对词义的准确把握及对词语的正确使用是学习的第二步。简言之，“词为体，字为用”，掌握词语是目的，通过字义的理解达到此目的是必要的途径。鉴于目前对现代汉语词的重视仍高于对字的重视，因此本文将首先结合笔者教学实例，强调说明解释构词语素有益于词义的把握——这在中高级书面语学习阶段中尤显重要；继而说明语素学习的目的是帮助学生更好地掌握词义，不能单纯、一味地强调构词语素的意义，以避免学生望文生义，并出现语用错误。总之，在词语学习上，既要培养学生“分”（分解语素）的意识，也要培养他们“合”（综合理解词义并恰当使用词语）的意识。

2 语素分析是中高级汉语学习阶段理解词义的法宝

初级阶段汉语学习者学习常用汉语字词，我们提倡教师为学生讲解构词语素的意义，并集中展示具有相同语素的词语群，使学生慢慢形成对汉语构词法的感悟（以一位初学汉语者为例，他听见“熊猫”不知其意，但当被告知那两个汉字的意思分别是“bear，cat”，他的眼睛突然一闪，可见语素分析其实是为学生提供了一座理解的桥梁）。到中高级阶段，随着学生汉语词汇的积累，学生会学到很多近义词。我们现行的汉语教材中对词语的解释都采用的是以词释词，这样常常会造成循环解释，学生对新词词义仍是囫囵吞枣，不辨其味。对此做法，已有学者提出异议（张博，2008）；而针对近义词，如果用词语做整体解释，学生也常感无所适从，这从他们的一些使用偏

① 本文表述中为简明起见，对单个汉字与单音节构词语素不做区分。

误上可以看出：

①最近韩国社会出现了一个特殊的人群，叫“袋鼠族”。他们是不愿意找工作，一辈子信赖父母、跟随父母的人。

②年轻人虽然与朋友在一起，但都只玩手机。我不了解这样的情况。

③如果中国政府要进行这样的制度，他们应该斟酌这个制度是否适合中国社会。

④他们不尊重荷兰的习俗礼仪，不安安稳稳地工作。

从这四句的上下文语境可看出，学生的偏误都是近义词的不当使用，即不明白“信赖、依赖”“了解、理解”“进行、实行”“安稳、安分”的差别。理解这些词语，需要分辨出其中的语义差别，这可以从语素义的细微差别中寻找到。以例①为例，如果教师展示出“信任”和“过分依靠”的区别，学生就能更准确地掌握“信赖”与“依赖”的语义差别。

除了近义词辨析以外，在中高级阶段，学生会接触到很多包含非常用字的书面语，如“深邃”“酣睡”“寒暄”等。对构词语素（“邃、酣、暄”）的字形字义的讲解，能大大降低新词语的理解难度，帮助学生理解、记忆难词的构成与书写，理解词义。如果只是用意义相近的词语整体解释这些书面语词汇的意义，学生一定仍然不明就里；而通过对字义的解释（包括字源的梳理），学习者就触摸到了汉字乃至汉语的肌理，能从根本上理解词语的意义。有学者指出，语素解释方法不适用于“用语素义的比喻或借代用法来表示词义”的词语。笔者认为，即使语素义与词义之间没有直接、明显的联系，但学习者获知构词语素的本义，其实就是获得了理解词义的最好的提示，并可以通过自主的、积极的学习，感受语素义在词语中的变化轨迹，体悟到汉语的理据，品尝到发现意义、建构意义的快乐。当然，这个过程的前提是教师恰当的引导与说明。正如朱志平强调指出的，“理据分析的合理运用有利于激活第二语言学习者对双音词语素语义关系的感知，从而引导成人学习者准确把握汉语双音词词义”。

对于字形复杂、字义特殊的成语，尤其需要逐个讲解构成成语的汉字的意思，如“残羹冷炙”“一蹴而就”“大势所趋”等。只有这样，学习者才能洞悉成语的内涵。而常见的成语使用偏误，语素分析可使学生更好地明白不同表达之间的细微差别。以下为两则成语使用偏误的例子：

⑤城市内的土地价格突飞猛进了。

⑥现在中以（以色列）关系与日俱增。

例子中成语的使用，从句法层面看没有问题，但语意有误。笔者从组成成语的汉字入手，帮助学生准确把握成语意义。为了使学生领悟“突飞猛进、突飞猛涨”的区别，笔者从“前进”“上涨”来对比讲解意义的区别，并比较说明“与日俱增”用于数量的增加。最后对比展示例句：

⑦a. 城市内的土地价格突飞猛涨了。

b. 他的工作业绩突飞猛进了。

⑧a. 现在中以关系日益稳固。

b. 两国之间的各种交流与日俱增。

此外，汉语书面语中保留着很多以单字形式出现的文言词语和缩略词。要使中高年级汉语学习者逐步习得书面语，就需要他们熟知这些单字词的意义，如“实为不易”“不以为然”中的“为”“然”。在新闻报道中常出现缩略语，如“金融巨头莅蓉”，如果学习者不知“莅”“蓉”之意，就无法快速读懂文义。最近，笔者读到一位已是研究生的外国学生所写的中文：

⑨“司译院”是可谓韩国最早的汉语培训机构。

如果该生很清楚“谓”的意思，我想他就不至于写出“是可谓”。

总之，对字义（语素义）的展示，在中高级汉语词汇学习阶段极为重要。董秀芳（2002）认为：“不宜夸大语素在说汉语的人的语感中的清晰度。”诚然，母语者对词语已经耳熟能详，自然对构成词语的汉字也“自动”接受；但对汉语学习者，尤其是无汉字基础的学习者，教师需要帮助他们强化对汉字的感知度。学习者只有理解了一个汉字的字义，才可以从根源上理解汉语词语的意义。张清源（2013）认为“过度强调语素分解会产生偏向”，会诱发学生生成不符合汉语表达规范的“生造词”。但她同时也认为“生造词的出现正说明其创造者有一定的语素意识、构词意识”。笔者想强调指出，中高级学生出现的生造词、过度灵活使用词语的现象，是学生积极主动学习的表现，只要提醒、引导，就能使学生很快学会规范的表达，应该保护学生的学习主动性。另有学者通过实验指出（郭胜春，2004），看重字的学习容易使学生误解词语意思。笔者认为，我们当然不能要求学生自己根据语素解释词义，那是勉为其难。解释词义应该是教师的工作，而学生通过字义主动猜测词义是学生学习积极主动的表现。在猜测时出现偏差是自然的，中高级阅读训练的一个重要任务就是训练学生的猜词能力，这说明了猜词能力的重要性。简言之，我们只是主张教师用语素分析法分析词义，这是学生理解词义的重要途径。

3 词语整体理解及使用以“合”为重

我们极为重视语素意义的展示与说明，但也强调对语素的感知是为了帮助对词语的学习。李如龙、吴茗（2005）认为：“语素义对理解词义是有效的，但不是万能的，语素义的教学不可能完全取代词义的教学，字的教学也不能完全取代词的教学。”任瑚琏（2002）更为明确地指出：“字的教学为词的教学服务。”

笔者在课堂上讲解词语的语素义时，总是向学生强调说明学习语素义是帮助他们理解、记忆某词语的原始构成，但语素合成后意思会有变化，时常会被赋予一些特定的文化含义与限制，所以词义不是语素义的简单相加。然而，学生有时还是会“我行我素”地使用词语。比如，有学生写出这样的句子：

⑩我不能辜负父母对我的爱情。

学生一定认为，“爱情”即“爱的感情”，然而学生忽略了词语的特定含义。这时，教学就需辨析“关爱”、“慈爱”与“爱情”的区别。

换言之，我们一方面要鼓励学生“顾名思义”，另一方面又要提醒学生不能“望文生义”。笔者认为，要使学生恰当地理解、使用词语，教师应该既重视“入”，即微观地看到每个构词语素的意义，也重视“出”，即跳出词语本身，从词语搭配、语体等方面让学生感知词语的恰当语用，也就是“分合并重”。教师在教学上如果一直坚持这样的路径，那么学生也自然能慢慢培养出这两种能力。

这种字词分合兼顾的思想在汉语阅读过程中尤其可得到印证。任瑚琏（2002）曾以汉语学习者在阅读中出现的词语切分错误来说明“字本位”观点的错误。笔者认为，汉语阅读时固然不能只见字，不见词，但是，要使学习者在阅读时进行正确的词语切分，辨析每个字的意义是前提条件。也就是说，切分错误不是语素分析的错误，而是因为学习者词语的积累太少，无法完成将“字”组合成“词”的认读过程。其实，汉语为母语的初级阅读者的阅读过程应该也是从字到词，只是我们可以很快跃过“解码汉字”的过程，以词、短语为单位进行快速阅读。然而，当一个句子内部构造较复杂，或有歧义，有新词生僻词时，母语者也会遇到词语切分的困惑。如新近一篇网络文章的标题“狗主要的姐为犬披麻戴孝”。笔者读了几遍，尝试了不同的词语切分法，才明白了句意：狗的主人要求女出租车司机为其犬披麻戴孝。母语者尚且如此，汉语学习者出现词语切分错误自然是极为正常的现象。在阅读中，语素意识（进行“分”的操作）可以帮助学习者进行词语切分，在上下文中逐渐使前后组合关系游移不定的语素得以定位（进行“合”的操作），并猜测出生词的词义。

总之，语素分析可以帮助学习者理解词义，而要全面理解词义并恰当地使用词语，需要把词语看成一个整体，在句法层面上着力学习。

参考文献

董秀芳．词汇化：汉语双音词的衍生和发展［M］．成都：四川民族出版社，2002.

冯丽萍．中级汉语水平留学生的词汇结构意识与阅读能力的培养［J］．世界汉语教学，2003（2）.

郭胜春．汉语语素义在留学生词义获得中的作用［J］．语言教学与研究，2004（6）：32.

李如龙，吴茗．略论对外汉语词汇教学的两个原则［J］．语言教学与研究，2005（2）：46.

任瑚琏．字、词与对外汉语教学的基本单位及教学策略［J］．世界汉语教学，2002（4）：82.

邢红兵．留学生偏误合成词的统计分析［J］．世界汉语教学，2003（4）.

杨振兰．试论词义与语素义［J］．汉语学习，1993（2）.

张博．第二语言学习者汉语中介语易混淆词及其研究方法［J］．语言教学与研究，2008（6）.

张朋朋．词本位教学法和字本位教学法的比较［J］．世界汉语教学，1992（3）.

张清源．汉语复合词语素分解释义法的得与失［M］．刘荣．对外汉语教学论丛（第二辑），2013.

朱志平．双音词偏误的词汇语义学分析［J］．汉语学习，2004（2）.

朱志平．双音节复合词语素结合理据的分析及其在第二语言教学中的应用［J］．世界汉语教学，2006（83）.

（程文，文学硕士，四川大学海外教育学院副教授，研究方向为对外汉语教学法和汉外对比。）

四川省对外汉语教学的地域文化优势及运用

郭　宏

摘　要：加强对外汉语教学中的地域文化教育，是为了使对外汉语教学趋于客观和完善。探索出一条凸显地域文化特色的对外汉语教学之路，对于提高学生的汉语水平和学习兴趣，加深他们对中国文化的认知有着积极的意义。四川省地域文化在这一点上有着很大的优势，科学而有针对性地将四川省的地域文化资源纳入课程设置、教材编写以及教学实践，是从业者应该认真思考并积极推行的。

关键词：四川；对外汉语教学；地域文化；优势；运用

Geographical and Cultural Advantages and Use of Sichuan Foreign Language Teaching

Guo Hong

Abstract: Strengthen the geographical and cultural education in Teaching Chinese as a Foreign Language is to make foreign language teaching tend to be more objective and complete. Explore a prominent geographical and cultural characteristics of the road outside teaching Chinese, to improve students' Chinese proficiency and interest in learning to deepen their awareness of Chinese culture has a positive meaning. Sichuan regional culture at this point has a great advantage. science and have needle On the geographical and cultural resources of ground Sichuan into the curriculum, teaching materials, teaching practice, practitioners should carefully Thoughts and actively pursued.

Key words: Sichuan; foreign language teaching; regional culture; advantage; use

作为一门年轻的学科，对外汉语教学取得了令人瞩目的成就，新形势的发展更为这一学科更科学、更完善的发展带来了新的机遇，提供了广阔的开拓空间。“重视对外汉语教学中的‘地域性’特征，进而做针对性的改进和提高，对这个年轻的学科有着积极的意义。”（沈茳，2009）凸显地域性特征，越来越成为对外汉语教学业界许多热爱这一事业的同仁们共同思考并力图推进的课题。

将地域文化教学融入对外汉语教学中，早已不是一个新鲜的话题。不少从事这一研究的学者也多有论述，笔者在这里不一一引述。对于汉语文化教学，早在1989年赵贤洲先生就提出了“文化导入说”（赵贤洲，1989）。之后又有陈光磊（1992）、董树人（1995）、魏春木和卞觉非（1992）、吕必松（1992）、张占一（1990）等学者分别从文化功能、语言本位、跨文化交际，甚至教材编写等角度，对汉语文化教学所应遵循的原则、范围、方法进行了梳理和论证。这其中虽还存在一些争议和有待进一步完善之处，但“在语言教学过程中注入和语言密切相关的文化内容”（胡明扬，1993）已是业界的共识。这其中，张占一先生提出并论证了交际文化和知识文化的概念，翔实而明确地界定了两者的范围和它们之间的必然联系。按照张先生的分类，知识文化指的是：“两种不同文化背景培养出来的人在进行交际时，那些不会对某词、某句的理解和使用产生直接影响的文化背景知识。双方或一方不会因为缺乏这种文化知识背景而产生误解。”（张占一，1990）这样界定的知识文化，正切合了笔者所要表述的地域文化的概念。

四川是中国改革开放后最早开展对外汉语教学的地域之一，在三十多年的对外汉语教学中，培养了来自世界各大洲的成千上万的外国留学生。作为中国西南地区最重要的经济发展区域，四川自古以来就有着得天独厚的地域文化优势，现在以至将来，四川必将是海外留学生们向往并汇聚之地。重视并加强四川对外汉语教学的地域文化研究，并将地域文化知识有机地融入实际教学中，具有重要的学术价值和深远的社会意义。

1　四川地域文化的优势和特点

1.1　历史沿革中铸就的独特蜀文明

四川的古蜀文化是中国古代文化的一个重要区系文化，是在中国古代文明的起源时代所形成的与长江、黄河两个流域文明比肩的古蜀文明。这里曾有过古蜀时期延续达九代的繁荣的开明王朝时期，有过秦汉政治经济作用下新生的以汉文化为主流，具有浓郁地方特色并不断演变发展的蜀文明，是农业发达、手工业兴盛、文化繁荣的地域。

古蜀先民用他们的智慧和勤劳创造出了博大而奇绝的蜀文明，留下了被誉为“世界九大奇迹”之一的三星堆以及金沙空前绝后高度发达的青铜文明；留下了都江堰造福于子孙后代的举世闻名的水利工程。而纵贯西南诸地，悬附于悬崖绝壁之上，直达身毒（今印度）的“西南丝绸之路”，更是打通了通往外界的桥梁，将中原文化与世界文明连接起来，造就了四川盆地的万业兴盛。这里出现了世界上最早的纸币“交子”，打出了世界上最早的天然气井临邛“火井”；这里有着世界上最早的锦绣丝织品“蜀锦”，世界上最早发明和使用的雕版印刷术；这里还有中国最早的由蜀郡太守文翁创建的地方官办学堂——“文翁石室”。茶的出现和茶文化的诞生，更是将蜀文化传向世界，影响至今。几千年的历史沿革，四川以其丰富而独特的文化闻名于世，留下的宝贵文化遗产更是不胜枚举。三星堆、武侯祠、杜甫草堂、望丛祠、蜀王永陵、剑门古道、三苏祠、峨眉山、乐山大佛、鹤鸣山等，不一而足。这些古迹及其潜藏的深厚文化底蕴，又与现今日益兴旺发达的物质文明交相辉映，更是我们取之不尽的文化泉源。

1.2　特殊地理环境中形成的丰富人文风情

地处中国西南腹地、长江上游的四川，有着独特的自然环境及丰富绚烂的人文景致。四川地跨青藏、云贵高原、横断山脉和秦岭，地势由西向东逐阶倾斜，正好处于中国西南交汇、南北过渡的走廊地带。数千年的沧桑变迁，更是吸纳并糅和了东西南北的不同民族、不同文化。

天下山水之胜在蜀。四川的自然风光多姿且奇美，是拥有世界自然文化遗产和国家重点风景名胜区最多的省份。人间仙境九寨沟、梦幻黄龙、秀丽峨眉山、幽静青城山、多姿贡嘎山、雪山之女四姑娘山，还有自然造化的蜀南竹海、神奇“香格里拉”、风情桃坪羌寨、海螺沟的冰川、塔公草原的遍地野花……锦绣名胜，数不胜数。如此迷人的自然风光，滋养着52个民族，孕育出了丰富多彩的民族风情，积淀下了深厚的文化内涵。这里有着民族风情浓厚的川藏情韵，传唱久远的《康定情歌》留给世人无尽遐想；羌族古老的碉楼耸立在雪山之巅，见证着这个远古西羌风雨历程的涅槃；大凉山的彝族火把节、泸沽湖的摩梭风情，都在延续着古老而多姿的民族文化，并向世人展示着古老与现代的交融，自然与文明相长的质朴之美。

1.3 传统风物中蕴含的深厚地域文化色彩

司马迁《史记·货殖列传》中载：“巴蜀亦沃野。”四川土地肥沃，气候温和，自古以农为本，物产丰富，人杰地灵，造就了蜀地万业兴盛。“扬子江中水，蒙顶山上茶”，四川是茶的故乡，是最早进行茶叶贸易的地方，也是茶文化的起源地。而中国人饮茶的习俗正是始于蜀，且代代相传，风靡天下，具有浓郁地域特色的茶文化更是四川传统习俗最直接的表现。“食在中国，味在四川”，川菜是中国四大菜系之一，“一菜一格，百菜百味”的风格早已享誉世界。四川还是酒文化的发祥地，湿润的气候、深厚的文化底蕴酝酿出了中国八大名酒中的“六朵金花”——五粮液、剑南春、郎酒、泸州老窖、全兴大曲、沱牌曲酒。由此衍生出的川酒文化更是浸润出了蜀人热情而执着的性情。有着三百多年历史的四川地方戏剧“川剧”，更是中国优秀文化传统中的一颗璀璨的明珠，其变脸、吐火、踢慧眼等艺术形式令人叫绝。四川是著名的桑蚕之乡，成都“锦官城”的名由，就很好地证明了古代蜀地丝绸纺织业的繁荣兴盛，而西南丝绸之路更是以丝绸为媒介，打开了东西方联系的通道，让世界认识了中华文明。漆器、瓷胎竹编、竹根雕、银丝制器等是驰名中外的四川传统工艺，更是蜀人勤劳智慧的体现。所有这些具有浓厚四川风味的民俗文化，都是四川地域文化的典型代表。

1.4 不断包容变革中铸就的新的蜀文化

四川多文化的交融，不仅让物质文明空前发达，而且造就和吸纳了各方人才，使四川人才荟萃，英才辈出。“文翁治蜀文教敷，爰产扬雄与相如。诗人从此蜀中多，唐有李白宋有苏。”蜀中才子郭沫若的名篇《蜀道奇》，即是对“天下诗人皆入蜀”的最好写照。到了近现代，更有巴金、李劼人、郭沫若等文学家留名史册。古有三国军事家政治家的诸葛亮，今有中华民族的开国元勋朱德、陈毅、聂荣臻，更有中国改革开放总设计师邓小平。他们的英名和功绩永世流芳。四川的包容、吸收、创新、进取，引来了人才，引来了文化，“湖广填四川”更是丰富了蜀文化。两千多年来，这种集各地精华而融汇交融的文化，丰富和铸就了四川所特有的地域文化。

进入 21 世纪，中国经济的腾飞为四川提供了更加广阔的发展空间，让四川在这一机遇中不断进取，不断发展。过去的四川人为求发展而走出去，如今，这个曾经的劳务输出大省，却让更多的人留在了这片土地上。不仅如此，更多的人才更是来到了蜀地，用他们的智慧和才能，为这个西部经济发展的领跑者添砖加瓦。而世界经济 500 强中的 243 家落户蜀中，更是让四川这一内陆省份不仅走在了中国西部发展的最前沿，而且让这个曾经的“南方丝绸之路”的起点省份，从这里开始将蜀地文明与世界紧密联系起来，开始了新的蜀文化的崛起。

“一个地域性群体领先于其他地域性群体，一定有着它独有的精神特质。”（袁庭栋，2008）四川正是拥有了它所特有的得天独厚的地域文化，才让其较之于其他地域有了更大的优势。科学合理地运用这一资源，必将为对外汉语教学凸显地域特色创出新路。

2　对外汉语教学中有效地利用四川地域文化资源

在对外汉语教学中有效地利用四川地域文化资源，涉及很多方面。地域文化教学更多地应是以知识文化教学的形态呈现，即以教学文化知识的方式对学生进行地域文化的灌输。要达到这样的目的，我们必须从课程设置、教材编写及教学实践上为学生创造和提供更多的机会和条件，让每一个来四川学习的留学生都能学好汉语，了解中华文化，了解四川的地域文化。

2.1　课程设置

开设能充分体现地域特色的专题文化课程或讲座，将其纳入对外汉语教学的学分制当中，让学生在系统且规范的学习中，认识和了解原汁原味的四川地域文化，并对中华文化体系有一个清晰的认识。四川大学海外教育学院为此开设有四川方言、四川少数民族文化、高级视听等体现四川地域特色的选修课，还有不定期的专题课，如茶文化讲座、川剧欣赏、蜀锦绣体验、参观民俗古镇等。实践证明，这种规范学习不仅能帮助学生了解四川的地域文化，而且对学生整体知识文化的提升都有极大的帮助。王文虎先生 1997 年就针对汉语教学的课程设置，提出了在中国文化课和专题课中开设三国演义与三国旅游文化、四川少数民族、川剧研究等体现地方特色的课程。他认为："文化课和专题课是知识教学课，主要介绍中国文化、中国地方文化，以扩大学生的知识面为主要目的，使学生掌握某一方面的专业知识，成为既懂汉语又懂某一方面专业知识的复合型应用人才，以适应将来的工作需要，并为进一步深造和研究打下坚实的基础。"（王文虎，1998）一般说来，这样的"知识文化"教学放在中高级阶段应是比较合适的。对此，王文虎先生也提到"三、四年级在继续提高汉语水平的同时，应加强中国文化、中国国情及地方文化的教学"（王文虎，1998）。因为这一阶段的学生，汉语言水平达到了一定的程度，又具备了一定的汉语知识，对汉文化的接受和理解也变得比较容易，这其中还有那些希望通过学好汉语，在中国生活和工作的外籍人员。他们都迫切希望了解更多他们每天生活和面对的环境，盼望更快地融入这一充满独特文化的地域中。因此，开设地域文化课程，加大地域文化在"知识文化"课程结构体系中的比例，有利于有效培养留学生的综合文化素养。

2.2 教材编写

赵贤州先生在《建国以来对外汉语教材研究报告》中对汉语教材的编写提出了四个原则，即针对性、实践性、趣味性和科学性（赵贤州，1988）。王文虎先生认为："主干课、必修课、重要选修课须有全国统编的通用教材。体现地方特点的文化课和专题课由各地各校自编。通用教材为主体，地方自编教材为辅助，相辅相成，构成完整的有机的教材体系。"（王文虎，1998）赵金铭先生也提到要编写"带地域性的乡土汉语教材"（赵金铭，1997）。因此，有针对性地、科学地编写地域文化教材，势在必行。

地域性教材的编写既要注意其语用价值，更要体现其文化意义。要让学生在学习的过程中，不仅强化和巩固汉语知识，而且能通过丰富多彩的文化信息了解和感受到不同地域文化的特质，从而对中华文化有一个比较明晰的认识。就目前汉语教学而言，通用教材仍多是以北方语境为场景、北方文化为主线，完整系统的能与通用教材配套又能充分体现地域文化特色的专用教材比较少。现已知的如《秦淮人家——中高级汉语视听教程》《汉语修学游》《快速学会广东话》《中国欢迎你》系列教材等，其特征是"地域性"比较明晰，也突显了语言教学的特性，虽还存在这样那样的问题，但作为地域文化的教材，其针对性和实践性都是明显的。

至于完善四川地域文化教材，这一工作还在初步的试行阶段。如何充分利用四川地域文化的优势编写地域教材，要做的工作还很多。在这方面，四川的学者们虽做了不少努力，但还有很长的路要走，还有很多需要探索、研究和提高的地方。地域性教材，我们设想可以是系列式的，即有针对性地将诸如古蜀历史、民俗文化、民间习俗、民族习惯、宗教信仰等分类编辑成册，将其作为学生的文化选修课程的教材使用。可以是整体性的，即将四川的蜀文化整体而全方位地编辑成汉语教程，作为学生系统而比较全面地了解蜀文化的专业教材。而为了让教材更形象、更生动，可配以影像、图片，甚至实物，增强学习的趣味性和灵活性。同时也可结合教学内容，组织学生参观文化景点，体验文化场景，加深文化习得。

笔者最近与两位老师合作编写了一套汉语高级视听教材，在这一点上就做了积极的尝试。这是根据七集大型史料纪录片《天府的记忆》编写的汉语视听教程，目前正处于试用阶段。《天府的记忆》在内容上，上溯五千年前的蜀国由盛到衰，下至由湖广填四川到今天蜀地的再次崛起，最终发展为中国西部的翘楚，全面而翔实地展现了四川的发展历程，是学生全方位了解四川及蜀文化的一部佳作。作为对外汉语的视听教材，我们充分利用和发挥了《天府的记忆》所注重的深厚的地域文化内涵、真实鲜活的画面、厚重而翔实的讲解，语言又是以标准的汉语为主，其中还穿插了方言官话的讲述，少了在词汇上的过多纠缠，而又不失地域风味，这就避免了学生在学习过程中容易出现的枯燥乏味感。同时作为汉语视听教材，我们又在书中加入了生词、词语例释、注解和练习。练习从初步试听理解、分段试听理解到完整视听理解，逐步考查学生的最初的片段理解，逐段的消化，直至最后的完全看懂、听懂，加深学生对所学内容及文化内涵的理解。每课结束后的课后练习，又让学生复习了词语，巩固了课堂所学内容。编写这样的教材，让学生在学习中很容易就找到了与他们学习和生活息息相关的契合点，从而激发他们对四川文化，乃至中华文化的学习兴趣。

2.3 教学实践

2.3.1 自然习得

蜀地丰饶美丽，人文风情物态多样，多民族聚集于此，在长期的历史沿革中形成了独具特色的地域文化。众多的实景实物，是汉语与地域文化实现有机结合的最佳语境。去川南感受中国井盐的发祥地，探秘泸沽湖边摩梭母系社会的密码；去川北攀越三国文化的剑门蜀道，见证那悬挂在悬崖峭壁之上的古栈道，还有那藏羌走廊的人文传奇；去川西寻觅茶马古道，领略康巴藏民族的粗犷而风情万千的藏文化；去川东寻找巴蜀文化的襟连。把这些作为学生的语言实习基地，并作为常态的教学实践，定期组织学生深入实地参观学习。让学生置身于名胜古迹中，不仅仅是游山玩水，他们还能体验和感受到蜀地深厚的文化基因，在寓教于乐中习得中华文化。

2.3.2 社会实践

语言是在实践中产生和发展的，也只有通过实践才能掌握。所以，在语言教学中必须着眼于组织和指导学生的实践，采取有效措施，调动学生主动学习的积极性。要为学生创造良好的语言环境，提供尽可能多的语言实践的机会（吕必松，1987）。也就是说，实践在汉语学习中起着至关重要的作用。社会实践，即是让学生依据要求，直接参与到现实场景中，运用汉语完成交际任务。既让学生在课堂上学的东西得到及时的复习和巩固，又在实践中加深对地域文化的体验和了解。笔者曾为学生设计了一套汉语地域文化社会实践的项目表。该项目紧密结合教材，选取了与学生所处环境息息相关的、包含了蜀地文化元素的语言实践任务。项目以 30 个主题任务的形式出现，要求学生在限定的时间内，深入周边社会环境，直接与中国人打交道。在这一过程中，学生面对的是现实的四川的社会环境，打交道的是生活在这一地域当中的实实在在的人和事，直接接触到的是带有鲜明地域特色的文化。通过这样的任务形式，学生真切体验到的是他们的日常生活，但又是不太熟悉的语境，接触到的是货真价实的蜀地文化，学习到的是不完全来源于课堂，但又是课堂习得的中国文化的延伸。学生在这样的潜移默化中习得汉语，并真实地了解四川的地域文化。

参考文献

胡明扬．对外汉语教学中的文化因素［J］．语言教学与研究，1993（4）．

吕必松．汉语作为外语教学的实践性原则［C］//对外汉语教学探索论文集．北京：华语教学出版社，1987．

沈茁．汉语国际推广的地域性研究［J］．重庆大学学报，2009（2）．

王文虎．外国留学生本科汉语专业设置方案的构想［C］//四川大学对外汉语教学中心．对外汉语教学论丛（第一辑）．成都：四川大学出版社，1998．

叶岗．中国文化的地域性发生之特征［J］．探索与争鸣，2006（4）．

袁庭栋．天府的记忆第一集——人造天府［CD］．CCTV-4，2008．

张德鑫．汉语的地域差异与对外汉语教学［J］．世界汉语教学，1988（2）．

张占一．试议交际文化和知识文化［J］．语言教学与研究，1990（3）．

赵金铭. 对外汉语教材创新略论［J］. 世界汉语教学，1997（2）.
赵贤州. 建国以来对外汉语教材研究报告［C］//赵贤州. 第二届国际汉语教学讨论会论文选. 北京：北京语言学院出版社，1988.
赵贤洲. 文化差异与文化导入略论［J］. 语言教学与研究，1989（1）.

（郭宏，四川大学海外教育学院副教授，研究方向为对外汉语教学及运用。）

对外汉语课程与小学语文课程的性质、目标及内容之对比研究*

郭莉莎

摘　要：本论文针对“对外汉语的教学对象等同于小学生，对外汉语的教学等同于小学语文课的教学”的观点，以对外汉语及小学语文课程的教学大纲①为依据，分析二者在课程性质、目标及内容等方面的异同点及其原因，以期为更加合理、有效地教学提供理论及实践支持。

关键词：对外汉语课程；小学语文课程；对比

The Comparison of the Character, Target and Content of Teaching Chinese as a Foreign Language and Chinese Course in Primary School

Guo Lisha

Abstract: This article is aimed at the opinion of “the object of teaching Chinese as a foreign language are primary school pupils and Teaching Chinese as a Foreign Language is equal to Chinese course in primary school” and according to teaching program,

---

* 本文为2010年度四川大学青年教师科研启动基金项目，项目编号：SKQ201019。

① 2001年《小学语文教学大纲》更名为《全日制义务教育语文课程标准》。为方便起见，本论文仍采用“教学大纲”的传统提法。

analyses the differences between the character, target and content of the two courses and reasons of the differences to provide more reasonable and effective teaching with theoretical and practical support.

Key words: teaching chinese as a foreign language; Chinese course in primary school; comparison

对外汉语教学是一门新兴的、具有广阔发展前景的学科。随着汉语国际地位的提高及其影响在国际范围内的日益扩大，孔子学院几乎遍布全球，对外汉语外派教师的需求量也呈迅猛增长之势。但长期以来，由于对对外汉语教学的误解与偏见，“对外汉语的教学对象等同于小学生，对外汉语的教学等同于小学语文课的教学”的论调仍不绝于耳。

一门课程的教学策略是与其性质、目标任务和内容密切相关的，下面笔者将以大纲为依据，对对外汉语课程与小学语文课程在上述三方面进行对比总结以明晰二者异同。

1　对外汉语教学的性质、目标任务和内容

对外汉语教学是以外国学习者（多为成年人）为教学对象，培养学习者以汉语作为外语的能力的第二语言教学。从宏观上来看，对外汉语教学属于语言学下的应用语言学范畴；从微观上来看，对外汉语教学是第二语言教学中的外语教学。

吕必松（1986）指出：“对外汉语教学的目标是培养学生运用所学语言进行交际的能力，在确定培养目标和教学要求、选择教学内容和教学途径以及规定教学法原则时，都要以有利于使学生在最短的时间内最大限度地形成所需的语言交际能力为出发点。”范开泰（1992）认为：“汉语交际能力包括汉语语言的系统能力、汉语得体的表达能力以及汉语文化的适应能力。”由此可见，对外汉语教学尤其强调对学生交际能力的培养，具有应用性和实践性的特点。

《高等学校外国留学生汉语言专业教学大纲》（以下简称《大纲》）指出，本专业的培养目标为：“培养适应现代国际社会需要、具备良好综合素质、全面发展的汉语专门人才。”具体业务要求包括以下四个方面的内容：

（1）具备扎实的汉语言能力与言语交际能力；

（2）掌握系统的汉语基础理论与基本知识；

（3）掌握基本的中国人文知识，熟悉中国国情和社会文化；

（4）掌握文献检索、资料查询的基本方法，具有初步的科学研究与实际工作能力。

上述四个方面，相较于范开泰先生提出的汉语语言的系统能力、汉语得体的表达能力以及汉语文化的适应能力，增加了一个科研和实际工作能力的要求。揣测大纲制定者的初衷，笔者认为这与对外汉语这门学科的教学对象多为成年人的特点是相吻合的。作为成年人，完善的思维和分析能力已经建立，只是鉴于学习内容为第二语言，其表达和运用能力受到相当程度的牵制。而语言学习的正确途径不在灌输，而在自我总结和归纳，正所谓“授人以鱼，不如授人以渔”。因此对外汉语教学作为一种多数教学对象为成年人的第二语言教学，引导学习者掌握文献检索、资料查询的基本方法，最终建立初步的科学研究与实际工作能力十分必要，这一能力的培养应贯彻于教师日常教学行为的始终。

然而由于对能力的评估缺乏一个客观定量的标准，因而不少学者提出要将培养留学生的“语感”作为对外汉语教学的目标或基本任务。如赵春利、杨才英（2002），周健（2003）、张旺熹（2007）等。但对于“语感”一词的理解，学术界不甚统一且仍无具体标准，如王尚文（1995）认为它是“主体在语言对象的刺激下给出的有关语感图式与之相匹配形成的格式塔，并同时做出的正误、真伪、是非、美丑的判断”。它是思维并不直接参与作用而由无意识替代的在感觉层面进行言语活动的能力，即“半意识的言语能力”。这就让语感又回到了能力的起点。刘大为（2003）认为：“语感就是语言的无意识，语言使用者并未意识到他对语言的掌握和使用，但实际上却有效地使用语言达到了目的。”张旺熹（2007）认为：“语感是语言使用者对特定语言系统的形式、意义和功能之间所具有的特定内在联系性的高度自动化的判断意识，是语言使用者把握、使用这种特定内在联系性的纯熟的语言行为的表现。”“具体来说，对外汉语教学的基本任务是：（1）尽可能准确地揭示汉语母语者的语感系统；（2）用科学而直观的方式和手段展示汉语母语者的语感系统；（3）为汉语第二语言学习者建立能够直接模仿的语感参照系统；（4）从教材编写、课堂教学、语言环境创设等方面，努力建立与语感培养相适应的机制，以更好地培养汉语第二语言学习者的汉语语感系统。”

综上所述，学术界尽管对语感的定义不尽相同，但在它以下两个特征上基本达成了共识：一是无意识性，二是直觉的判断。可以肯定的有三点：第一，与“能力”一样，“语感”也缺乏一个客观定量的标准来加以衡量；第二，语感的建立的确能从某种程度上说明学习者对一门语言的掌握水平；第三，语感的获得不是凭空实现的，而是学习者在不断积累的学习过程中实现的。

对外汉语教学作为一种语言教学，其基本任务是使学生掌握语言，而对掌握一种语言来说，如果建立起了语感，则意味着初步建立了一个判断语言运用正确或恰当与否的标准。语感的获得需要以听、说、读、写、译的技能培训为基础，从这个意义上说，我们可以认为对外汉语教学的基本任务是通过听、说、读、写、译的技能培训，帮助学生建立起语感，从而实现交流和进行初步科研的目的。

对外汉语课程的教学内容，按《大纲》规定，包括以下四个方面：

（1）汉语言语技能教学。结合汉语言语要素及有关文化内容、语言知识的展示与传授，进行汉语听、说、读、写、译各专项技能及综合技能训练，逐步提高学生的汉语言语能力及言语交际能力。

（2）汉语知识教学。通过对汉语言知识，包括汉语语音、词汇、语法、修辞、汉字及语言学基础知识的讲授及训练，使学生具备系统完整的汉语理论知识。

（3）中国人文知识教学以及与专业方向有关的知识教学。通过对中国人文知识（包括中国概况，中国政治、经济、文学、哲学、历史、地理等）基本内容的系统讲授，使学生熟悉中国国情，了解中国社会文化，具备基本的中国人文知识。

（4）体育、计算机中文信息处理、第二外语等方面的教学。鉴于对外汉语教学以汉语这门语言作为学习对象，因而从大的方面说，教学内容包括对语言知识本身的学习和语言能力的培养。语言与文化具有不可分割的联系，对文化的学习则也理应纳入学习的范畴。而体育、计算机中文信息处理、第二外语等方面的教学作为必要的技能可以为语言学习起到良好的辅助作用。因此，对外汉语课程的教学内容设置为上述四个方面是非常合理的。

2 小学语文课的性质、目标任务和内容

小学语文课程是一门以7～13岁左右的本国学习者为教学对象，培养学习者以汉语作为母语的能力的语言教学。从宏观上来看，小学语文教学属于语言学下的应用语言学范畴；从微观上来看，小学语文教学是语言教学中的母语教学。

2011年版《义务教育语文课程标准》（以下简称"修订版《课程标准》"）指出："语文课程是一门学习语言文字运用的综合性、实践性课程。义务教育阶段的语言课程应使学生初步学会运用祖国的语言文字进行交流沟通，吸收古今中外的优秀文化，提高思想文化修养，促进自身精神成长。工具性与人文性的统一是语文课程的基本特点。""课程目标从知识与能力、过程与方法、情感态度与价值观三个方面设计。""目标的设计着眼于语言素养的整体提高。"

由于小学阶段是我们较为系统地学习语言的开始，也是语言发展的关键阶段，因而使学生初步掌握语文这个最基本的工具便自然地成为这一阶段语文课程首要的任务。从强调工具性这一方面而言，小学阶段语文教学的任务可以从以下几点进行阐述。

1.1 语文能力的培养

小学语文课程的任务之一就是通过识字、阅读、写作、口语交际等方面的教学，培养学生的听、说、读、写以及综合性学习的能力，从而为自身语言能力的建立和提高以及其他学科的学习打下基础。

听、说、读、写是通过语言进行交际的重要形式以及获取和处理信息的重要手段，语言知识中的语音、词汇、语法均要通过理解和表达技能的综合训练才能熟练掌握。听、说、读、写四项基本能力相互影响、相互促进。从认知的角度看，听和读是信息的输入，而说和写是信息的输出。从语言学习的过程看，听和读的过程是从外部语言到内部语言的转换，即领会和吸收的过程；而说和写的过程是从内部语言到外部语言的转换，即表达和运用的过程。表达和运用是建立在领会和吸收的基础之上的，综合性学习也必须通过听、说、读、写的专项技能训练来加以实现。因而，如何科学、合理地把听、说、读、写有机地结合起来并强化综合学习能力，一直是小学阶段语文教学的首要任务之一。

修订版《课程标准》在课程基本理念中还专门提及了语感的培养、关于语感的定义以及其主要特征，本文已在前文中作了相关介绍，这里不再赘述。语感的建立以及不断增强，除了可以通过生活经验的不断积累实现以外，对语言的学习也是一个非常重要的实现手段。小学语文课程在帮助学生通过对各种文体和语体色彩的课文的学习，加深对语言的理解，在实际运用中逐步建立起语感方面发挥着不可替代的作用。

1.2　语文学习习惯的养成

小学生受年龄阶段的影响，模仿性强，可塑性大，因而该阶段是培养各种良好学习习惯的黄金时期。而小学语文课作为基础教育的基本课程，在培养学生良好的学习习惯方面发挥着不可替代的重要作用。

与《义务教育语文课程标准（实验稿）》（以下简称“实验版《课程标准》”）相比，修订版《课程标准》将原来的“体会汉字的美感”修改为“体会汉字的优美”，增加了“写字姿势正确，有良好的书写习惯”等要求。通过调整，可以看出修订版《课程标准》强调培养学生的识字兴趣和写字习惯。培养学生识字兴趣对于识字能力的提高是大有裨益的，而培养学生写字习惯，在电脑输入几乎取代手写汉字的今天也是十分必要的。

此外语文课的学习还可帮助小学生养成良好的朗读习惯、独立思考的习惯、勤于动笔的习惯、课外阅读的习惯等，它们对于提升学生学习积极性，帮助学生找到恰当的学习方法，变被动学习为主动学习均大有裨益。

1.3　人文素养的形成和提高

德国教育学家魏斯格贝尔认为，“教导的观点要退到教育的必要性之后”，通过母语教育，应把每个个体塑造为“有社团特征的”“有完全人性的”“有独立思考和行为能力的”人。德国语言学家洪堡特也强调“培育人性精神”和“个人的全面教育”，他们注重“人性”的培养的观点在本质上是不谋而合的。

魏斯格贝尔认为对人的塑造随着由表及里可以分为教导、教养和教育三个层次，母语课程的目标相应地也可以分为知识的扩展、教养的加深和个性的形成三个层次。

将语言的人类价值、社团价值和个人价值以及教导、教养、教育两个维度结合起来，魏斯格贝尔把母语课程的任务归纳进了下面这个二维表格。

表 1　总体任务的基本图式

对个人价值的教导	对社团价值的教导	对人类价值的教导
关于个人价值的教养	关于社团价值的教养	关于人类价值的教养
对个人价值的教育	对社团价值的教育	对人类价值的教育

如若结合修订版《课程标准》中提出的“工具性与人文性的统一是语文课程的基本特点”来加以分析，我们可以发现，知识的扩展实则是由语文课程的工具性所决定的，而教养的加深和个性的形成与人文性是一脉相承的。在“工具性”与“人文性”中，魏斯格贝尔和洪堡特更注重的是后者。

关于“人文”的内涵，《辞海》的解释是“人文指人类社会的各种文化现象”。语文课程的“人文性”主要是指“人文精神”或“人文思想”。这种思想的核心是“人”，即以人为本，承认人的价值，尊重个人的利益，尤指精神利益。具体到语文课程的教学当中，只有教师在认识到学生的主体地位的前提下，尊重和理解学生，给他们足够的空间，维护他们的尊严，认可他们的价值，才能让他们得以充分的发展和完善。修订版《课程标准》的“前言”部分反复强调“运用”，这也足以看出制定者试图通过多次对“运用”的强调，突破传统的小学语文课以教师讲授为主的禁锢，实现以学生为中心、在实践中运用语言的转变。由于小学生年龄特征的原因，语文课程的“人文性”还体现在帮助他们建立道德标准、人生观、价值观、世界观以及培养他们的良好个性中。课文中先哲和圣贤的思想情感会启迪和感染学生，不断拓展他们对自然、社会和自我的看法，从而使他们获得精神的力量，在此过程中逐渐形成和丰富其个性。

综上所述，小学语文作为母语教育，其总体任务从微观到宏观包括对个体的塑造、对社团的塑造和对人类的塑造。对个体的塑造又包括对语文基础知识、基本技能的掌握和对“人性”的塑造。对语文基础知识、基本技能的掌握是基础，对“人性”的塑造须通过基础的不断强化来实现。

小学语文课程的内容，修订版《课程标准》分列了 10 项加以阐述。它们是对课程目标的三个方面的具体说明：知识与能力方面，包括汉语拼音、普通话、汉字的学习以及阅读能力、写作能力、交际能力、使用工具书和多种媒体辅助学习的能力的培养；过程与方法方面，主要指科学的思想方法和学习语文的方法的掌握；情感态度与价值观方面，包括健康的思想道德和审美情趣，创新精神和合作精神，积极的人生态度和正确的世界观，价值观，文化素养、热爱语言文字的情感的培养。

3 二者的异同

3.1 相同点

3.1.1 课程性质和教学目标任务部分相同

对外汉语教学和小学语文教学都是以现代汉语普通话为教学内容，培养学习者的汉语交际能力的语言教学，均具有实践性和应用性。

语言是文化的载体，它和文化是密不可分的，学习语言的过程同时也是文化传递的过程。汉语作为一种具有悠久历史的语言，其文化底蕴尤为丰富。对外汉语课程在培养目标和教学内容中明确提出“掌握基本的中国人文知识，熟悉中国国情和社会文化，具备基本的中国人文知识”；“文化”一词在修订版《课程标准》中也出现了 23 次，这足以说明它在小学语文教学中的重要程度。小学语文教学的总体目标与内容也提出：“认识中华文化的丰厚博大，关心当代文化生活，吸收人类优秀文化的营养，提高文化品位。”由此可见，无论是对外汉语教学还是小学语文教学都是有关文化的语言教学。

3.1.2 均注重听、说、读、写四方面言语能力和言语交际能力的培养

对外汉语教学大纲将对各级学生能力的要求分为言语能力和言语交际能力两大类，其中前者又包括听、说、读、写四个小类。小学语文教学大纲将对低段学生的具体要求分为识字与写字、阅读、写话、口语交际与综合性学习五方面。这五方面除了综合性学习外，其余四方面均可归入听、说、读、写四类中：识字与写字以及写话可归入写一小类；阅读归入读一类；口语交际归入说一类。因而二者在分类上是总体一致的。

3.1.3 教学内容的重难点部分相同

对外汉语和小学语文两种不同类别的汉语教学都是在传统语文教学的基础上发展而来的。汉语本身的特点决定了两类汉语教学必然在教学内容的重难点上具有一些相同之处，如两者都强调汉字的教学，注重朗读。以对应的学段为例，对外汉语教学大纲对一年级一级要求能按词重音、句重音要求朗读浅显短文，朗读速度不低于每分钟 120～140 字，一年级二级能较流利地朗读短记叙文和日常应用文，朗读速度不低于每分钟 140～160 字；小学语文教学大纲对第一学段（1～2 年级）要求能用普通话正确、流利、有感情

地朗读课文。可以看出，二者在“读”的方面均是十分重视的。

汉字作为一种表意文字，无法由形推音，加之其复杂的笔画、较多的形近字以及同音字等特点让它成为学生尤其是欧美学生在初学阶段会遇到的一个难点。因而对外汉语教学和小学语文教学大纲都在汉字方面专门罗列了较为详细的要求，例如对外汉语教学大纲规定一年级一级掌握795个一级汉字和993个一级生词，掌握汉字笔画、笔顺和书写规则，汉字抄写速度为每分钟15~17字，听写单句或语段（句群）的速度为每分钟12~14字，一节课（50分钟）写出150字以上的短文，汉字书写正确率为90%以上。一年级二级熟练掌握汉字1 491字和生词2 704个的绝大部分，正确掌握汉字笔画、笔顺和书写规则，汉字抄写速度为每分钟18~20字，听写句子和语段（句群）的速度为每分钟14~16字，两节课（100分钟）写出400字以上的短文，汉字书写正确率为90%以上。小学语文教学大纲在总体目标与内容中指出要求学生能正确工整地书写汉字，并有一定的速度。在对第一学段（1~2年级）的具体目标与内容中也单独将识字与写字作为一项，提出应培养学生喜欢学习汉字，有主动识字、写字的愿望，要求学生认识常用汉字1 600个左右，其中800个左右会写，掌握汉字的基本笔画和常用的偏旁部首，能按笔顺规则用硬笔写字，注意间架结构。初步感受汉字形体美，努力养成良好的写字习惯，写字姿势正确，书写规范、端正、整洁。学习独立识字，能借助汉语拼音认读汉字。综上，两类汉语教学均对学生的识字和写字有着量化的要求，汉字笔画、笔顺和书写规则都是汉字学习的重点。

3.2 相异点

3.2.1 对外汉语教学目标更加量化、细化

相较于小学语文教学大纲，对外汉语教学大纲的教学要求更加量化、具体化。如要求一年级一级学生收听不含生词及新语法的400字以内的会话或短文，语速为每分钟160~180字，正确理解率为80%以上，每周收听时间不少于50分钟，半年内不少于12小时；朗读速度不低于每分钟120~140字，说话语速不低于每分钟100~120字。每周课外会话练习不少于50分钟，半年内不少于12小时；细读没有新语法点、含有不足3%非关键性生词的会话或短文，阅读速度为每分钟90~110字，正确理解率为85%以上；速读难度略低于或近似于上述情况的同类文章，阅读速度为每分钟150字，正确理解率为70%以上，半年内的阅读量不少于2.5万字；汉字抄写速度为每分钟15~17字，听写单句或语段（句群）的速度为每分钟12~14字；

一节课（50 分钟）写出 150 字以上的短文，汉字书写正确率为 90%以上，句法正确率为 80%以上，标点符号使用正确率为 80%以上，半年内完成总计 3 000 字以上的短文习作。

可见在听、说、读、写各方面对外汉语教学大纲都对学生有着非常明确和细致的要求。每一个方面均有速度或正确率的量化要求。听和说两方面还明确到了每周以及半年内的练习时间要求。读的方面细化为朗读、阅读和细读，书写的速度方面甚至细分到了汉字的抄写速度、单句或语段（句群）的听写速度和一节课短文的书写速度。对书写正确率的要求也具体到了汉字、句法和标点符号三个小类。而小学语文教学大纲关于第一学段量化的要求仅涵盖了识字量、写字量、背诵篇目以及阅读总量四个小类：要求学生认识常用汉字 1 600 个左右，其中 800 个左右会写；背诵优秀诗文 50 篇，课外阅读总量不少于 5 万字。

究其原因，我们认为这是由儿童的认知能力的规律所决定的。心理学研究指出，低中段儿童以形象思维为主，10～12 岁以后，其逻辑思维能力才会得到较快的发展。识字和写字能力的培养在开始阶段与形象思维是密不可分的，阅读能力的发展大致可分为积累性阅读、理解性阅读和评判性阅读三个阶段，小学生多处于第一阶段。而积累的途径是通过大量输入直至熟读甚至背诵，因而大纲专就识字量、写字量以及阅读量和背诵篇目作了量化的要求。

3.2.2　对外汉语教学内容与小学语文教学内容不尽相同

对外汉语教学大纲总体教学内容包括四个方面：汉语言语技能教学、汉语知识教学、中国人文知识教学以及与专业方向有关的知识教学、体育和计算机中文信息处理以及第二外语等方面的教学。其中汉语技能教学除了言语要素、语言知识以及有关文化内容外，还涉及听、说、读、写、译各专项技能及综合技能训练。汉语知识教学除语音、词汇外，还涉及语法方面。而小学语文不涉及“译”这一专项技能训练以及语法内容。

小学语文课程总体目标与内容除涵盖知识与能力、过程与方法外，还凸显了对学生情感态度与价值观的培养。如：培养学生的爱国主义、集体主义、社会主义思想道德和健康的审美情趣，发展个性，培养创新精神和合作精神，逐步形成积极的人生态度和正确的世界观、价值观，培育热爱祖国语言文字的情感，逐步养成实事求是、崇尚真知的科学态度等。第一学段（1～2 年级）的具体目标也提到让学生初步感受汉字的形体美，通过阅读，让学生向往美好的情境，关心自然和生命，对感兴趣的人物和事件有自己的感受和想法，并乐于与人交流。诵读儿歌、儿童诗和浅近的古诗，展开想象，获得初步的情感体验，感受语言的优美。

笔者认为，其原因可从两方面作分析：一是小学语文课程的教学对象为年龄较小的学生，第一学段为6~7岁的刚从幼儿园进入小学的低龄儿童；二是小学语文课程的教学内容为母语教学，因而排除了“译”这一专项技能训练以及语法内容。当然，针对这一现象也有反对的意见。例如，有学者就美国语文课程标准从学前班到12年级均要求学生掌握相应的语言语法知识的做法，指出：“希望将来能摸准语文学科的‘机理’，通过艰苦的努力，重修语文知识的‘谱系’，抓住语文教育的核心要素，探索本学科的‘支柱’，建设‘语文’学科体系。”“在课程内容上，规范母语学习的范畴，大体包括语言知识、文化知识和思维能力，具体指听、说、读、写能力的训练与语言综合素养的整体提升。”

对低龄儿童而言，其心智发展尚未成熟，他们判断是非善恶的标准因较多地受到外界影响而具有明显的游移性，这就导致他们的价值观可能出现较大的偏差。鉴于此，增加情感与态度方面的教学内容十分必要。而这一点，在2011年版新课标中多处均有说明和体现：“前言”部分指出，语文课程要“为学生形成正确的世界观、人生观、价值观，形成良好个性和健全人格打下基础”；而后，又在“课程基本理念”中对“价值取向”进行了细致的阐释，提出“应该重视语文课程对学生思想情感所起的熏陶感染作用，注意课程内容的价值取向，要继承和发扬中华优秀文化传统和革命传统，体现社会主义核心价值体系的引领作用”。此外，在学段目标与内容中也可以体现出情感与态度方面的教育在“听”“说”“读”“写”四项言语能力之中的渗透以及它与课程实施中的各个环节的融合。

对外汉语教学和小学语文教学的总体目标虽都包括要求学生掌握学习的过程与方法，但要求层次不同：前者指“文献检索、资料查询的基本方法”，其最终目的是通过对该方法的掌握“具有初步的科学研究实际工作能力”；而后者重在让学生“养成良好的语文学习习惯”，“学习科学的思想方法”，其最终的目的是“主动进行探究性学习，激发想象力和创造潜能，在实践中学习和运用语文”。上述不同的层次要求也是源于教学对象的不同：前者的对象——成年人，受其年龄的影响，已建立起完全自主的学习能力，且已在熟练掌握母语的基础上形成了一套较为固定的适合自己的学习模式与方法，一旦他们建立起从母语学习到目的语学习两者间的正迁移，实现具有初步的科研工作能力的目标是指日可待的；而后者的对象——小学生，学习能力尚在开发之中，学习模式与方法也处于不断探索与总结的阶段，其能力的开发，有效模式与方法的建立，都需要正确的引导，因而小学语文教学在学习过程与方法的要求方面突出从学习习惯的培养这一实现学习目标的第一步入手，进而激发学生的潜能，达到在实践中运用的目的，这也是和语文课程作为一门实践课程的性质相一致的。

小学语文学段的目标与内容除听、说、读、写外，还包括综合性学习。以第一学段（1～2 年级）为例，其内容包括以下三点：

（1）对周围事物有好奇心，能就感兴趣的内容提出问题，结合课内外阅读共同讨论；

（2）结合语文学习，观察大自然，用口头或图文等方式表达自己的观察所得；

（3）热心参加校园、社区活动。结合活动，用口头或图文等方式表达自己的见闻和想法。

其中第一点和第三点中的“热心参加校园、社区活动”，我们可将之纳入总体目标的情感态度与价值观一类；剩下的部分我们可归为学段目标与内容下的“说”和“写”两小类。

在学段目标与内容中单独将综合性学习列为一项，可以看出设计者通过它将听、说、读、写各单项言语能力联系起来，在此基础上实现四者的融会贯通，从而提升到“综合”性的高度的用意。

综上所述，对外汉语和小学语文两门课程虽然都以现代汉语普通话为教学内容，但在课程性质、目标任务和内容方面均存在诸多差异，这些差异导致这两门课程的教学策略也存在明显不同，因而教师在教学中应在充分认识到上述异同的基础上采取相应的教学策略以达到预期的教学效果。

参考文献

巢宗祺．义务教育语文课程标准修订概况：上［J］．课程·教材·教法，2012（3）：45－49.

范开泰．论交际能力的培养［J］．世界汉语教学，1992（1）：13－16.

顾黄初，李杏保．二十世纪后期中国语文教育论集·引论［C］．成都：四川教育出版社，2000.

金荷华. 对国外新世纪“语文课程标准”的透视与反思［J］. 全球教育展望，2011（12）：84－89.

刘大为. 作为语言无意识的语感［J］. 华东师范大学学报（哲学版），2003（1）.

吕必松. 试论对外汉语教学的总体设计［J］. 语言教学与研究，1986（4）：4－18.

彭彧. 魏斯格贝尔的“母语和母语教育”理论及其对汉语汉字研究与教学的启示［D］. 上海：复旦大学，2010.

屠锦红，徐林祥. 改革开放30年语文教学研究回顾与反思［J］. 河北师范大学学报（教育科学版），2010（2）.

王荣生. 语文科课程论基础［M］. 2版. 上海：上海教育出版社，2005.

王尚文. 论语感［M］. 上海：上海教育出版社，1995：35.

王尚文. 论语感［M］. 上海：上海教育出版社，2000.

杨庆华. 在对外汉语教学的定性、定位、定量问题座谈会上的发言［J］. 语言教学与研究，1995（1）.

姚小平，洪堡特. 人文研究和语言研究［M］. 北京：外语教学与研究出版社，1998：55－57.

姚小平. 17—19世纪的德国语言学和中国语言学：中西语言学史断代比较研究［M］. 北京：外语教学与研究出版社，2001.

张鸿苓，等. 语文教学方法论［M］. 北京：北京师范大学出版社，1982.

张旺熹. 语感培养是对外汉语教学的基本任务［J］. 世界汉语教学，2007（3）：24－25.

赵春利，杨才英. 对外汉语教学初级阶段语感培养的原则［J］. 语言教学与研究，2002（1）：61－66.

赵金铭. 对外汉语教学概论［M］. 北京：商务印书馆，2005：5.

中华人民共和国教育部. 义务教育语文课程标准［M］. 北京：北京师范大学出版社，2011：2.

周健. 论汉语语感教学［J］. 汉语学习，2003（1）：62，69.

Weisgerber，Leo. Von den SPrachen zu den Muttersprachen［A］. Weisser，Erich（hrsg.）. Das Prinzip der Ganzheit im Deutschunterricht［C］. Darmstadt：Wissenschaftliche Buchgesellschaft，1967，S. 84－104，hier S. 97.

（郭莉莎，女，博士，四川大学海外教育学院讲师，研究方向为对外汉语。）

高级汉语水平韩国留学生声调声学实验与分析*

何　婉

摘　要：随着不同国家和地区来华留学生数量的增加，分国别的对外汉语教学越来越重要。语音教学一直都是对外汉语教师公认的重点和难点，由于很多语言都没有声调，所以声调教学就是重中之重。有效地进行声调教学，首先要明确留学生通过教学和学习以后依然还存在哪些声调问题，这样有的放矢地进行教学，教学结果才会更加理想。本文接受调查的对象是学习汉语多年的高级班学生，他们所存在的错误是一种顽固性错误，能够发现和分析这些错误对于我们教学有比较积极的作用。本文借助实验语音学的研究方法，对调查结果进行分析和比较，从而能够非常直接地看到高级汉语水平的韩国留学生声调偏误的情况，并加以分析。

关键词：韩国留学生；声调；偏误；实验语音学；分析

Experiments and Analysis of Tonetics for South Korean Students with Advanced Chinese Level

He Wan

Abstract: With the South Korean overseas students increasing, teaching Chinese as a foreign language with different countries has become

* 本文为2015年度四川大学中央高校基本科研业务类研究专项（哲学社会科学）项目——国家社科基金培育项目，项目编号：SKZX2015-Sb25.

increasingly important. Pronunciation teaching has always been considered of key importance by teachers who teach Chinese as a foreign language. Tone teaching is even more important since many languages don't have tones. So, to teach tones efficiently, we have to be clear about what tone problems the overseas students still have after learning. By doing so, the teaching result will be more ideal, that is why the object of our survey are advanced students who have been learning Chinese for many years. Besides, by finding and studying their mistakes, we can improve our teaching effectively and quickly. This essay is intended to find out the tone errors in South Korean overseas students and try to analyze them by comparing and analyzing the investigation results.

Key words: South Korean overseas students; tone; errors; experimental phonology; analyze

1 引言

“对外汉语语音教学的任务是让学习者掌握汉语语音的基本知识和汉语普通话正确、流利的发音，为用口语进行交际打下基础。”“语音基础没有打好，一旦形成了习惯，错误的语音最容易‘化石化’，以后就很难纠正。所以第二语言教学，不论学习者带有何种目的，都应严格要求学好语音。”林焘也说过：“洋腔洋调形成的关键不是在声母和韵母，而是在声调和比声调更高的语音层次。”（林焘，1996）从普通话声韵调的分布也可以说明问题，普通话有 22 个声母，38 个韵母，4 个声调，任何一个声调出现偏误都有 25%的字不能正确发音，从而影响学习者的汉语发音和交流。

近年来，韩国来华留学生的数量越来越多，针对韩国留学生的汉语教学值得我们思考和探索。由于韩语没有声调，所以韩国留学生学习汉语时声调是一个较大的障碍，很多韩国留学生学习了很多年汉语，可以非常流利地交流，但是依然洋腔洋调，这是对外汉语老师的责任，我们有义务和责任帮助留学生更加准确地发出声调。

根据上述观点，本文将对高级汉语水平韩国留学生的声调进行声学实验与分析。选择高级汉语水平的留学生是希望排除初学者汉语掌握水平参差不齐所带来的不确定性。通过较长时间对汉语的学习，学习者处于一种相对统一的水平，这时所存在的声调问题应该是一种“化石化”的语音问题，如果能够清楚地了解哪些声调问题是最顽固的、最不容易掌握的，我们就可以在教学之初对这些问题加以注意和强化训练。通过声学实验我们可以清楚地看见偏误的具体情况，这对教师教学和学生自我纠正都有一定的现实意义。

2　声学实验和统计分析的基本步骤和程序

通过实验语音学的方法我们可以更加清楚和直接地看见发音人的语音特点，此前已经有研究者对初中级韩国留学生声调偏误进行了实验分析，但是对于高级韩国留学生没有专门的实验研究。下面简单介绍一下声调实验的步骤。

2.1　制作发音表

第一步是单字音的调查。首选例字的韵母以单元音“a，i，u”为佳，声母以清不送气“p，t”为宜。如果找不到足够多的合适音节，零声母也可考虑（朱晓龙，2010）。根据以上标准，我选择了符合要求的例字，将选中的例字做成 PPT 文件，每页一字，放映在电脑屏幕上让发音人读。语音样本包括阴平、阳平、上声、去声 4 个调类，各 9 个例字，一共有 7×4×9=252 个样品。

第二步是语句中声调的调查。选择了 5 句常用对话，共 39 个字，包括阴平 12 个、阳平 7 个、上声 9 个、去声 11 个，这样就得到 7×39=273 个样品。较大规模地调查取样可以保证研究结果的客观性和科学性。统计学告诉我们，越是大的样本空间就越能正确地代表这一语言社团的语言实际（沈中伟，2002）。

2.2　选择发音人

发音人的选择要综合年龄、性别、汉语水平等因素。我们选择了四川大学海外教育学院高级班的韩国留学生为发音合作人，7 位发音人按照年龄、性别背景、汉语水平分组的分布情况如图 1 所示：

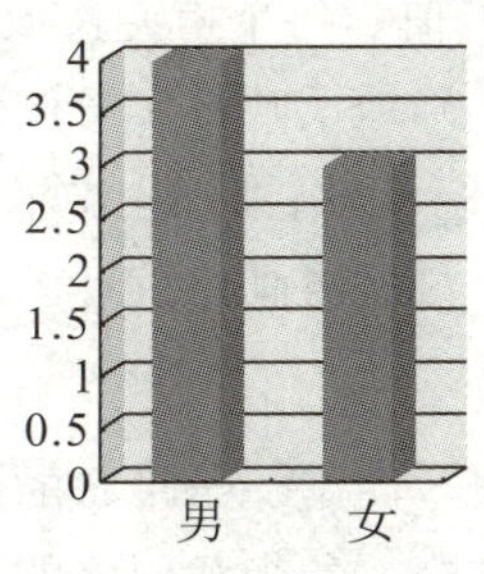

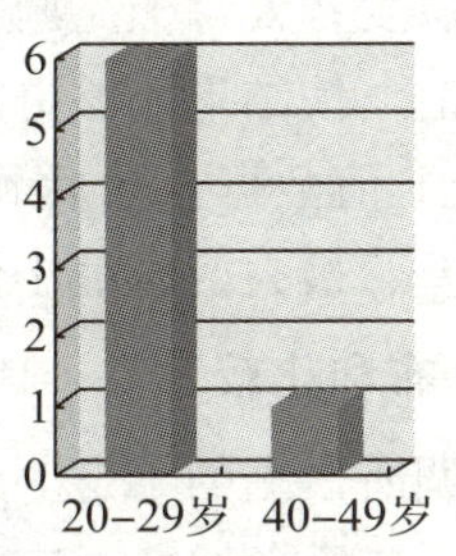

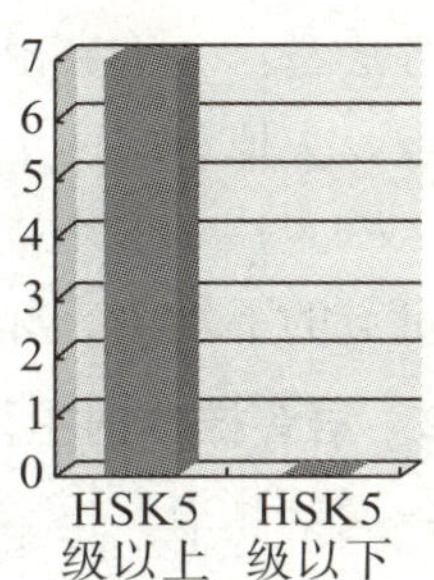

图 1　发音人基本情况

2.3　实验测算和数据统计

以笔记本计算机为载体，使用 SONY 公司的 ECM－MS907 话筒，调查录音软件为 Adobe Audition v 3.0 以及荷兰阿姆斯特丹大学语音科学研究所保罗·布尔斯马（Paul Boersma）教授和大卫·韦宁克（David Weenink）教授开发的一种用于语音分析与合成的软件——Praat，录音参数以 32000 为采样率、单声道、最大录音长度 5 秒、波形显示长度 5 秒。

为了剔除性别、年龄等外部因素带来的差异，我们需要对采集的数据进行相对化和归一化的处理，这样研究的结果才会有普遍性的意义。我们利用对数 z-score（LZ）方法，分五个步骤分别对每位发音人的语音样本进行声学分析：（1）测量点选取的方法是提取音高曲线各百分时刻的基频值，将 0%、10%、20%、30%、40%、50%、60%、70%、80%、90%、100%这 11 个时刻点基频值分别记录下来。（2）将他们化为对数。（3）求对数值的均值和标准差。（4）进行 z-score 归一化。（5）将每个发音人的归一化结果加以平均并求其标准差，使用科学计算软件 Matlab7.0 来完成计算作图工作。

2.4　相对化数据的统计分析

因为每个发音人的调域差别很大，而且言语声调的音高是相对音高，为了让数据具有整体的客观性，同时剔除离群值，我们也以科学计算软件 Matlab7.0 为工具，对数据进行统计分析。

3　韩国留学生单字调的统计分析

3.1　语音样本的总体统计分析

笔者采用声学实验和统计分析结合的方法对 252 个语音样品进行分析。

具体的方法是：分别算出 7 位发音人每个声调的 T 值，每个声调选取中间 9 个测量点，去掉首尾两个数值，使结果能够更加准确地反映真实的调值，这样就有 7×4×9=252 个点的 T 值数据。然后利用统计软件计算出每个声调各个测量点的平均值、标准差、最大值、最小值。最后再画出统计图表。

3.2 语音样本的主体分布和比较

在声调格局中，每一声调所占据的不是一条线，而是一条带状的声学空间。声调调型曲线不应该只看成一条线，而应该作为一条带状包络的中线或主线（石锋，1987）。韩国留学生各单字音的调型曲线由上线、中线、下线构成。中线是各个发音人 9 个点 T 值平均数，上线和下线分别是这 9 个点 T 值平均数加减标准差得出。标准差是最重要的统计数据之一，它可以计算出声学空间的范围，也可以排除一些偶然的个别因素，从而很好地显示各个声调的分布情况，如图 2 所示。

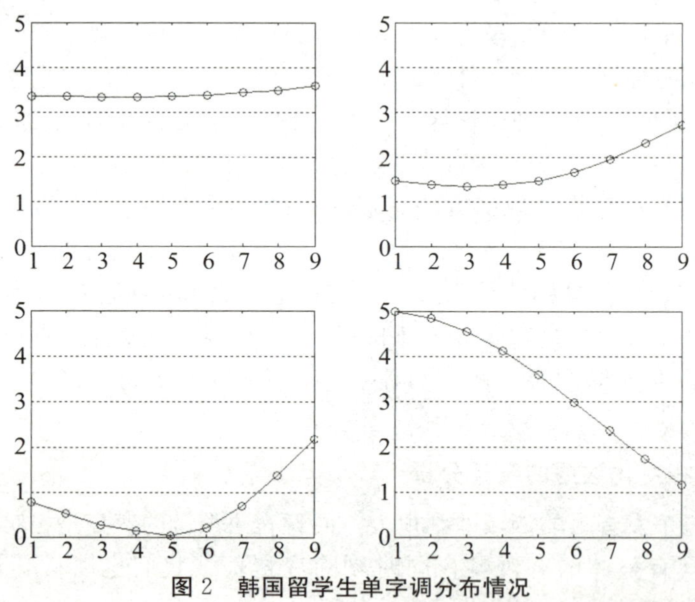

图 2　韩国留学生单字调分布情况

我们再将这个图和石锋的北京话（石锋，2006）声调格局进行比较，从而清晰地看到韩国留学生声调的偏误，如图 3 所示。

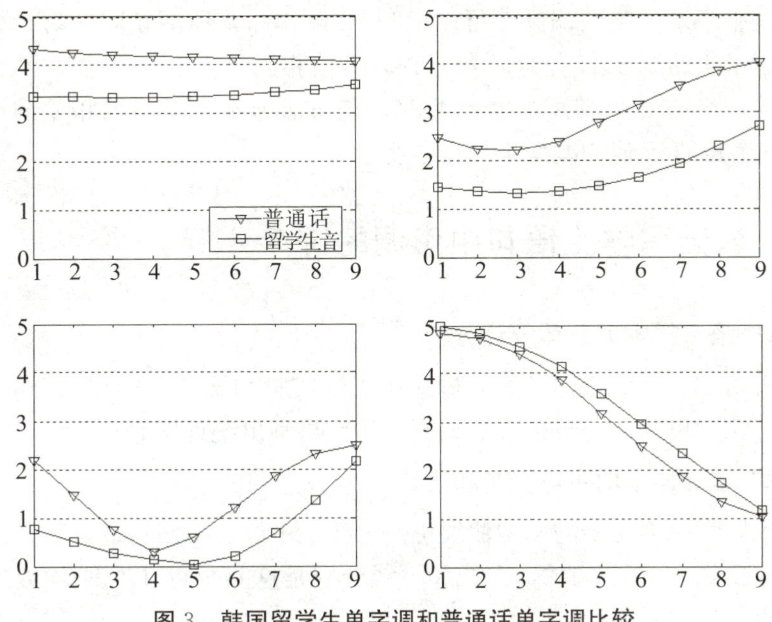

图 3　韩国留学生单字调和普通话单字调比较

从图 3 可以清楚地看到，阴平：韩国学生读音呈现高平调，但是整个高度明显低于普通话发音，读音可以记为 44 调。起点 T 值韩国学生为 3.34，普通话为 4.33，相差 0.985，每点差距逐渐降低。终点 T 值韩国学生为 3.58，普通话为 4.07，相差 0.49。从 9 个点的 T 值来看，最大的相差了接近 1 度，最小的相差半度，整体比普通话低 1 度。

阳平：韩国学生读音呈现中升调，但是整个高度也明显低于普通话的发音，读音可以记为 23 调。第二个点 T 值韩国学生为 1.37，普通话为 2.24，相差 0.86，差距最小。第七个点 T 值韩国学生为 1.94，普通话为 3.55，相差 1.6，差距最大。9 个点 T 值有 7 个点 T 值差距在 1 度以上，另外两个点都在半度以上。韩国学生读音普遍偏低，韩国学生读音 T 值首尾相差 1.27，普通话读音 T 值首尾相差 1.54，和普通话相比上升幅度较小。

上声：韩国学生读音呈现曲折调，基本调型和普通话相同，只是折点在第五个点上，比普通话的折点第四个靠后一点，可以记为 113 调。起点的 T 值韩国学生为 0.78，普通话为 2.19，相差 1.4。韩国学生折点 T 值为 0.02，和起点相差 0.76，普通话折点为 0.29，和起点相差 1.9。终点 T 值韩国学生为 2.17，普通话为 2.51，相差 0.33。

去声：韩国学生去声呈现高降调，从图 3 中可以看到和普通话差距不大，只是整个调值略微偏高，可以记为 52 调，和普通话相同。第七个点的 T 值韩国学生为 2.35，普通话为 1.86，T 值相差最大，为 0.49，没有超过半度。第二个点 T 值韩国学生为 4.84，普通话为 4.72，T 值相差最小，为 0.12。9 个点的 T 值相差均未超过半度。

4　韩国留学生语句中声调的统计分析

4.1　语音样本的总体统计分析

笔者对 273 个语音样品的分析采用声学实验和统计分析相结合的方法。具体的方法和单字调的分析方法相同。最后再画出统计图表。

4.2　语音样本的主体分布和比较

韩国留学生语句中的调型曲线也由上线、中线、下线构成。中线是各个发音人 9 个点 T 值平均数，上线和下线分别是这 9 个点 T 值平均数加减标准差得出，如图 4 所示。

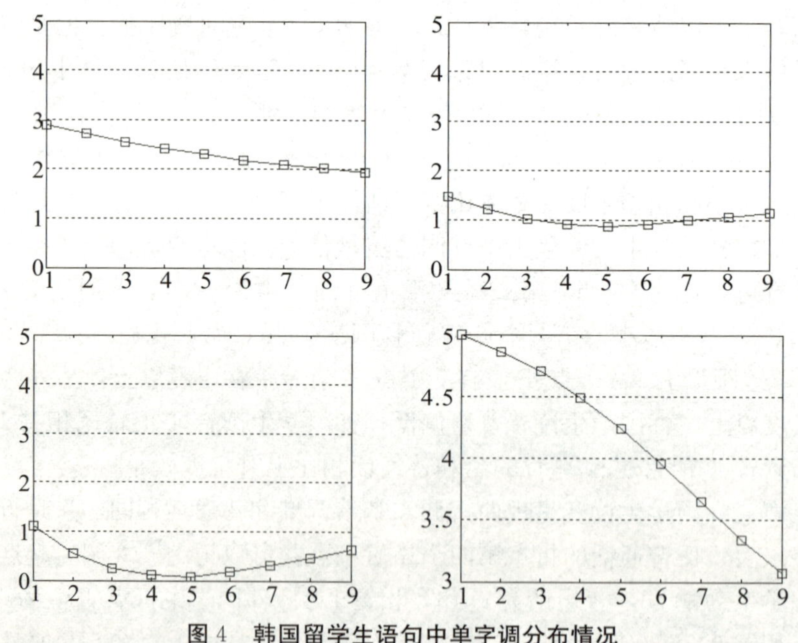

图 4　韩国留学生语句中单字调分布情况

我们再将图 4 和石锋北京话（石锋，2006）声调比较，得到图 5，从而可以看到韩国留学生句中单字调和普通话的差异。

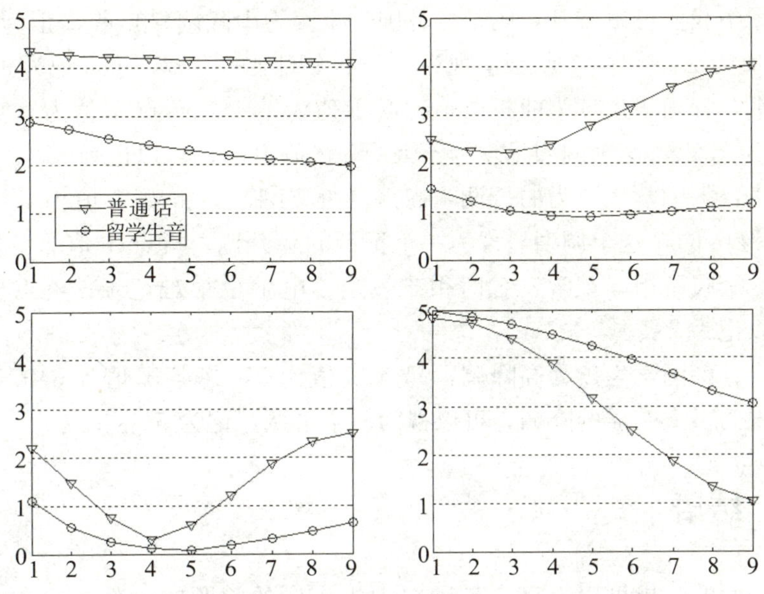

图 5　韩国留学生句中单字调和普通话单字调比较

将图 2 和图 5 加在一起得到图 6，可以从中看到韩国留学生单字调、句中单字调以及普通话之间的比较，从而清楚地得到韩国留学生在读单字发音时和读句子发音时的偏误情况。

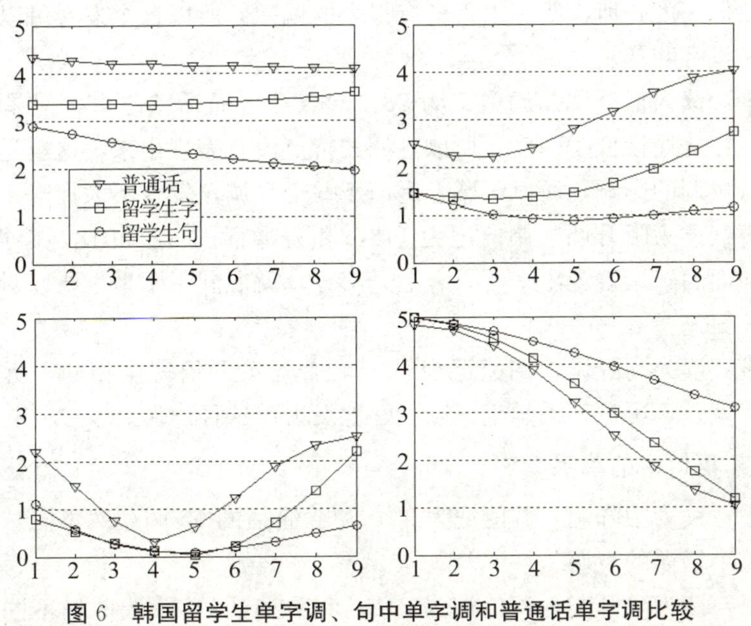

图 6　韩国留学生单字调、句中单字调和普通话单字调比较

从图中我们可以看到，阴平：韩国学生读为中降调，起点T值为2.88，终点T值为1.95，整个调型呈现为一个不太明显的降调，可以记为32。

阳平：韩国学生读为曲折调，起点T值为1.46，折点T值为0.87，终点T值为1.14，这个调型呈现为不太明显的降升调，可以记为212。

上声：韩国学生读为曲折调，起点T值为1.1，折点T值为0.08，终点T值为0.64，这个调型呈现为一个很低的降升调，折点T值非常低，可以视为一个嘎裂声，正常发音时很难发出，电脑也很难记录，终点也比较低，可以记为211。

去声：韩国学生读为高降调，起点T值为5，终点T值为3.07，这个调型呈现为不太明显的降调，可以视为一个平调，记为54。

5 结语

从上面的分析可以看到，韩国留学生声调的问题应该分为两个部分来讨论。

5.1 单字调

阴平：读为高平调，调值记为44，调型和普通话一致，只是调值整体比普通话低一度，所以听感上不会有很大的偏差，所以这个发音可以视为正确发音，没有问题。

阳平：读为低升调，调值记为23，起点和普通话差不多，但是终点调值过低，比普通话低了两度，所以升调的特点没有表现出来，这也是受到了母语没有声调的影响，所以听感上近似于一个平调，发音不太标准。

上声：读为降升调，调值记为113，和普通话的313相比，起点过低，没有把前面的降调表现出来，只有上升部分，就混同于阳平，所以听感上也会有一些偏差。

去声：读为高降调，调值记为52，和普通话调值完全相同，听感上也没有任何偏差，可见韩国学生可以很好地发去声这种声调。

5.2 语句中的单字调

阴平：读为中降调，调值记为32，和普通话的55调截然不同，听感上完全是一个错误的声调。

阳平：读为降升调，调值记为212，和普通话的35调截然不同，听感上也完全是一个错误的声调。

上声：读为降升调，调值为 211，和普通话的 213 差别不大。王萍（2014）、石锋（2014）提出，上声的上升有无不影响上声之为上声，所以此处声调的后半部分没有升起来，听感上觉得有些不对，但是基本还是可以认为是一个上声。

去声：读为平调，调值为 54，起点和普通话相同，都是 5，但是终点没有降下来，读为了一个平调而不是降调，所以听感上也是一个错误的声调。

综上所述，韩国留学生在读单字时，声调问题并不明显，阴平和去声完全正确，阳平和上声有些小问题，但是基本还是能够辨别声调特点。但是当读句子时，声调就完全走样，除了上声都是错误的读音，而且错误和读单字调时的错误几乎没有关系，这种错误不是偶然的，是多个语音样本分析的结果，是一种“化石化”的声调错误。可以这样认为，高级水平的韩国留学生不是不会发汉语的四个声调，而是还不能自如地在语流中较为标准地发这四个声调。那么在以后的教学中，我们对于高级水平的韩国留学生的声调教学重点不是单字调的纠正，而是朗读语句的练习，只有熟练掌握了在语句中如何正确发音才能够真正地摆脱留学生的洋腔洋调。

参考文献

高玉娟. 韩国留学生汉语声调习得偏误的声学研究［J］. 云南师范大学学报，2006（1）.
林焘. 语音研究和对外汉语教学［J］. 世界汉语教学，1996（3）.
刘珊珊. 中级汉语水平韩国留学生声调声学实验与分析［D］. 桂林：广西师范大学，2008.
石锋. 实验音系学探索［A］. 北京：北京大学出版社，2006.
王萍，石峰，荣蓉. 汉语普通话上声的听感范畴［J］. 中国语文，2014（4）.
赵赫. 韩国留学生汉语声调习得偏误浅析［J］. 文史，2011（10）.
朱晓龙. 语音学［M］. 北京：商务印书馆，2010.

（何婉，文学硕士，四川大学海外教育学院讲师，四川师范大学文学院 2012 级博士，研究方向为汉语语音和对外汉语教学。）

以大学为依托建立对外汉语教学微信公众平台的必要性

胡　晓

摘　要：微信作为目前流行的一款社交软件，其移动、便携、零碎学习的特点促进了对外汉语教学的发展。本文通过对现有对外汉语微信公众平台的调查和比较，发现它们在帮助对外汉语教学方面的局限，提出以大学为依托建立对外汉语教学微信公众平台的必要性。

关键词：大学；微信；公众平台；对外汉语教学

The Necessity of Applying TCSL Wechat Public Platform Based on a University

Hu Xiao

Abstract: As a popular social app, the mobility, portability and fragmentation of learning of wechat has promoted the development of TCSL. This paper focuses on the situation and comparison of the present TCSL wechat public platform, and calls for the application of TCSL wechat public platform based on a university through the current limitation.

Key words: university; wechat; public platform; TCSL

1　引言

随着互联网时代的到来，移动学习作为一种新型学习模式已经被越来越多的人接受，它主要指“利用无线移动通信技术以及无线移动通信设备（如移动电话、个人数字助理 PDA、POCKET PC 等）获取教育信息、教育资源和教育服务的一种新型学习形式”（叶成林等，2004）。除了技术的支持，智能手机的普及也为移动学习提供了可操作性。微博、微信等社交媒体软件的出现则促进了移动学习的发展。

微信是一个免费的应用程序，主要为智能终端提供实时通讯服务，2011 年 1 月 21 日由腾讯公司推出。它支持语音短信、视频、图片和文字的发送，还提供公众平台、朋友圈、消息推送等功能。截至 2013 年底，微信注册用户量已经突破 6 亿，是亚洲地区拥有最大用户群体的移动实时通讯软件。

基于微信的多功能性和高关注度，学界也开始研究其在对外汉语教学中的应用。但是目前这方面的研究并不多，主要集中在统计和分析微信公众平台上的对外汉语教学现状（吕亚琪、许娟，2014）、微信在对外汉语教学某阶段或某课型中的应用（葛燕，2014；姚垚，2014），以及微信的媒介功能（范玥，2014）。这些文章多以微信本身的功能作为研究对象，但将微信用户作为研究对象的相关文章还没有。因此，结合对外汉语在中国国内的教学现状，本文在参考相关论文后，对微信公众平台上对外汉语行业的公众号进行归类和整理，提出以大学为依托建立对外汉语教学微信公众平台的想法，希望在数字化教学的大背景下，让更多学习者受益于对外汉语教学。

2　对外汉语微信公众用户调查

2.1　用户类型

截至 2014 年 12 月底，在微信公众账号中以“对外汉语”或“汉语”相关词语注册的用户总计 184 个。按照用户的类型，可分为大学类、公司机构类和个人类。

（1）大学类。在 184 个对外汉语微信公众用户中，只有不超过 10%大学类的微信用户如“中山大学国际汉语学院”、“留学生 i 汉语”（上海交通大学国际教育学院）、“对外汉语研究中心”（北京语言大学）、“首师大汉语俱乐部”“厦大翔安汉语角”等。

（2）公司机构类。已有的对外汉语微信公众用户，80%都属于公司机构类。这里面有汉语节目，包括《CCTV 快乐汉语》《汉语桥》等；也有知名的在线汉语学习平台，如“唐风汉语”“沪江汉语”；还有大型汉语培训机构，如“儒森汉语”“华真汉语”等。

（3）个人类。一些对外汉语从业者也以个人名义申请了微信公众号，例如“汉语课杨老师”“快乐学中文”等。

2.2 用户推送消息类型

查阅之前论文可以看到，已经有学者将对外汉语微信公众平台上推送的消息类型按照内容进行了分类，主要分为“知识类”和“资讯类”。“知识类”主要是推送语音、语法、词汇、汉字、文化、文学等对外汉语相关知识；“资讯类”主要介绍对外汉语行业动态、就业情况、教学技巧、教学经验等，也有培训机构的品牌宣传、课程介绍等。

2.3 不同用户推送消息特点

虽然从整体上看，这些公众平台推送的消息内容丰富，涵盖全面，但是就某个类型的公众用户而言，消息内容存在着明显的差异。

大学类的用户推送的内容基本集中在学院招生、招聘、课程介绍、讲座预告等，没有一个用户推送对外汉语教学的相关知识。

公司机构类的用户无论在数量上还是质量上都呈现出优势。他们推送的内容与对外汉语教学相关度高，图文并茂，活跃度总体上也高于其他类型的用户。

个人类的用户在内容推送上更个性化和具体，可能只就自己担任的某门课推送相关内容，但是由于精力有限，活跃度较低。

2.4 用户推送内容的局限性

总体来看，已有对外汉语微信公众平台用户推送的消息比较多，内容也丰富，但还是有一定的局限性，主要表现在以下三个方面。

第一，缺乏针对性。根据对已有对外汉语微信公众平台的调查，可以看出不同用户申请公众号的目的有一定差异。例如，大学类用户主要是想借此发布与学校相关的新闻；公司机构类用户重在推广自身的产品，如课程、考试等；个人用户由于数量极少，在此不做更多讨论。然而，不管是哪一类用户，都需要匹配对应的客户群体，有针对性地推送消息，但实际上大部分这类微信公众账号，单从名称和简介上很难看出其究竟是关于对外汉语资讯发布的，还是推送对外汉语知识的。基于客户群体没有精分，不同需求的受众很难在短时间内找到想要的信息。

第二，缺乏系统性。服务人群没有具体的定位，导致大部分用户推送的内容也比较零散，不成体系。既没有针对自身课程的系统知识延伸，也没有形成有效的递进式的消息推送。作为一个公众号，难以让受众维持长期的关注。

第三，缺乏权威性。微信作为目前流行的一种社交软件，在其平台上推送的消息的真实性和可信度无法保证，而内容的权威性更难以公认，尤其是公司机构类用户发布的考试、培训等讯息，其考试证书是否被国家承认、培训形式是否合规合法等，都是需要研究的问题。

3 以大学为依托建立对外汉语教学微信公众平台的必要性

3.1 已有大学类对外汉语微信公众用户的不足

在 184 个对外汉语微信公众用户中，大学类对外汉语微信公众用户占了不到 10%，他们存在的主要问题包括：

（1）活跃度低。推送消息的频率较低，在 1 条/周到 1 条/月左右，完全无法满足受众的需求。

（2）定位模糊。这类用户鉴于其性质，基本不存在营利的目的，但仍然定位不清晰，比如有的在简介里描述“致力传播中国文化”，而实际推送的内容是讲座预告，对象只适合有对外汉语相关学术背景的中国人。

（3）互动性差。用户只是单一地推送消息，没有设置相应的反馈机制，没有体现出微信作为社交软件的沟通交流优势。

3.2 以大学为依托建立对外汉语教学微信公众平台的优势

这里要区分的概念是“对外汉语”和“对外汉语教学”。前者外延比较广，包括所有与对外汉语相关的内容，如对外汉语教师招聘、对外汉语教师资格及职业培训、对外汉语知识等。后者侧重于对外汉语的学习内容、教学方法，重点是传播和接受语言文化知识。纵观 184 个对外汉语微信公众用户，还没有一个大学类的用户专注于发布对外汉语教学的信息等，因此以大学的名义申请对外汉语教学微信公众号很有必要，其优势主要体现在：

（1）专业性。大学既有培养对外汉语从业者的阵地，又有教授留学生汉语知识的实践场所，教师的质量和留学生生源的数量从总体上来看优于对外汉语培训机构，尤其是综合性大学，它们拥有众多学科作为支持，学术背景更具有专业性。

（2）针对性和系统性。在留学生人数上规模的大学里，汉语学习被细分为不同阶段、不同水平，各个级别均开设汉语综合课、技能课和相关选修课，学习者可以根据自身情况进入合适的年级，渐进式学习，保证了学习的系统性。如果将这种传统延续到微信公众平台上，可以有效避免受众找不到定位，以及无法获得长期稳定的移动学习的情况。

（3）权威性。这里只讨论对外汉语教学问题，不涉及考试证书、培训等内容的真伪和有效性，但是即便如此，语言知识也有很多存在争议的问题。作为专业性有保证的大学，在推送语言和文化知识时，其可信度也更受到认可。

3.3 以大学为依托建立对外汉语教学微信公众平台的可操作性

结合当前已有对外汉语微信公众账号的情况，笔者建议以大学为依托申请对外汉语教学微信公众平台，并提出以下几个原则：

（1）分水平和课型发布内容。目前还没有根据学生水平分类推送消息的对外汉语微信公众用户，这说明很多大学还没有意识到微信在帮助留学生学习汉语方面的重要性。可以结合生源较丰富的大学招收汉语进修生和学历生的情况，将发布的内容分为初、中、高级，也可进一步细分为初一、初二、中一、中二等。这样在最大程度上定位了受众对象，使推送的内容具有针对性。同时，根据不同课型推送消息，如按照听力、口语、语法等分类发布，引导受众从自身情况出发关注不同内容。

（2）推送内容短而精。由于移动学习具有学习内容片段化、学习时间零碎化等特点（刘刚等，2014），学习者多利用零散的时间进行学习，因此推送的内容不宜过长过多。在已对内容进行分类的基础上，可采取每天一个语法点、一个实用句型、一句谚语等形式。

（3）形式多样。已有对外汉语微信公众账号在推送消息时多采用文字或文字配图片的形式，但语言学习强调听说能力，音频和视频材料作为多媒体的重要手段，可以有效刺激学习者在短时间输入更多语言知识，应增加这一类材料的选取。

（4）团队合作精心设计，保证内容的系统性。大学的优势之一是拥有专业且实力强大的师资力量，可以充分发挥教师的主观能动性，团队协作，明确分工，根据实践中积累的教学和学习难点设计相应内容。同时由于教师通常会在教学过程中覆盖多个水平，对各个阶段的学生情况有总体的了解，团队合作有利于确保推送内容的系统性，有利于维持受众对该微信公众号的长期关注度。

（5）保持微信活跃度，增加互动性。现有对外汉语微信公众账号虽有一百多个，但是能保证较高活跃度（可理解为每两天推送 1 条消息）的只有不到 20 个，这在整体上也影响了受众对此类微信公众号的关注度。因此，以大学为依托建立对外汉语教学微信公众平台，必须首先保证账号的活跃度，才谈得上内容的针对性和系统性等问题。笔者认为可以组织教师们定期讨论，交流感想，轮换发布不同水平的内容。另外要增加平台的互动性，真正发挥微信的社交功能，可以设置专门的反馈机制，供关注者就发布内容和形式提出建议，还可以定期组织互动活动，如有奖问答、免费公开课等，提高关注者的参与度，保证平台的良性运作。

4 结论

移动技术的发展促进了“低头族”（低头玩手机的人）的产生，微信除了聊天、浏览资讯等娱乐社交功能，也可以发挥学习功能。现代社会的压力使得成年人学习外语的时间和经济成本越来越高，微信所具有的“移动、便携、零碎学习”等特点，符合成年人学习外语的习惯。因此，以大学为依托建立对外汉语教学微信公众平台不但可以帮助学生提高汉语水平，还可以帮助学院促进学科建设，探索新的教学模式，吸引更多的生源，是值得尝试的方法。

参考文献

百度百科微信词条．http://baike.baidu.com/link?url=qjKkYPR1lYbHorGx3UXFAHKPcBGjCt2aNHRgljaZP27Cy6IghQ5KfWo9F2oSR31GfSiX－lufghnsLjyLMMYKcFhcXUCTIjXTrktRRvI9pqW.

范玥．“微信”在对外汉语教学中的媒介功能分析［J］．教育园地，2014（6）：286－287.

葛燕．微信在高中对外汉语教学中的应用初探［C］//数字化汉语教学．北京：清华大学出版社，2014：301－311.

刘刚，胡水星，高辉．移动学习的“微”变及其应对策略［J］．现代教育技术，2014（2）：35

吕亚其，许娟．微信公众平台上的对外汉语教学［C］// 数字化汉语教学．北京：清华大学出版社，2014：296.
姚垚. 基于微信平台的任务型对外汉语听说课教学初探［C］//数字化汉语教学. 北京：清华大学出版社，2014. 321－318
叶成林，徐福荫，许骏. 移动学习研究综述［J］. 电化教学研究，2004（3）：12.

（胡晓，文学硕士，四川大学海外教育学院讲师。研究方向为第二语言教学和英汉对比研究）

附：对外汉语微信公众平台一览

1. 学汉语
2. 伯文汉语
3. 沪江汉语
4. CCTV 快乐汉语
5. 儒森汉语
6. 盼达汉语
7. 红中汉语
8. 唐风汉语
9. 长春儒森汉语
10. 汉桥汉语学院
11. 天津国际汉语学院
12. 瑞中对外汉语
13. 睿智立邦北语对外汉语
14. 中山大学国际汉语学院
15. 唐风汉语智慧教室
16. 对外汉语网
17. 范儿汉语俱乐部
18. 汉语
19. 对外汉语
20. 汉语中心
21. 学汉语
22. 组合汉语
23. 汉语学堂
24. 汉人汉语
25. 学汉语
26. 汉语帮
27. 汉语乐园
28. 汉语 123
29. 汉语时刻
30. 汉语谷
31. 早安汉语
32. 汉语学校
33. 汉语教育
34. 小妞汉语
35. 对外汉语
36. 对外汉语
37. 凤凰汉语
38. 天天汉语
39. 微汉语
40. hello 汉语
41. 汉语学习
42. 汉语桥
43. 职业汉语
44. 汉语考试
45. 快捷汉语
46. 汉语堂

47. 汉语快车
48. 汉语王
49. 汉语学习
50. 手里汉语
51. 汉语梦工厂
52. 微汉语
53. 早安汉语
54. 汉语词源
55. 汉语一二三
56. 徐汉语
57. 爱汉语
58. Really 汉语
59. 你好汉语
60. 汉语控
61. 灵动汉语
62. 华真汉语
63. 对外汉语老师
64. 汉语教育公益
65. 汉语之家
66. hellohan 每日汉语
67. 汉语推广 MTCSOL
68. 东师对外汉语
69. hailey 教汉语
70. youngsome 雅森汉语
71. 汉语教学三人行
72. SINO 国际汉语
73. Un 汉语学校
74. 汉语国际教育
75. 国际汉语教师
76. 对外汉语教师
77. 天天学汉语
78. 汉语文学工具
79. i 微汉语
80. 学汉语
81. 对外汉语教师
82. 轻松查汉语
83. 快乐学汉语
84. 出国教汉语
85. 对外汉语培训
86. 对外汉语教育
87. 汉语学习网
89. 唯一汉语人
90. 功夫汉语
91. 水木对外汉语
92. 天来汉语
93. 佳瑞汉语
94. ICA 国际汉语
95. 轻松学汉语
96. 汉语碎碎念
97. 天津汉语俱乐部
98. 北语汉语国际
99. 汉语时间
100. 桥汉语教室
101. 全球汉语圈
102. 易学汉语
103. 活力汉语俱乐部
104. 国际汉语教师
105. MTTC 对外汉语
106. IPA 对外汉语
107. 国际汉语教师
108. 叮当汉语联线
109. 泰国汉语教师
110. 美和汉语
111. 深圳对外汉语

112. 10 对外汉语
113. 酷汉语角
114. 师大汉语角
115. 对外汉语之窗
116. 教老外汉语
117. 国际汉语中心
118. TWOC 汉语世界
119. 上海汉语培训
120. 对外汉语人俱乐部
121. 对外汉语教学培训
122. 国际对外汉语教师
123. 汉语国际教育硕士
124. 对外汉语研究中心
125. 通辽市汉语委
126. 厦门华真汉语
127. 天津国际汉语教师
128. 313 汉语工作室
129. 国际汉语教师
130. 华真汉语山东
131. 快典汉语拼音
132. 说吧汉语中心
133. Annie 对外汉语社
134. 国际汉语教学研究
135. 汉语国际传播使者
136. 想象汉语
137. 瑞唐对外汉语
138. 首师大汉语俱乐部
139. 新语翔汉语
140. 汉语进修在北语
141. 福花汉语
142. 中国风对外汉语
143. 宁波儒森汉语
144. 华音每日汉语
145. 天津大学汉语沙龙
146. 汉语课杨老师
147. 对外汉语 112 班
148. 深圳汉语文化交流
149. 大嘴客微汉语
150. 子宇对外汉语
151. 易教汉语
152. 华真汉语山东
153. 汉语水平 HSK 考试
154. 留学北大汉语助手
155. 北语汉语进修留办
156. 鸿仁汉语课堂
157. 汉语国际传播交流
158. 宁波儒森汉语
159. 汉语进修在北语
160. 留学生 i 汉语
161. 对外汉语教师培训
162. 汉语国际教育天地
163. 汉语天天练
164. HSK 汉语水平考试
165. ICLTA 国际汉语教师
166. 每天学点儿汉语
167. 闻君达汉语
168. 汉语拼音教学平台
169. 北京国际汉语学院
170. 北语社对外汉语
171. ICLTA 乔邦汉语
172. 国际汉语教师培训
173. 学汉语来这里
174. KST 国际汉语培训
175. 考研吧对外汉语

176. ICLTA 国际汉语教师
177. 高教社国际汉语
178. 汉语教学研究协会
179. 汉语国际教育俱乐部
180. 厦大翔安汉语角
181. 对外汉语研究中心
182. 国际汉语教师培训
183. 国际汉语教师培训
184. 国际汉语教师志愿者

《國語》單音詞同義詞“征”“伐”“討”考辨*

雷　莉

摘　要：“征”“伐”“討”是《國語》中出現頻率較高的一組單音節同義詞，其中“征”出現23次，“伐”出現67次，“討”出現13次。雖然這組詞都可指軍事上的進攻，含有“征伐、征討”義，但它們在釋義、詞的結合能力，行為的施受，感情色彩等方面卻有差別，因此有必要對其考辨。

關鍵字：《國語》；同義詞；單音節；辨析

1　引言

《國語》是中國最早的一部國別史，也是先秦時代重要的歷史散文集。從《國語》中，我們可以瞭解先秦時代的社會、歷史和語言特點等。唐代劉知幾的《史通》把《國語》列為史體六家之一；清蒲起龍的疏釋把《國語》稱為“國別家也”；王樹民《史部要籍解題》中說，《國語》是以古代記言形式編成的一種“語書”。

細讀《國語》各篇文章，發現《國語》行文中同義詞的運用既十分廣泛，又很靈活，是研究同義詞來源及其特点的一部重要典籍。如《國語》裏“資窮困”“恭敬以臨監之”“皆知其資財之不足以支長久也”等，在現代漢語書面語中已凝固成雙音节詞“窮困”“恭敬”“長久”了。

---

* 本論文的語料全部來自1978年上海古籍出版社出版的《國語》校點本（上下兩冊）一書。凡引《國語》，不出書名，只寫明是“某國語”，文後括弧内的數字表示該句在上海古籍出版社1978年出版的《國語》校點本（上下兩冊）中的頁碼；引用其他文獻，則指出書名、篇章名。

本文以《國語》中的“征”“伐”“討”一組同義詞為例進行較為全面的考察，分析它們之間的異同，歸納出其區別特徵，從中可窺見《國語》中單音節實詞同義詞的分佈和區別特點，這有助於從一個角度窺見某些先秦漢語詞匯詞義的孳生、演化、消亡過程及詞義演變的規律與趨勢。

2 “征”“伐”“討”的考釋

2.1 征

“征”在《國語》中出現 23 次，其中，1 次是對《詩》的引用，見於《晉語四》。除此而外，《國語》中，“征”的詞義可歸納為 4 個義位，這 4 個義位及使用的次數是：(1) 征伐、征討（13 次）；(2) 征服（3 次）；(3) 徵收賦稅（5 次）；(4) 賦稅（1 次）。《國語》中，與“伐”“討”相同或相近的“征”的有關義位有 1 個，即“征伐、征討”義。今將《國語》中體現這個義位的“征”的用例舉例如下：

①穆王將征犬戎，祭公謀父諫曰：“不可。”（《周語上》P1）

韋昭注：“征，正也，上討下之稱。”（P1）“穆王將征犬戎”意為“周穆王將要去征討犬戎”。可知“征”在此為“征討”義。

②於是乎有刑不祭，伐不祀，征不享，讓不貢，告不王。（《周語上》P4）

“征”與“伐”前後對應，從不同的側面來描述同一行為，即：周穆王征討攻打不祀的和不享的（諸侯）。可知“征”在此為“征討”義。

③季武子為三軍，叔孫穆子曰：不可。天子作師帥之，以征不德。（《魯語下》P188）

韋昭注：“征，征討。”（P188）“以征不德”意為“征討不德的諸侯國”。可知“征”在此為“征討”義。

④天子曰：“予必以不享征之，且觀之兵。”（《周語上》P7）

韋昭注：“享，賓服之禮。以責犬戎，而示之兵法也。”（P7）“予必以不享征之”句意為“我一定用不供時享的罪名去征討他們”。《孟子·盡心下》：“征者，上伐下也。”可知“征”在此為“征討”義。

2.2 伐

“伐”在《國語》中出現67次，其中，1次是對《詩》的引用，見於《越語下》。除此而外，《國語》中，“伐”的詞義可歸納為3個義位，這3個義位及使用的次數是：（1）討伐、攻打（58次）；（2）自誇（5次）；（3）砍伐（3次）。《國語》中，與“征”“討”相同或相近的“伐”的有關義位有1個，即“討伐、攻打”義。今將《國語》中體現這個義位的“伐”的用例舉例如下：

①襄王十三年，鄭人伐滑。（《周語中》P45）

“鄭人伐滑”韋昭串講為：“鄭公子士、泄堵寇帥師伐滑。”（P46）《廣韻》：“伐，征也。”可知“伐”在此為“攻打”義。

②齊孝公來伐魯，臧文仲欲以辭告，病焉，問于展禽。（《魯語上》P159）

韋昭注：“魯僖公叛齊，與衛、莒盟於洮，又盟于向，故孝公伐魯，討此二盟。”“齊孝公來伐魯”意為“齊孝公來討伐魯國”。可知“伐”在此為“討伐”義。

③季武子伐莒取鄆，莒人告于會，楚人將以叔孫穆子為戮。（《魯語下》P196）

“伐”與“取”是前後承接的兩個行為，“伐”的結果是“取得”。“季武子伐莒取鄆”意為“季武子攻打莒邑並奪取了鄆莒邑”。可知“伐”在此為“討伐”義。

④君有攻伐之器，小國諸侯有守禦之備，則難以速得志矣。（《齊語》P230）

上例中，“伐”與“攻”並列連文，意義相近，都可指軍事進攻。“君有攻伐之器，小國諸侯有守禦之備”是管子勸諫桓公的話。句意為“您有攻打的武器，小國諸侯也有守衛防禦的器具”。可知“伐”在此為“攻打”義。

⑤昔者之伐也，興百姓以為百姓也，是以民能欣之，故莫不盡忠極勞以致死也。（《晉語一》P262）

“昔者之伐也”意為“古代賢明的君王討伐無道之國”。可知“伐”在此為“討伐”義。

2.3 討

“討”在《國語》中出現13次，其詞義可歸納為2個義位，這2個義位及使用的次數是：(1) 討伐 (12次)；(2) 聲討、譴責 (1次)。《國語》中，與“征”“伐”相同或相近的“討”的有關義位有1個，即“討伐”義。今將《國語》中體現這個義位的“討”的用例舉例如下：

①君今來討弊邑之罪，其亦使聽從而釋之，必不泯其社稷；豈其貪壤地，而棄先王之命？其何以鎮撫諸侯？恃此以不恐。(《魯語上》P160)

上例是齊孝公來攻打魯國時，魯國的乙喜帶著酒食去犒勞齊國軍隊時說的話。“君今來討弊邑之罪”意為“現在您來討伐我國的過錯”。可知“討”在此為“討伐”義。

②自是齊、楚代討于魯，襄、昭皆如楚。(《魯語下》P188)

上例是魯國季文子不聽叔孫穆子的勸諫，建立了三軍，結果遭到齊、楚等國的輪番討伐。“自是齊、楚代討于魯”意為“從此以後，齊、楚等國輪流來討伐魯國”。可知“討”在此為“討伐”義。

③晉叔向見叔孫穆子曰：“諸侯謂秦不恭而討之，及涇而止，于秦何益？”(《魯語下》P190)

“諸侯謂秦不恭而討之”意為“諸侯認為秦國對周天子不恭敬而討伐它”。可知“討”在此為“討伐”義。

④襄公在楚，季武子取卞，使季冶逆，追而予之璽書，以告曰：“卞人將叛，臣討之，既得之矣。”(《魯語下》P194)

上例是季武子在信中稟告襄公的話。“卞人將叛，臣討之，既得之矣”意為“卞邑人將要發動叛亂，我去討伐他們，已經佔領了卞邑”。可知“討”在此為“討伐”義。

綜上所述，在《國語》中，“征”有4個義位，“伐”有3個義位，“討”有2個義位，這3個詞有1個共同的義位——“征討、討伐”義。在“征討、討伐”這個義位上，這3個詞構成同義關係。

3 “征”“伐”“討”的辨析

3.1 詞義的具體所指不同

在《國語》中，“征”“伐”“討”有1個共同義位，即“征討、攻打”義。在《國語》中，它們常並列連文，如：“征伐”“征討”“討伐”等，但它們又有區別，其區別為：

3.1.1 征

《說文·二下》：“征，正行也。從辵，正聲。或從彳。”段注：“《釋言》《毛傳》皆曰：征、行也。許分別之，征為正行，邁為遠行。形聲包會意，諸盈切，十一部，廴部又有延字，行也。引伸為征伐。孟子曰，征之為言正也。”從以上的說解可知，“征”的本義是指正行，引申為征伐、攻打。《孟子·盡心下》：“征者，上伐下也。”《詩經·小雅·六月》：“王于出征，以匡王國。”在“征伐、攻打”這一義位上，“征”具體表述的是上（天子）攻打下（諸侯），有道的攻打無道的。《國語》中，“征”出現23次，用於“征伐、攻打”義13次。其中，有5次用於天子征討諸侯，8次用於有道者征討無道者。如：

①穆王將征犬戎，祭公謀父諫曰：“不可。”（《周語上》P1）

韋昭注：“征，正也，上討下之稱。”“穆王將征犬戎”意思是“周穆王將要去征討犬戎”。周穆王是周朝的天子，犬戎是周西邊的一個少數民族，“征”的詞義是指征討，具體表述的是天子征討下面的諸侯。

②天子作師，公帥之，以征不德。（《魯語下》P188）

上例中，“征”的詞義是指征討、攻打，具體表述的是征討無德的諸侯國。

3.1.2 伐

《說文·八上》：“伐，擊也。”段注：“《詩》勿翦勿伐傳、鉦人伐鼓傳皆曰：伐，擊也。鄭曰：伐猶擊也。《尚書》：不愆於四伐五伐。鄭曰：一擊一刺曰伐。《詩》是伐是肆箋雲，伐謂擊刺之。按此伐之本義也。引伸之乃為征伐。……伐者外擊也，故從人杖戈入。”從以上的說解可知，“伐”的本義是刺擊、砍殺，引申為征伐、攻打。《廣韻》：“伐，征也。”《左傳·莊公二十九年》：“凡師有鐘鼓曰伐。”又，段注：“伐人者有功，故《左傳》諸侯言時記功。大夫偁伐，《史記》明其等曰伐。"在"征伐、攻打"這一義位上，"伐"具體表述的是一種公開宣戰的戰爭，進軍時必須有鐘鼓，以表示自己的行動是公開的。《國語》中，"伐"出現 67 次，用於"征伐、攻打"義 58 次。其中，55 次用於指在地位上平等的諸侯國之間的公開宣戰的戰爭，2 次指討伐無道之國，1 次指天子征討諸侯。如：

①襄王十三年，鄭人伐滑。(《周語中》P45)

鄭國、滑國都是當時兩個比較小的諸侯國，在地位上是平等的，不是上對下。在"征討、攻打"這一義位上，"伐"具體表述的是兩個匹敵的國家一方攻打另一方。

②齊孝公來伐魯，臧文仲欲以辭告，病焉，問于展禽。(《魯語上》P159)

齊國、魯國都是當時兩個比較大的諸侯國，在政治地位上是平等的。在"征討、攻打"這一義位上，"伐"具體表述的是兩個諸侯國之間的軍事進攻。

③昔者之伐也，興百姓以為百姓也，是以民能欣之，故莫不盡忠極勞以致死也。(《晉語一》P262)

上例中的"伐"表述的是古代賢明的君王討伐無道之國。

3.1.3　討

《說文·三上》："討，治也。從言、寸。"徐鍇《系傳》作"從言、寸"。注云："寸，法也。奉辭伐罪，故從言。"段注："發其紛糾而治之曰討。據鄭所言，則討者、亂也。治討曰討，猶治亂曰亂也。"又，《說文·三上》："誅，討也。"段注："凡殺戮糾責皆是。"從以上的文獻材料可知，"討"的本義是指發其糾紛而治之，奉辭伐罪，引申為討伐、攻打。《孟子·告子下》："是故天子討而不伐，諸侯伐而不討。"在"討伐、攻打"這一義位上，"討"具體表述的是"上"對"下"，討伐時要義正辭嚴地歷數對方的"罪狀"，是一種公開的軍事活動。《國語》中，"討"出現 13 次，用於"征伐、攻打"義 12 次。其中，2 次用於天子征討諸侯，9 次為一個諸侯、諸侯國、大臣征討另一個無禮的、有罪的諸侯、諸侯國，1 次為君征討臣。如：

①於是乎有刑罰之辟，有攻伐之兵，有征討之備，有威讓之令，有文告之辭。(《周語上》P4)

上例中，"討"具体指那些不來朝貢、臣服的諸侯，討伐時並有文告之辭，故在“討伐、攻打”這一義位上，“討”具體表述的是周天子討伐那些有罪（不來朝貢、臣服）的諸侯。

②晉叔向見叔孫穆子曰：“諸侯謂秦不恭而討之，及涇而止，于秦何益?”（《魯語下》P190）

上例中，“討”具體表述的是諸侯討伐對周王朝不恭敬的秦國。

③得晉國而討無禮，曹其首誅也。（《晉語四》P346）

上例中，“討”具體表述的是重耳要攻打對他無禮的國家。

④下虐上為弒，上虐下為討，而況君乎！君而討臣，何仇之為?（《楚語下》P577）

上例中，解釋什麼為“討”，即君征討臣子為“討”。

3.2　詞的結合能力不同

《國語》中，“征”在表示“征討、攻打”這一義位時，“征”與“討”並列連文2次，組成“征討”，如：“有征討之備”；“征”與“討”上下承接3次，如：“是以上能征下，下無奸慝。今我小侯也，處大國之間，繕貢賦以共從者，猶懼有討。”在現代漢語書面語中，“征討”已凝固成雙音詞了。“征”與“伐”並列連文2次，組成“征伐”，如“征伐以討其不然”；“征”與“伐”前後對應4次，如“伐不祀，征不享。”在現代漢語書面語中，“征伐”已凝固成雙音詞了。“伐”在表示“征討、攻打”這一義位時，常跟與它詞義相關或相近的詞連用，如“有攻伐之兵”“伐取朝歌”。

從以上可知，在《國語》中，“征”“討”“伐”常以並列連文的格式表達它們之間的同義關係。

3.3　行為的施受不同

《國語》中，“征”在表示“征討、攻打”這一義位時，就施受關係而言，有5次用於天子征討諸侯，如“天子曰：‘予必以不享征之’”；8次用於有道者征討無道者，如“下有罪而子征之”。“征”作主語時，語義多為“天子”“諸侯”“國君”等；“征”作賓語時，語義多爲“諸侯國”。“伐”在表示“征討、攻打”這一義位時，1次與“征”連用，指天子征討諸侯，2次指討伐無道之國，55次的施動者、受動者為地位平等的諸侯、諸侯國，如：“楚成王伐宋，公率齊、秦伐曹、衛以救宋”。“討”在表示“征討、攻打”這一義位時，其中 2 次與“征”並列連用，用於天子征討諸侯，9 次為一個諸侯、諸侯國、大臣征討另一個無禮的、有罪的諸侯、諸侯國，如“若復而修其德，鎮撫其民，必獲諸侯，以討無禮”。1 次為君征討臣。

3.4 感情色彩不同

主要體現在詞義褒貶色彩上。“征”是“上”攻打“下”，“有道的”進攻“無道的”，帶有褒義色彩，是褒義詞。“伐”用於諸侯國之間，不是“上”對“下”，也不限於“有道的”對“無道的”，是一種公開的軍事戰爭，不帶感情色彩，是中性詞。後來，“征伐”連用或對舉，“伐”也逐漸從中性詞開始含有褒義色彩了，“征”與“伐”不分了，如“遂南征伐楚”。“討”是奉辭伐罪，攻打時要義正辭嚴地歷數對方的“罪狀”，是一種公開的軍事活動，含有褒義色彩。

從上面的分析可得知，在先秦時代，對同一客觀事物、同一個行為，人們由於社會觀念、價值觀念、認識角度的變化，會用不同的詞語去表述同一個事物或同一個概念，這些不同的詞語形成了同義詞。

參考文獻：

〔漢〕許慎．說文解字［M］．〔宋〕徐鉉，校定．北京：中華書局，1963：167.

〔清〕段玉裁．說文解字注［M］．上海：上海古籍出版社，1981：70.

高守綱．《古代漢語詞義通論》［M］．北京：語文出版社，1994.

郭錫良．漢語史論集［M］．北京：商務印書館，1997.

洪誠玉，方桂珍．古漢語同義詞辨析［M］．杭州：浙江教育出版社，1987.

羅積勇．先秦“同義詞區別使用”的理據［J］．武漢大學學報，1992（4）.

梅立崇．試論同義詞的性質和範圍［J］．語文教學與研究（京），1988（2）.

宋永培．《說文》對反義同義同源關係的表述與探討［J］．河北大學學報，1992（4）.

宋永培．古漢語詞義系統研究［M］．呼和浩特：內蒙古教育出版社，2000.

王寧．論詞義訓釋［J］．辭書研究，1988（1）.

王樹民．史部要籍解題［M］．北京：中華書局，1981：187.

吳金華．古文中的同義詞連用［J］．語文學習，1982（9）.

張永言．詞彙學簡論［M］．武漢：華中工學院出版社，1982.

鐘明立．段注辨析同義詞的方法［J］．華南師大學報，2000（2）.

周光慶．段玉裁對古漢語詞義特性探討［J］．華中師大學報，1986（2）.

（雷莉，女，博士，四川大學海外教育學院教授，研究方向為漢語言文字學、漢語國際推廣、跨文化交際和少數民族語言文化等。）

交互主观性研究与对外汉语词汇[①]教学*

李　韵

摘　要：语气助词、情态助动词、情态副词和部分习语构式是汉语表达交互主观性的重要手段。本文以举例的方式说明了这部分词汇表达交互主观性的功能，并提出了在教学环节中进行相应内容设置的几点设想。

关键词：交互主观性；词汇；对外汉语教学

Intersubjectivity in Chinese Vocabulary Teaching

Li Yun

Abstract: Modal particals, modal auxiliaries, modal adverbs and some constructions are important means of expressing intersubjectivity in Chinese. This paper makes an analysis of the intersubjectivity which is expressed by these four word categories and the establishment in TCSL.

Key words: intersubjectivity; vocabulary; TCSL

---

① 本文探究的词汇包括词语和习语构式。

* 本文为四川大学青年教师科研启动基金项目，项目编号：2010SKQ18。

1 引言

现有对外汉语词汇教学主要重视词汇的概念意义和句法功能，以语义学和形式语言学理论为基础。然而，笔者在教学中却发现，这些内容有时并不能很好地解释一些语言现象。例如，曾有留学生遇到这样的情况：当他约中国朋友外出时，中国朋友说："明天我可能没有时间。"这位留学生感到非常困惑：朋友到底是有时间还是没有时间呢？我是应该准备外出还是不用准备了呢？要回答这样的问题，语义学和形式语言学的相关理论就显得束手无策了。笔者认为，这一问题的焦点在于对"可能"功能的理解，其间牵涉交际双方角色、汉语文化背景、谈话具体背景等多方面因素。要综合讨论这些问题，功能语言学的相关理论能够为我们提供帮助。

韩礼德（Halliday）是功能语言学派的代表人物，他认为"语言的性质决定人们对语言的要求，即语言必须完成的功能"。因此，他将语言千变万化的功能总结为三大元功能（meta-function）：概念功能、人际功能和语篇功能。其中，概念功能是指"语言对人们在现实世界（包括内心世界）中各种经历的表达"；人际功能是指"表达讲话者的身份、地位、态度、动机和他对事物的推断、参加社会活动、建立社会关系等"；语篇功能则指"语言使本身前后连贯，并与语域发生联系的功能（李福印，2008：11）。这一理论启发我们在词汇教学中除了注意词汇的概念功能以外，还应进一步考虑词汇的人际功能和语篇功能。本文将重点探讨词汇人际功能的体现及其相关的教学。

三大元功能是高度抽象的理论概念，在这一框架下，"交互主观性"的概念和研究为我们提供了脚手架。"交互主观性"的概念起源于 E. 埃德蒙·胡塞尔（E. Edmund Husserl）的现象学。此后，不少语言学者都从自己的角度对"交互主观性"这一术语进行了定义。其中对国内学界影响最大的来自特苏格特（Traugott）的相关研究。她（2003）认为："主观性包含着说话人对事物的主观评价，而交互主观性则体现出对听话人的认同和关注。从历时的角度看，话语的交互主观性是通过交互主观化的过程产生的。交互主观化是指话语的意义越来越聚焦于听话人/读者，即越来越体现出对听话人/读者的关注。"吴福祥（2005）在此基础上归纳出交互主观性的定义："交互主观性指的是说话人/作者用明确的语言形式表达对听话人/读者'自我的关注'，这种关注可以体现在认识意义上，即关注听话人/读者对命题内容的态度，但更多的是体现在社会意义上，即关注听话人/读者的'面子'或'形象需要'。"笔者也将在这一定义的基础上使用交互主观性这一术语。

2 词汇对交互主观性的体现

基于教学实践，笔者认为应该引入"交互主观性"概念进行解释的词汇主要包括语气词、情态助动词、情态副词和习语构式。这些词汇都具有以下特点：(1) 语义空灵，不易把握；(2) 数量有限，具有封闭性；(3) 在记忆中都被作为独立的存储单位。因此，这些词汇一直是对外汉语词汇教学中的重点和难点。同时，这些词汇都是语言交互主观性的重要体现。从一定程度上讲，正是由于现有教学或多或少地忽视了这些词汇对于交互主观性的体现，留学生对这些词语的理解和运用效果都不能尽如人意。从对交互主观性的体现来看，这些词汇的语法化程度并不相同。下文笔者将举例说明。

2.1 完全语法化类

徐晶凝（2008：133）认为，语气助词既不会影响句子的语法合法性，也不参与句子的命题表达，而专司表达"句子与语境的关联性以及满足听话人的面子需要，更好地保证交际成功"。也就是说，在语气助词的原型意义的表达中，说话人对命题内容的信疑态度和说话人对听话人角色的关注是平等的两个方面。因此，语气助词已经是完全语法化了的交互主观性标记。但是综观现有的对外汉语教材，一般都是将语气词与句类绑定在一起，即侧重说话人信疑态度的表达。例如，对语气助词"呢"的教学一般都侧重于"表示疑问"，可用于特指问句、选择问句和反问句中。因此，当学生在遇到下面这样的例句时就会产生理解的困难：

①他跟你开玩笑呢。

②别说话，他睡觉呢。

类似的用法在真实语料中也大量存在，我们通过上下文语境来对其语义进行考察。例如：

③A：咦，你不是说要请她，阮……

B：噢，司徒聪笑着说，"我跟你说着玩呢，你当真了。我请她干嘛?"（王朔，《痴人》）

④女儿：哎！妈！你不能这么讲，我是我的，我哥哥是我哥哥的。

母亲：哎呀！这张还是五年定期哪！还有一年多就到期了，现在取好可惜呀！利息都损失好几百呢！

例③的“呢”句中，说话人认为对方误解了自己的意思，表示的是对听话人观点的否定；例④是母女二人在讨论从存折中取钱的问题，在相同的话题背景下，“呢”句揭示的是新的信息，旨在提醒对方注意到之前没有注意的信息。可见，“呢”在陈述句末尾的语义[①]可以归纳为表示提醒对方注意自己所表述的信息。而对于这一语义的运用则还需要注意：(1) 必须在已有话题框架中进行，换句话说，不能用在第一次出现的信息中；(2)“呢”对交际双方角色不敏感，因此在所有的交际关系中都可以使用。

以此类推，常见的语气助词，如“吧、呗、哈”等，都可以循此思路进行语义的扩充和教学，而除此之外的“啊、嘛”等常常被教学忽视的语气助词也可以得到语义提炼，并成为教学内容。

2.2 规约语用类

除了语气助词之外，其他词汇均为规约语用类，其特点包括：第一，交互主观性的表达必须要与一定的语境相结合才能产生，可以说是处于语法化的过程中；第二，不同于单纯依靠会话原则推理得到的语用意义，交际双方通过习惯即可辨识。因此，我们称之为规约语用类，包括情态助动词、情态副词和部分习语构式。

现在我们回到开篇的例子。“可能”的原型意义为表示认识情态中的推测，例如：

⑤可能她先去了建国饭店？他赶快借了辆自行车，一路紧骑，跑到建国饭店。（肖复兴，《四月的归来》）

⑥你说可能不可能吧？（王朔，《一半是火焰，一半是海水》）

但是开篇语例中的“可能”却并不表示说话人不确定，而是表达一种交互主观性。类似的例子还包括：

⑦这完全是活塞队的比赛，他们可能没有最优秀的球员，但他们绝对是

---

① 有学者认为疑问句后的“呢”也表示这一语义，但我们从教学的角度看，由于“呢”在疑问句中的用法在初级阶段就会引入，因此最好还是处理为“表示疑问”，而中级阶段则可以引入“表示提醒他人注意”的语义。

最优秀的球队。（新华社，2004 年新闻稿）

⑧他说我有一副好嗓子，我相信当时我可能是比其他孩子的嗓子要甜润一些。（王朔，《玩儿的就是心跳》）

例⑦中“可能”句是作者对活塞队球员的负面评价；例⑧中则是说话人的自谦式表达。可见，在拒绝、批评、自夸等具有面子威胁性的言语行为中，汉语使用者常常倾向于用“可能”表示委婉。这种表达是说话人或作者基于对听话人或读者的关注而采取的言语策略。类似的用法还包括“应该、能”等情态助动词和“也许、恐怕”等情态副词。这类词都可以表示认识情态[①]中的“可能”域，即表示说话人的揣测。这种不确定的情态表达使说话人的表述变得模糊。这种模糊性可以减少对听话人面子的伤害，从而取得最佳的交际效果。

情态助动词、情态副词都具有在特定语境中表达交互主观性的作用。在教学中，我们可以联系具体语境向学生展示，继而引导学生运用。

2.3 习语构式类

如果按照语法化的程度来划分，习语构式也属于规约类。但是由于习语构式与词类不是同一个平面的概念，因此我们单列一类进行考察。

什么是习语构式呢？高德柏格（Goldberg，2002：4）的构式理论是最受到国内学界关注的一支。她为构式所下的定义为：假如说，C 是一个独立的构式，当且仅当 C 是一个形式（Fi）和意义（Si）的对应体，而无论是形式或意义的某些特征，都不能完全从 C 这个构式的组成成分或其他业已存在的构式完全推导出来。可见，构式具有两大特征：（1）是独立的语言单位；（2）具有不可推导性。因此构式在对外汉语教学中占有很重要的地位。而之所以使用习语构式这一概念，是由于有的学者希望以构式统率所有语言单位，包括语素、词语、句型等，但从目前的研究来看，构式语法的研究有效性仍然限于习用语。

考察留学生的本科[②]毕业论文可以发现，留学生已经能够做到文从字顺，但与中国本科生的论文相比，在交互主观性的表达方面仍有欠缺，如传

① 认识情态（epistemic modality）：指说话人对命题是否为真的态度。
② 本科留学生在进行论文写作之前都已经通过 HSK5 级考试。

信范畴[①]的使用。传信范畴中的“据说、应当说、据了解、我认为”等习语构式是汉语学术论文中表达交互主观性的重要手段。在学术论文中使用这些表示消息来源的习语构式，不仅可以增加论述的客观性和科学性，还可以增加信息被读者认可的机会。例如：

⑨经全面考察分析，我们认为：“滴羞蹀躞”等一类词是金元时的变形重叠词。（俞理明，《从东汉以前的文献看“者”介入定中之间的过程》）

⑩根据温度场和速度场的计算结果可得到图 4（b）所示的动量边界层厚度、热边界层厚度以及冷却速率随 Re 数的变化关系。（徐锦锋等，《快速传热传质对 Fe—Cu 包晶合金凝固过程的作用机制》）

例⑨和例⑩中的传信标记不仅可以增加结论的客观性，还可以避免对读者产生“强加于人”的感觉，因此也是一种交互主观性的表达。除此之外，口语中的习语构式具有语义透明度低、言外之意丰富等特点，因此也是对外汉语教学一个重点。例如，“瞧您说的”在口语中表示对对方言行委婉的否定：

⑪工作人员问他：“您自己谈谈希望做什么工作?”他噙着泪说：“哟，瞧您说的，政府派我工作，这够多抬举我，还有什么挑的？叫我干什么就干什么，能当上人民政府的办公人员，就够体面的了。”（邓友梅，《三猫图》）

⑫陆大可琢磨着女儿的表情道：“怎么？你对他们家的事这么上心？”玉菡不动声色道：“爹，瞧您说的，我上啥心？”（朱秀海，《乔家大院》）

例⑪中工作人员为说话人提供了选择工作的权利，而说话人则对这种选择表示委婉否定，借此表达自己的谦虚；例⑫中父亲认为说话人对“他们家的事这么上心”，而说话人则委婉否定了这一观点。“瞧您说的”是说话人要求对方对自己刚说出的话进行重新审视。一般来说，只有存在某种问题的地方才需要我们反思，因此听话人将会默认说话人对自己刚刚说过的话持反对的态度。而正是由于有了这样一个思维过程，使用构式“瞧（看）您说的”比之直接表示反对更显委婉。这一构式常常使用在地位低的人对地位相对较高的人的交际语境中，在否定对方言行的同时尽量减轻对对方面子的伤害，因此也是一种交互主观性的表现。

---

① 威利特（Willett，1988）为传信范畴提供的定义：“表示说话者如何获得信息的语言手段，而该信息是说话者断言及其可靠性的基础。”

3 教学实践策略

既然这四类词汇都具有表达交互主观性的功能，那么如何将这部分的语言知识体现在教学中呢?

3.1 学习词典的编撰

汉语学习词典是留学生学习汉语的重要工具。笔者认为，除了词语搭配、近义辨析等特色内容之外，还应该增设注明交互主观性的内容。例如，交互主观性的表达是语气助词词义的原型部分，那么应该增设相关的词项，并给出在语境中的语例。

3.2 教材的编写

交互主观性的表达词汇中，已经完全语法化的语气助词可以收入学习词典中，而其他处于语法化过程中的词汇则可以在教材中加以体现。例如，口语教材的内容选择尽量靠近真实语料，并标注其中交互主观性表达词汇的存在和功能，引导学生习得；中级以上的精读教材则可以引导学生对文中交互主观性的表达进行关注，对言外之意进行推理。

3.3 学习策略的指导

在组织学生进行听力和阅读练习时，可以引导学生根据话语或语篇中的交互主观性表达预测答句或下文内容，推测交际双方的角色和谈话的态度，从而提高理解的准确性。

4 小结

根据跨语言研究的成果，交互主观性在自然语言中普遍存在。然而选择哪些语言手段来表达交互主观性，各个语言却有自己的选择。在汉语词汇中，语气助词、情态助动词、情态副词和部分习语构式是交互主观性表达的重要成员。因此我们有必要在对外汉语词汇教学的各个环节中设置与之相关的内容，以引起学生注意，帮助学生理解，最终引导学生运用。

参考文献

李福印. 认知语言学概论［M］. 北京：北京大学出版社，2008.

吴福祥. 汉语语法化研究的当前课题［J］. 语言科学，2005（3）.

徐晶凝. 现代汉语话语情态研究［M］. 北京：昆仑出版社，2008.

Goldberg. *Constructions: A Construction Grammar Approach to Argument Structure*［M］. Chicago：University of Chicago Press，2002.

Traugott，E. C. From Subjectification to Intersubjectification［M］// R. Hickey（ed）. *Motives for Language Change*. Cambridge：Cambrige University Press，2003.

（李韵，文学硕士，四川大学海外教育学院讲师，研究方向为对外汉语教学。）

利用新技术开展专门用途汉语的自主学习

——以导游汉语为例

刘　荣　彭　越

摘　要： 专门用途汉语学习的教学与研究状况在提升汉语的国际化程度、完善国际汉语教育学科体系等方面占有举足轻重的地位。过去自主学习主要是通过出版业和电视、广播、报刊等传统媒体实现的。如何利用新技术，为专门用途汉语的自主学习者提供资源与帮助，是本文探讨的中心问题。明确了专门用途汉语教学（CSP）与自主学习的内涵、必要性等内容之后，本文以“导游汉语”为例，具体分析利用新技术的 CSP 自主学习形式。

关键词： 专门用途汉语学习；自主学习；信息通信技术；导游汉语

The Independent Learning of Chinese for Specific Purposes（CSP）based on New Technique:

—Take Tour-guide Chinese for Instance

Liu Rong, Peng Yue

Abstract: The teaching and study of CSP occupies an important place in promoting the internationalization of Chinese language and perfecting the disciplinary system of teaching Chinese to speakers of other language. The independent learning was realized through traditional media such as publications, TV, radio, and newspapers in the past. The key point of this paper is on how to deal with new technique to support the independent learner of CSP. And after figuring out the connotation and necessity of CSP and independent learning, the tour-guide Chinese is taken for instance, to analyze the forms of CSP independent learning with new techniques.

Key words: CSP; Independent learning; information and communication technology; tour-guide Chinese

1 专门用途汉语教学

从全世界的第二语言教学背景来看，专门用途汉语教学（Chinese for Specific Purposes，简称 CSP）属于专门用途外语教学的范畴。“所谓专门用途外语是相对普遍使用的通用外语而言的，指用于某种专业领域、特定范围和固定场合的外语。”（李泉，2011）由于英语在世界范围内的特殊地位，早在 20 世纪 60 年代，“专门用途英语教学”（English for Specific Purposes，简称 ESP）便已经开展起来。罗宾逊（Robinson，1989：398）将专门用途英语教学定义为“Goal-oriented language teaching and learning”（以目标为导向的语言教学）。杜德利·埃文斯（Dudley-Evans）和圣约翰（St. John, M. J. ，1998：4—5）认为：“ESP is defined to meet specific needs of the learner.”（ESP 从定义上来讲就是为了满足学习者的特殊需求。）CSP 作为专门用途外语教学的一类，其定义和特性与 ESP 在很大程度上是相通的。

近年来，由于汉语在全世界范围内地位的提升，CSP 的教学与研究亟待得到足够的重视与充分的开展。参照 ESP 的分类，CSP 同样可以大致分为两种类型，李泉（2011）将它们分别称作“专业汉语”与“业务汉语”。“专业汉语”（Chinese for Academic Purposes，简称 CAP）主要是运用于某专业学科的汉语，比如理科汉语、工科汉语、医学汉语、文史哲汉语等。来华学习理科、工科、医学、文史等各类专业的汉语预科生或称专业预科生教育，是“专业汉语”教学的重要组成部分。“业务汉语”（Chinese for Occupational Purposes，简称 COS）则是指服务于某行业的汉语，比如“外贸汉语”“媒体汉语”“会展汉语”“航空汉语”等。由于中国与国际的贸易、文化、工程、旅游等来往的密切开展，跨文化的频繁接触，“‘业务汉语’教学与培训是一个亟待研究和开发的领域”（李泉，2011）。

关于专门用途外语教学的特点，法哈蒂（Farhady，2005）做了如下归纳：基于学习者的需求，以目标为导向，以实用为目的，内容上与某一领域密切相关，可能针对某一项语言技能，遵循预制的教学方法，注重语境，注重学生与教师的特点。

2　专门用途汉语的自主学习

2.1　自主学习的概念

自主学习的理念是随着“建构主义”的学习理论产生的。建构主义认为，知识不是通过教师传授得到的，而是学习者在一定的情境即社会文化背景下，结合其他人（包括教师和学习伙伴）的帮助，利用必要的学习材料，通过意义建构的方式而获得（何克抗，1998）。因此，建构主义的学习理论观以学生为中心，教师则由知识灌输者转变为学生主动建构意义过程的促进者。

霍尔克（Holec，1981）第一个将自主学习的理念引入第二语言教学领域。但是关于“自主学习”究竟是什么，该用哪些术语来区分相关概念，学界的争论从来就没有停止过。

本文所说的“自主学习”主要和英文中的“autodidaxy”相对应，即狭义的“self-instruction”，是指没有教师干预的，学生自己发起、计划和开展的长期学习项目（Jones，1998；Benson，2001：131）。广义的“self-instruction”指的是没有教师直接干预，学习者独自或和其他人一起开展学习（Dickinson，1987：5）。与狭义的概念相比，广义的自主学习还包括课堂教学中的自主活动环节。

自主学习理论上解决了学习动力的问题。利特尔（Little，2007）的解释是：社会心理学的大量实证研究发现，“自主性”是人的一种基本需求。自主性源自人类天生对周围世界的好奇与内在的动力（intrinsic motivation），又反过来加强这种好奇心理与内在动力。当学习者开始对自己的学习负责，并且致力于建立反思性的自我管理时，他内在的动机就得到了激发；而学习上取得的成功又加强了内在动力。确切地说，由于自主学习者具有学习的动力与对自我管理的反思能力，因此，他们的学习更加有效。而现实中那些激发了学习者学习动力的情景也正是学习的用武之地。

2.2 专门用途汉语的自主学习

前文我们提到了 CSP 教学是具有多样性的，有所谓的“学术汉语”，也有“业务汉语”。“学术汉语”包括了文、史、哲、理、工等诸多学科，“业务汉语”也涵盖了纷繁的职业门类。各种具体的 CSP 都具有自己特定的范围和规律，因此对课程的开设和对教师的要求是相当具体的。

学习者自身的情况也是多种多样。比如奈特（Knight，2010）将专门外语学习者分为两种情况：有一种学习者正在接受专门领域的学习与训练，他们需要专门外语作为学习和训练的工具；另一种学习者已经是某专门领域的专家，他们需要专门外语作为工作的工具。这样，两种不同情况的学习者，其需求显然是不一致的，教学时也需要区别对待。

另外，在专业外语教学中还存在一个时间与空间难以协调的问题。比如，需要进行“学术汉语”学习的大学生，他们还有繁重的其他专业课的课业负担，或者社会实践需求等，影响到了参加学术汉语课程的出勤率。这个问题在“业务汉语”的教学中更加明显。业务汉语的学习者大都有自己的职业，而非全职学生，他们用来学习的时间更加不固定。

综合以上种种原因，开展专门用途汉语的自主学习显得很有必要。而这也是 CSP 教学中比较受忽视的一种教学形式。对于那些具有较强学习动机的成年学生，他们或许找不到适合自己具体需求的课程，或许在时间上、空间上受限，本文所提倡的新技术下的自主学习正好可以在很大程度上解决他们的问题。

2.3 专门用途汉语自主学习的形式

按照学习的媒介，本文把外语自主学习大致分为两类，即“传统的自主学习”和“以新技术为媒介的自主学习”。

传统的外语自主学习中，有一种常见的形式是，学习者通过“自学包”来开展学习。这种“自学包”通常包括一份纸质的材料，外加与之配套的音像制品。另外，利用传统媒体，比如电视或广播上播放的语言教学栏目来开展外语自主学习，也是很常见的。

如今，信息通信技术（ICT）获得了极大发展，信息通信技术的客户端从个人电脑扩展到平板电脑、智能手机等，与个人生活形成密切联系。将 ICT 运用到教育领域也已经开展起来。具体到第二语教学领域，利用 ICT 开展语言教学的方式很多，如播客、博客、app 软件、聊天工具等。这些形式都可以加以合理设计与利用，为语言教学，特别是语言的自主学习服务。这样的学习形式往往具有交互性、动态性与目的性等优点。这就是本文所讨论的核心问题——利用和开发ICT进行专门汉语的自主学习。

下面，我们就将探讨专门用途汉语自主学习的设计与开展。为了让研究更有针对性，我们将以“导游汉语”为例具体分析。

3 需求分析

前文我们提到过罗宾逊（Robinson）和杜德利·埃文斯（Dudly-Evan）对专门用途外语教学的定义，他们都强调“需求”或“目标”。以需求为导向是CSP教学一个最重要的特点，因此，无论是在开设一门CSP课程，还是我们现在讨论的开发CSP自主学习方式时，首先要做的都是进行细致而全面的需求分析。只有经过这重要的一步，开发的学习材料才能满足学习者的需要，满足社会的需要。

关于“需求”，学界已经有很多讨论。按照不同的思路和标准，“需求”被划分为不同的方面，并且用不同的术语来进行区分。比如，哈钦森和沃特斯（Hutchinson & Waters，1987）将需求分为需要（necessities）、差距（lacks）和愿望（wants）。布林德利（Brindley，1989）使用了“客观需求”与“主观需求”的概念。伯威克（Berwick，1989）使用了“感知性需求”（perceived）与“察觉性需求”（felt）：察觉需求是指学习者已具备的知识和技能；感知需求指专家学习者根据他人经验预设的教育目标。杜德利·埃文斯和圣约翰（1998）将需求分析放在三种情境中，分别是目标情境（TS）、学习情境（LS）和目前情境（PS）：目标情境分析得到的目标需求是指那些客观的、觉察性的、以结果为导向的需求；学习情境分析得到的学习需求是指那些主观的、感知性的、以过程为导向的需求；目前情境分析则是对学习者现有的语言能力进行评估，以找到与需求之间的差距。

哈钦森和沃特斯（1980）在分析一个中东的大学里为医学、农学和兽医学的学生开设他们专用的ESP课程时使用了如下框架：

表 1

	客观（来自课程设计者）	主观（来自学习者）
需要		
愿望		
差距		

与哈钦森和沃特斯为大学生设计的医学、农学和兽医学的 ESP 课程有所不同，我们现在讨论的“导游汉语”的定位是一门“行业汉语”，而非“学术汉语”。“行业汉语”决定了它需要重视真实的工作环境，真实的工作需求。因此参照以上表格，笔者又做了一些调整，设计了以下表格，作为调查分析“导游汉语”需求的框架。

表 2

	来自课程设计者	来自学习者	来自用人单位	来自从业人员
需要				
愿望				
差距				

我们通过问卷或访谈的形式做需求调查时，仅仅根据表 2 来做是不具有可操作性的，还应该为被调查者提供一些具体的参考思路。比如，按照语言话题、功能和跨文化交际等方面。

话题方面可以提供以下选择：方位、历史、时间、天气、饮食、运动与休闲、音乐和风俗等。

功能方面分为人际交往和业务交换两方面。人际交往包括问候与道别、自我介绍、谈话开始与结束、礼貌打断等；业务交换包括预订和安排行程、描述人物与地点、兑换货币、告知时间、应对要求款待等。

跨文化交际能力[①]主要包括：

内容：本文化与目的语文化的语言、历史、风俗、行为习惯等；

过程：内心的：（1）异位思考；

（2）自我反思；

① 参照 Stier，2004；2006。

（3）文化敏感等。

人际的：（1）人际交往敏感性；

（2）情境敏感性；

（3）解决纠纷等。

4 学习材料的来源与编排

4.1 全真语料的使用

近二十年来，很多第二语言教学的教师和研究者提倡使用“全真语料”，即为母语者而非学习者书写的语言材料，作为第二语言学习的材料。他们认为，使用“全真语料”进行第二语言教学的优势包括强调理解、提供真实的语言、提供介绍文化的机会、提高学习动力、建立语言意识等。由于专门用途的外语教学更加强调学习者在某一真实的专门情境中对语言的使用，因此“真实性”显得尤其重要。而这种“真实性”主要来自两个方面：语料来源的真实性和学习活动的真实性。

就“导游汉语”来说，以下六种材料可以作为全真语料的来源：（1）各类用中文出版的介绍世界各地旅行的书籍，如中文版本的“孤独星球”（Lonely Planet）系列。（2）中文的旅行类杂志，如《旅行家》。（3）某旅游景点的官方中文版网页，如巴黎罗浮宫博物馆官方网页的中文版。（4）某预订机票、酒店的服务型网站，如携程网。（5）各类相关公文与表格，如入境申报表、外国人登记表等。（6）相关主题的纪录片、旅行类电视节目等视频资料，如中文配音的“玩转地球”系列等。

并非所有的全真语料都适合被用作第二语言的教学，选取其中哪些进入学习材料，绝对不是一件随随便便的工作。伯纳多（Berardo，2006：62）提出了选取全真语料进行语言学习时的三个原则：适合性（suitability）、探索性（exploitability）和可读性（readability）。伯纳多认为三个原则当中，适合性最为重要，它是指学习材料应该符合学习者的兴趣与目的；探索性是指学习者可以通过阅读材料逐步建立起阅读的能力；可读性则指材料应适合学习者现有的的语言水平。

当然，强调“全真语料”并不意味着“简化语料”就不应该用在CSP中。比如，对于部分语言技能还处于较低水平的学习者来说，就可以引入通用教材当中和“旅游”相关的材料，作为CSP的学习材料。

真实性除了指语料的来源以外，还包括所设计的学习活动的真实性。学习活动具有真实性是指，在学习过程中，学生所进行的活动是和他们以后进入专门领域需要进行的活动高度相关的。以“导游汉语”来说，学习者可以通过完成以下任务来获得他们在实战工作中所需要的能力，比如：通过电话预约酒店，录制一段视频介绍某参观景点，录制一段录音向游客解释货币兑换相关信息，模拟为游客填写入境登记表，模拟解决旅客与当地商贩之间的冲突等。这样的活动是学习者在以后真实的工作情景中极有可能需要应对的，因此具有很高的真实性。

4.2 自主学习材料的编排

为学习者编写语言学习材料是存在着一套原则与标准的。而编写针对不同目标受众、不同使用方式的学习材料，其原则与标准又有些不同。汤姆林森（Tomlinson，2010）将学习材料的编写原则分成了三个层面：普遍原则、传递（delivery）原则与局部（local）原则。普遍原则是指第二语言习得的一般原则，适用于不同年龄、水平、目标与环境的所有学习者；传递原则是指考虑到学习材料的传递方式（如，自主学习）的原则；局部原则是指考虑了特定学习者的特定目标。

哈尤·赖因德斯和玛莉莲·刘易斯（Hayo Reinders & Marilyn Lewis，2006）认为：评估自主学习材料和课堂使用材料的原则是不一样的。他们在综合了华莱士（Wallace，1992）、加德纳和米勒（Gardner & Miller，1999）、希林（Sheerin，1989）等人制定的自主学习材料评价标准，再对学习者进行问卷调查之后，拟定出的新的自主学习材料评价标准如下：

材料选择：声明适合自主学习，明确描述学习者的水平，需要按顺序使用。

包含部分：索引，内容目录，详细的“地图”，词汇表，章节引言或总结学习过程，信息总结，对任务的举例说明，对任务目的的说明，任务的答案或参考标准学习如何学习，学习过程的笔记，演示如何设定目标。

5 利用新技术的 CSP 自主学习形式

信息通信技术也有一定的新老之分。比如文字处理、电子邮件、网页浏览等形式可以算作老一批的信息通信技术，而最近几年急速发展的博客、微博、app 等则属于新兴信息通信技术。本文在讨论利用信息通信技术开展

CSP 教学时，主要把范围限定在新的信息通信技术上。

前文我们已经讨论了开展 CSP 自主学习的优势、必要性以及一些必要的准备工作。下文将以导游汉语为例，具体说明如何利用新技术来设计、开展 CSP。

5.1 播客

播客（podcast）是一种类似网络广播的网络音频节目。使用者可以将网上的广播节目下载到个人的 mp3 播放机、智能手机、平板电脑或其他便携式数码音频播放器中随时随地收听。同时，使用者也可以自己制作音频，将其上传到网络与别的网友分享。将播客的技术和形式与第二语言教学结合起来，能够为语言学习者提供一个非常广阔的音频资料库。

在互联网上，英语作为第二语言教学的播客种类已经非常繁多。欧布莱恩和海格海默（O'Bryan & Hegelheimer，2009）对互联网上的英语教学播客做了细致的调查，这些播客有的是为提高学习者听力水平而设计，有的为某一听力考试备战，有的进行语法教学，还有的进行 ESP 商务英语教学等。

可以供“导游汉语”作为借鉴之用的一个播客叫作“The Hotel Teach Project”。根据介绍[①]，该播客课程分为初、中、高三个难度级别，目标是提高英语语言水平、软技能与技术技能，以帮助学习者在酒店业就业。节目对材料、教学活动等都有明确的指示和说明。对此播客开展的一份正式的评估报告显示，学生们提高了英语水平和电脑技术，就业机会得到了增加（Mark Warschauer &Meei-Ling Liaw，2011）。

利用播客学习语言，学习者还可以将自己录制的音频上传到网上。比如，录制“介绍某旅游景点”“介绍当地某特殊文化现象”等音频上载以后，可供学习的组织者或其他学习者分享、讨论，并做出反馈。一些研究者（Mark Warschauer & Meei-Ling Liaw，2011）发现，学习者录制这样的播客时，对自己语言的细节方面会特别重视。如果得到了教师或其他学习者的反馈意见，进步会更加明显。而且保存下来的音频文件也可以作为日后检查自己进步的一个途径。

播客还可以为专门外语的词汇学习服务。马丁·麦克莫洛（Martin MacMorrow）开发的名叫“Academic English”的播客就是专门为提高学习

---

① 参见 http://lincs.ed.gov/lincs/resourcecollections/abstracts/workforce/RC _ work _ abs55.html。

者的学术英语词汇量而开发的。

我们在开发“导游汉语”的自主学习形式时，也可以专门录制为帮助学习者积累导游专业词汇的播客。

5.2 博客与微博

博客（blog），或者称为网络日志、部落格，是一种由用户自行管理，公开发布文字、影像等的平台。其他读者在阅读博客内容以后，也可以留言、发表意见，与作者展开互动。博客页面中还可以提供其他博客或网站的链接。

微博（microblog），全称为微型博客。新媒体领域研究学者陈永东（2011）对微博的定义是：微博是一种通过关注机制分享简短实时信息的广播式的社交网络平台。最早也最著名的微博是美国的“twitter”。2009 年 8 月中国最大的门户网新浪网推出“新浪微博”内测版。和博客相比，微博发布的内容更加简短，一般上限为 140 个字。

随着科技的发展，博客和微博的客户端也从个人电脑扩展到平板电脑和智能手机，具有实时性、公开性、互动性等特征。

应用到第二语言教学，博客和微博可以成为帮助学习者提高写作水平的一个很有价值的平台。学习者可以快速、简易地分享他们的写作，并且得到其他人的反馈。费勒和阿普尔（Fellner & Apple，2006）的研究报告中提到，他们给参加一个英语强化教学项目的日本大学生布置的任务是每天坚持写博客。在短短一周以后，学生们的写作用词增加了近三倍，并且学术词汇量也有显著增加。

拉姆（Lam，2000）认为，这种自主的在线发布方式有助于让学习者获得一种自身能力的认同感。马克·沃沙尔和廖美玲（Mark Warschauer & Meei-Ling Liaw，2011）认为，对于高级水平的学习者来说，拥有一个自行管理与发布的博客，可以向用人单位展现自身的目标语言能力、信息技术水平，博客里体现的专业内容在职场竞争中也是有利的。这一点对于 CSP 特别具有借鉴意义。

以“导游汉语”为例，课程的设计开发者与管理者可以开启一个博客或者微博，学习者通过设置链接或者互相关注的方式建立联系。管理者可以布置一些在实际工作中可能遇到的写作任务，如“书写某一次旅行活动的日程安排”“书写某一次旅行的安全注意事项”等。然后学习者可以在自己的博客或者微博上发布自己的写作，供大家参照、点评，得到反馈。

5.3 应用程序 App

“App”是英文“application”的简写。随着智能手机和平板电脑的流行，现在的 App 多指第三方智能手机或平板电脑的应用程序。市面上大的几家手机经销商采用了不同的智能系统，比如苹果（Apple）系统、安卓（Android）系统、黑莓（Blackberry）系统等。虽然系统不一样，但是各种系统都有自己的 App 资料库，如苹果的 App Store、安卓市场（Android Market）、黑莓 App 世界（BlackBerry App World）。除了系统开发商以外，其他的第三方应用开发商也可以设计开发应用程序，进入这个开放的平台推广与销售。这样一来，在这个自由的市场里面，各种种类的应用程序不计其数。其中当然不乏教育类软件、第二语言学习软件。

“汉语教学”和“英语教学”的应用程序比较而言，数量和质量上都有很大的差距，CSP 学习软件更是几乎没有。可是，“以导游汉语”为关键词，依然可以发现不少的应用程序，合理利用，将非常有助于提高学习者的行业语言。比如：“旅行资讯”类软件，设计的初衷是为旅行者提供全面的旅游信息与建议，包括旅行路线、景点推荐、美食、住宿等，如中文版的“Guidepal”系列、“旅行者”系列等。对于某旅游地的当地汉语导游来说，这种目的地固定的资讯对于他们学习地道的导游汉语表达方式是大有好处的。另外，App 里也有许多电子版的旅行杂志，如《旅行家》《新旅行》等。只是，这些软件原本的目标受众是汉语为母语者，因此语料是未经删选的“全真语料”，只适合于语言水平较高的学习者。

除了利用已有的一些相关资源，在信息和技术允许的情况下，也可以为不同专门领域的学习者开发设计专门的学习应用程序，以及专门领域的电子词典程序等。

5.4 WebQuest

“WebQuest”是美国圣地亚哥州立大学的伯尼·道奇（Bernie Dodge）等人于 1995 年开发的一个课程计划。“Web”是“网络”，“Quest”是“调查”，“WebQuest”是一种“专题调查”活动。如果我们在网上搜索一下，就会发现为数众多的“WebQuest”网页内容几乎涵盖了中小学、大学的所有学科。

按照道奇（Dodge，1995）的设计，“WebQuest”一般由五个部分组成。序言部分，首先给学习者指定方向，再通过各种手段提升学习者的兴趣；任务部分，对练习结束时学习者要完成的项目进行描述；资源部分，是一个网站清单，教师事先已经对网上的资源进行了预选，向学习者提供一个可能对他们完成任务有用的网站列表；过程部分，教师给出学习者完成任务需要经历的步骤，让学习者明白任务的过程，以及如何对资源进行利用与整合；评估部分，提供机会给学习者总结经验，鼓励对过程的反思，拓展和总结所学知识，鼓励学习者在其他领域拓展其相关经验。

以“导游汉语”为例，教师可以设计一个“WebQuest”的网站，将“请设计一份吸引中国游客到巴塞罗那参观的宣传手册”作为任务。然后遵循“WebQuest”的一般步骤，完善六个部分的内容，形成一个真实有趣而又切实可行的任务。学习者通过完成任务，不但能提升行业语言技能，也能锻炼协作精神并提高提取筛选有效信息的能力，提升阅读技能与水平，获取进入真实工作情境的经验，提高学习兴趣及反思评估的能力等。传统的“WebQuest”是通过个人电脑网页浏览最新技术平台，而如今“WebQuest”已经可以通过平板电脑、智能手机等应用软件实现使用了。

6 结语

通过对 GSP、自主学习、如何利用新的信息通信技术的讨论，笔者希望对特殊用途汉语教学在更广范围内的开展提供一定的思路，为更多有不同学习需求的学习者提供一个平台。当然，本文的讨论还停留在比较粗浅的阶段，在具体地研发某种自主学习材料时，需要经过细致的需求分析、材料选取与编排，并且需要足够的技术支持。不过笔者相信，随着时间的推移和技术的进步，这种新的信息通信技术将会广泛应用于专门用途汉语的自主学习，为汉语教学提供新的思路和方向。

参考文献

何克抗. 建构主义——革新传统教学的理论基础（一）［J］. 学科教育，2008（3）：29－31.

李泉. 论专门用途汉语教学［J］. 语言文字应用，2011（3）：110－117.

Benson，P. *Teaching and Researching Autonomy in Language Learning*［M］. Harlow：Longman，2001.

Berardo，S. A.. The Use of Authentic Materials in the Teaching of Reading［J］. *The*

Reading Matrix , 2006 (2): 60—69.

Berwick, R. Needs Assessment in Language Programming: From Theory to Practice [M] //R. K. Johnson. *The Second Language Curriculum*. Cambridge: Cambridge University Press, 1989: 48—62.

Boyle, R. ESP and Distance Learning [J]. *English for Specific Purposes*, 1994, 13 (2): 115—128.

Brindley, G. P. The Role of Needs Analysis in Adult ESL Program Design [M]. R. K. Johnson. *The Second Language Curriculum*. Cambridge: Cambridge University Press, 1989: 64—78.

Cianflone, E. Developing 8 (4): 25. Academic English Vocabulary through Podcasts [J/OL]. *ESP World*, www. esp-world. info/Articles _ 25/podcasts. doc.

Dickinson, Leslie. *Self-instruction in Language Learning* [M]. Cambridge: Cambridge University Press, 1987.

Dodge, B. WebQuests: A Technique for Internet-Based Learning [J]. *Distance Educator*, 1995, 1 (2): 10—13.

Dudley-Evans, A. , M. J. St John. *Developments in English for Specific Purposes: A Multidisciplinary Approach* [M]. Cambridge: Cambridge University Press, 1998.

Farhady, H. Reflections on and Directions for ESP Materials Development in SAMT [M] //G. R. Kiany. *Proceedings of the First National ESP/EAP Conference* (vol. 3). , M. Khayyamdar. pp2—32. SAMT, Tehran.

Fellner, T. , M. Apple. Developing Writing Fluency and Lexical Complexity with Blogs. *The Jalt Call Journal*, 2006, 2 (1): 15—26.

Gardner, D. , L. Miller. *Establishing Self-access: From Theory to Practice*. [M] Cambridge: Cambridge University Press, 1999.

Hayo Reinders , M. Lewis. An Evaluative Checklist for Self-access Materials [J]. *ELT Journal*, 2006, 60 (3): 272—278.

Hegelheimer, V. , A. O'Bryan. Mobile Technologies, Podcasting, and Language Education [M] //M. Thomas. *Handbook of Research on Web 2.0 and Second Language Learning* . Hershey, PA: IGI Global: 331—349.

Holec H. *Autonomy and Foreign Language Learning* [M]. Oxford: Pergamon Press.

Hutchinson, T. , A. Waters. *English for Specific Purposes: A Learning-centered Approadh* [M]. Cambridge: Cambridge University press, 1987.

Jones, Francis R. Self-instruction and Success: A Learner-profile Study [J]. *Applied Linguistics*, 1981, 19 (3): 378—406.

Knight, K. English for Specific Purposes (ESP) Modules in the Self-access Learning

Center (SALC) for Success in the Global Workplace [J]. *Studies in Self-Access Learning Journal*, 2010, 1 (2): 119—128.

Lam, W. S. E. Second Language Literacy and the Design of the Self: A Case Study of a Teenager Writing on the Internet [J]. *TESOL Quarterly*, 2000 (34): 457—482.

Little, D. Learner Autonomy: Drawing Together the Threads of Self-assessment, Goal-Setting and Reflection [M] //E. C. Council for Cultural Co-operation, Modern Languages Division, Graz: European Centre for Modern Languages. *Preparing Teachers to Use the European Language Portfolio-Arguments, Materials and Resources*. Available on line at: http: //archive. ecml. at/mtp2/Elp _ tt/Results/DM _ layout/00 _ 10/06/06%20Supplementary%20text. pdf.

O' Bryan, A. , V. Hegelheimer. Mobile Technologies, Podcasts and language Education [M] // M. Tomas. Handbook of Research on Web 2. 0 and Second Language Learning. Hershey, PA: Information Science Reference, 2009: 331—349.

Robinson, P. An Overview of English for Specific Purposes [M] //H. Coleman. *Working with Language: A Multidisciplinary Consideration of Language Use in Work Contexts*. Contributions to the Sociology of Language Berlin: Mouton de Gruyter, 1989 (52): 395—427.

Sheerin, S. *Self-access* [M]. Oxford: Oxford University Press, 1989.

Stier, J. Internationalisation, Intercultural Communication and Intercultural Competence [J]. *Journal of Intercultural Communication*, 2006 (11): 1—12.

Stier, J. Intercultural Competencies as a Means to Manage Intercultural Interactions in Social Work [J]. *Journal of Intercultural Communication*, 2004 (7): 1—17.

Tomlinson, B. Principles and Procedures for Self-access Materials [J]. *Studies in Self-Access Learning Journal*, 2010, 1 (2): 72—86.

Warschauer, M. , M. Liaw. Emerging Technologies for Autonomous Language Learning [J]. *Studies in Self-Access Learning Journal*, 2001, 2 (3): 107—118.

Zohoorian, Z. , B. Vahid. A Review on the Effectiveness of Using Authentic Materials in ESP Courses [J]. *English for Specific Purposes World*, 2011, 31 (10): 1—14.

（刘荣，文学博士，四川大学海外教育学院教授，研究方向为对外汉语教学；彭越，加拿大女王大学教育学博士研究生，研究方向为语言教学。）

留学生汉语称谓语掌握情况调查与分析

罗艺雪

摘　要：如何选择恰当的称谓语是留学生学习中的一个难点，但已有的称谓语研究中涉及对外汉语教学领域的却寥寥可数，国内已出版的各种对外汉语教材对汉语称谓词语及其运用也还重视不够。根据问卷调查可以看出，当前留学生使用汉语称谓语时存在着一些突出问题，这些问题与教材中对常用称谓语的选取与处理不无关系。

关键词：称谓语；掌握情况；对外汉语教材；选取原则

Analysis of Foreign Students' Knowledge about Chinese Address Forms

Luo Yixue

Abstract: How to choose a proper address form is a common challenge to foreign learners. Even though researches on Chinese address forms have formed one of the hotspots in Chinese language, only few of them touched upon the field of TCSOL. Meanwhile, various kinds of TCSOL textbooks haven't paid enough attention to Chinese address form. According to our survey, cases of foreign students using improper Chinese address forms in conversations are not rare, and some obvious problems are partly caused by the improper selection and treatment in the textbooks.

Key words: address forms; knowledge about Chinese address forms; TCSOL textbooks; selecting principles

1　称谓语：对外汉语教学的难点与盲点

“对于把汉语作为外语的人来说，会话的开头要比结尾困难得多，因为不同的会话目的、不同的对象有不同的开头方式”，而“会话开头常常离不开称呼”（刘虹，2004）。如何根据具体的交际场合、交际角色、交际目的等选择得体的称谓语以引导出会话，确实不是一件易事。即便是汉语母语者，在某些场合也会遇到选择不当称谓语或无语可称的尴尬局面，更别说语言能力很难达到母语者水平的二语学习者了。

自20世纪80年代以来，国内关于汉语称谓语的研究逐渐活跃，研究视角也呈多元化趋势。除研究专著外，1980年至今发表在各期刊上有关汉语称谓语研究的学术论文高达900多篇；自2000年始以汉语称谓语为研究对象的硕士论文也达到了150多篇。但这些文献大部分为称谓语的本体研究、不同语言之间称谓语系统的比较研究等，涉及对外汉语教学领域的不但不足20篇，且其中大多数还是对具体国别留学生掌握称谓语情况的研究或对具体称谓语的教学探讨，对称谓语教学进行整体性研究的文章寥寥可数。同时，国内已出版的各种对外汉语教材普遍存在对汉语称谓语及其运用重视不够的情况，汉语称谓词语的系统性、丰富性、民族性和变异性也很少引起对外汉语教师的注意。

那么，目前在实际教学中留学生掌握和使用汉语称谓语的具体情况如何？他们的掌握情况与现阶段对外汉语教材在称谓语选词、处理方法等方面的特点又有何关系？这些都是我们要着力探讨的问题。

2　留学生汉语称谓语掌握情况调查

关于留学生掌握和使用汉语称谓语的情况，前人已经有针对性地做了一些研究，其中包括郭风岚和松原恭子（2000）针对日本留学生对汉语部分称谓的适应与认同所做的统计分析，周健（2001）就汉语称呼的使用在北京语言大学华文学院速成（3）班的学生中展开的调查，以及王春霞（2007）就欧美留学生对中国日常社会交往中经常使用的称呼语的使用情况所设计的问卷等。这些研究各有侧重，但都反映出了留学生在掌握汉语称谓语过程中的一些问题，如留学生对汉语亲属称谓语感到极为头疼，对汉语姓名称谓和泛

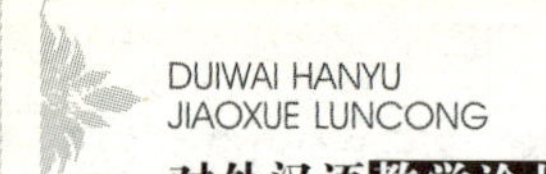

亲属称谓的掌握情况不容乐观，以及对汉语称谓语的使用易受母语和母语文化的负迁移影响等。这些调查各有具体的研究目的，特点亦十分突出，如郭风岚和松原恭子所搜集的样本数量较大，其问卷体现出明显的日汉对比性；周健主要立足于对汉语称谓语及称谓语教学的宏观探讨，其调查作为研究铺垫仅在一个班15人之中进行，调查内容也比较笼统；王春霞则将欧美留学生作为调查对象，从英汉对比的角度出发，所设问项集中于具体场合中称谓语的选择与使用。

笔者将着重从宏观上考察不同国别留学生掌握和使用几种重要汉语名词称谓（亲属称谓，包括实质亲属称谓与拟亲属称谓；社会称谓，包括姓名称谓、身份称谓、社交称谓、谦敬称谓等）的途径与效果，并以此为切入点思考对外汉语称谓语教学现状及现阶段汉语教材在该教学过程中所扮演的角色，因此调查对象的选择和问项的设计与上述各研究相比皆有不同之处。

2.1　调查对象与程序

本次调查采取分层抽样与随机抽样相结合的方式，调查对象设定为北京大学对外汉语教育学院有一定汉语基础、对汉语高频称谓语基本了解或熟悉、对汉语文化处于开始适应或基本适应阶段的长期班留学生。笔者从初、中、高三个水平层次的班级中随机分别抽取20、44、43名留学生进行调查，涵盖美国、日本、韩国、加拿大、泰国等20个国别。由于中高级水平的留学生所了解和掌握的汉语称谓语数量较多、种类较全，使用汉语称谓语时受其汉语水平的制约亦较少，可以较充分地反映出现阶段对外汉语称谓语教学的效果，故这两个水平层次所选调查对象比例较大。此外，笔者所调查的大部分留学生在进入北京大学学习以前都使用过北京大学教材以外的其他教材，如《新实用汉语课本》（刘珣，2005）等。

问卷重在考察留学生学习和习得汉语称谓语的途径，以及对几种重要称谓语的了解和掌握，具体构成情况如下：

（1）调查对象的基本情况，如性别、年龄、国别、所属汉语和口语班级等；

（2）由汉语称谓语产生的交际障碍；

（3）调查对象学习和习得汉语称谓语的途径；

（4）几种重要汉语称谓语的掌握和使用情况。

调查以五度标量为主要测试方式。问卷经一次试填后修改定稿，主要由任课教师当场发放回收，其余由学生帮助发放完成，进行问卷调查时尽可能确保学生水平已与所属班级相符。实际发放问卷107份，回收96份，其中有效问卷为92份，有效回收率为86%。对于问卷调查所获得的数据，笔者采用SPSS软件处理和人工统计分析相结合的方法，最后形成一系列表格。

需要说明的是，本调查只在北京大学进行，研究的结论也主要以此为依据。

2.2 问卷结果及分析

2.2.1 汉语水平与称谓语使用情况

随着汉语水平的提高，留学生掌握的汉语称谓词语逐渐增多，整体交际能力也逐步加强。在这一过程中，留学生掌握和使用汉语称谓语的频率和水平是否也呈稳定提高的趋势？汉语水平对留学生在实际交际中使用汉语称谓语有无影响？有的话影响程度如何？本文汉语水平主要依据留学生所在汉语班确定为初、中、高三级。以下是笔者设计的具体问项及结果。

问项1：

你常使用汉语称谓语吗（How often do you use Chinese addresses to address a person）：

A）从不（never）B）很少（seldom）C）有时（sometimes）D）经常（often）E）总是（always）

问卷统计结果见表1。

表1　问项1统计结果

	A	B	C	D	E
初级	1.1%	22.2%	66.7%	4.5%	5.5%
中级	1.5%	18.1%	56.9%	16%	7.5%
高级	0	17.4%	13.7%	42.8%	26.1%

从初级到高级，变化最明显的为C、D、E三项。可以推断，随着水平的提高，留学生使用汉语称谓语的频率也在增加。下图将D、E加在一起，对初、中、高三级水平的留学生经常使用汉语称谓语的百分比做了比较：

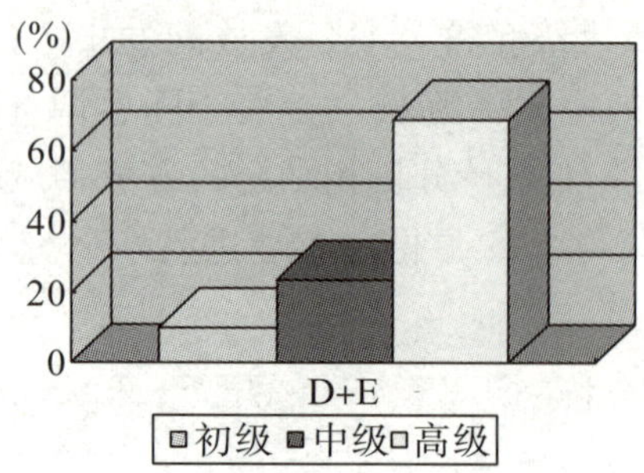

图 1　不同水平留学生使用汉语称谓语频率比较

那么，在使用频率明显提高的同时，在称谓语使用过程中遇到的交际障碍是否也减少了？

问项 2：

你常常因为汉语称谓语使用不当造成麻烦吗（How often is there a misunderstanding when you wrongly address a person in Chinese）：

A）0 次（never）　B）1～3 次　C）4～7 次　D）7～10 次　E）10 次以上（more than 10 times）

问卷统计结果见表 2。

表 2　问项 2 统计结果

	A	B	C	D	E
初级	11.1%	22.2%	22.2%	11.1%	33.3%
中级	12.5%	30%	37.5%	5%	15%
高级	20.8%	33.3%	29.2%	8.3%	12.5%

从表 2 中似乎看不出由水平层次产生的明显变化。笔者使用统计软件 SPSS15.0 做了留学生汉语水平与称谓语误用率的相关分析，其结果如下：

表 3　问项 2 相关分析结果

		汉语水平	误用率
汉语水平	Pearson Correlation	1	-.153
	Sig.（2-tailed）		.227
	N	64	64
误用率	Pearson Correlation	-.153	1

续表3

		汉语水平	误用率
	Sig.（2－tailed）	.227	
	N	64	64

对上述结果解释如下：Pearson 相关系数为 0.153，P＝0.227 远高于 0.05，应承认总体汉语水平和误用率这两个变量的相关系数为零的假设。故可以认为，留学生汉语水平和称谓语误用率不呈现具有显著性的相关关系。换言之，留学生汉语水平的提高并未带动称谓语使用正确率的提高。

2.2.2　几类称谓语掌握情况

以上文中对现代汉语称谓语的描写为基础，笔者在问卷设计过程中列入常用的拟亲属称谓、姓名称谓、身份称谓、谦敬称谓等四类，此外还加入了零称谓的使用调查。问项以两种选择方式出现，其中问项 3 至问项 6 分别涉及拟亲属称谓、姓名称谓、身份称谓与零称谓，并以如下形式呈现：

问项 3：

你常使用如“大妈、阿姨、大姐、大哥、兄、伯伯/伯父、大爷”等的称谓语吗（How often do you use addresses such as “大妈、阿姨、大姐、大哥、伯伯/伯父、兄、大爷”）：

A）从不（never）B）很少（seldom）C）有时（sometimes）D）经常（often）E）总是（always）

问项 7 与问项 8 涉及学生所了解的谦敬称谓与实质称谓，示例如下：

问项 7：

请在下面的词语中你知道的谦敬称谓语后面划√（Please mark √ behind the addresses you know. These addresses are used to express respect and modesty）：

在下　令郎　家父　令堂　小弟　周老　晚生　尊夫人
令尊　小女　犬子　足下　舍妹　敝同乡　后学　内人

经过对获取的问卷数据进行人工统计，形成下表：

表4　问项3～问项6统计结果

	A	B	C	D	E
拟亲属	11.1%	44.4%	25.4%	12.7%	6.3%
老/大/小+姓	23.8%	39.7%	20.6%	12.7%	3.2%
姓+职务/职业	12.7%	33.3%	22.2%	25.4%	6.3%
零称谓	1.6%	3.2%	9.5%	52.4%	33.3%

由图示可知，前三类称谓都在低使用率的B项达到最高百分点，甚至还有被试从来不使用。也就是说，这三类母语者的常用称谓在留学生这里却处于低使用状态。相比之下，零称谓的使用却表现出明显的不同，被试人数从A项到E项几乎呈稳定上升趋势，到了D项百分比更是大幅增加，达到一半以上。零称谓作为特殊的一类称谓语，也可以看作是回避称谓的一种途径。由调查可知，不同程度地回避使用汉语称谓词的比率仍很高。笔者将D、E加在一起，对高使用率区域留学生选择汉语几类称谓语的百分比做了比较：

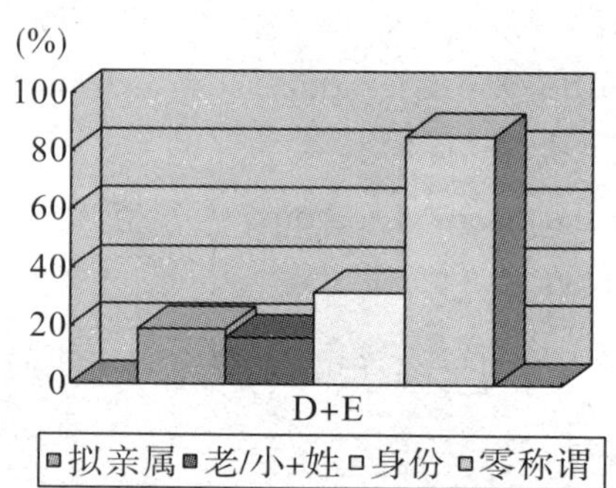

图2　几类称谓语高使用率统计

再来看谦敬称谓的统计结果。问项7提供了中国人在较正式的场合或书面语中常用的一些谦称和敬称，问项8给出了36个常用的实质亲属称谓，下面是对不同水平留学生掌握情况的统计表：

表 5　问项 7～问项 8 统计结果

	初级	中级	高级
谦敬称谓	0.4/16	1.7/16	3.9/16
实质亲属称谓	5.4/36	7. 7/36	11.8/36

表 5 中为不同水平的留学生了解问项中列举的谦敬称谓、实质亲属称谓的平均数量及这些数量与调查总数量的比较。问卷结果显示，从初级到高级，随着整体词汇量的增加，留学生知道的谦敬称谓和实质亲属称谓也逐渐增多，但不管就其绝对数量还是在所给 16 个谦敬词、36 个实质亲属词中的相对数量来讲都是相当少的。仅就谦敬称谓来说，一些中高级水平留学生就谦敬称谓给出的答案差别非常大，有的表示一个也不知道，而有的则选择了 7～11 个。由于许多外语尤其是西方语言中没有同样的表达习惯，外国学生感到难以掌握、不常使用也在情理之中。但在笔者仅将问项设计为“知道”的情况下，众多被试的回答便在一定程度上暴露了教学上的问题。实际上，在书信、请柬、题词等书面称谓中，谦敬语是必不可缺的。书面称谓在对外汉语教学中一直未受到应有的重视，留学生写信只会用寥寥几个口语面称，普遍不知道怎样把书信写得文雅一些。尤其到了高级阶段，留学生接触的书面材料越来越多，遇到的交际场合也渐趋多样化，其对谦敬称谓的了解状况明显跟不上整体语言水平和语言知识的发展。

再来看实质亲属称谓。虽然留学生自己使用该类称谓的情况并不多，但并不能避免在他人谈话或其他材料中遇到（如上文所分析的语料），因此了解汉语中常用的三代以内的亲属称谓是必要的。但 36 个常见实质亲属称谓中，即使是高级水平的留学生，其平均掌握数量也只有 11.8，且集中于以下几个称谓：“父亲、母亲、爷爷、奶奶、外婆、外公、孙子”，即直系血亲，而对姻亲称谓、旁系亲属称谓就知之甚少了。

2.2.3　汉语称谓语学习或习得途径

应该说，留学生所掌握的汉语知识大部分都来自汉语教材。作为留学生汉语学习的第一手材料和主要参照依据，教材在其学习称谓语的过程中所提供的材料是否能够满足他们的交际需求？除教材以外留学生又有哪些掌握称谓语的主要途径？笔者设计了相关问项进行调查。

问项 9：

你认为教材中的称谓语满足你的使用要求吗（Do you think the addresses you learned from text books are sufficient）：

A）是（Yes）　　　　B）否（No）

对于此问项，大部分留学生都做了否定回答。

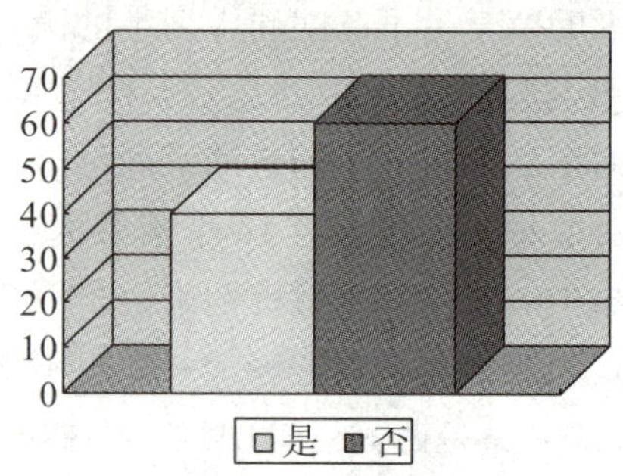

图 3　问项 9 统计结果

问项 10：

你所知道的汉语称谓语多来自于（可多选）（Where do you learn Chinese addresses mainly from? You can choose more than one）：

A）教材（text books）　B）教师（teachers）　C）课外阅读（out of class reading materials）

D）中国人（Chinese people）　E）其他（others：please state）

问卷统计结果见下表。

表 6　问项 10 统计结果

A	B	C	D	E
60.3%	63.5%	19%	81%	19%

其中 E 项包括其他留学生朋友、网络、电视、家人等。由于称谓语的对话性质，留学生在和中国人交往的过程中学到丰富多样的称谓语在笔者意料之中，但教材、教师两项在学习途径这一问项调查中都低于位居第一的 D 项几乎 20 个百分点，再加上问项 9 中否定回答的压倒性优势，可见现阶段对外汉语教材在称谓语的处理方面的确还存在着一些尚待改进的问题。

2.3 调查结论

归纳以上对调查结果的分析，我们可以得到如下初步结论：

（1）留学生在实际交际中使用汉语称谓语的频率随着汉语水平的提高而提高，但使用中的偏误与汉语水平无显著相关关系，即留学生整体汉语水平的提高并未明显促进称谓语的正确使用。

（2）在对几类常用称谓语的掌握和使用上，留学生使用拟亲属称谓语、职务称谓语等常用口语称谓语频率较低，而趋向于使用零称谓，变相采用回避称谓策略；此外，各水平层次的留学生对书面性、文化性较浓的谦敬称谓的掌握情况都并不乐观。

（3）大部分留学生认为，教材中的称谓语不能满足自己的交际需要；留学生学习和习得汉语称谓语最主要的途径依次为中国人、教师和教材，其中选择第一种途径的被试百分比远高于后两种。

由上述结论可以看出，留学生掌握和使用汉语称谓语的情况还并不太乐观，在此过程中，教材并未充分发挥其作为第一手学习材料和参照标准的作用。下文就以现有一部分对外汉语教材为例，试图说明现阶段教材与留学生称谓语掌握问题之间的可能联系。

3 对外汉语教材中的称谓语处理

3.1 现有教材中的称谓语

笔者选取的教材包括《博雅汉语》（以下简称《博雅》）系列教材和与其配套使用的北京大学版新一代口语教材（以下简称《初口》《高口》等），中国人民大学的《发展汉语》（以下简称《发展》）口语、听力教材系列，北京语言大学的《新实用汉语课本》（以下简称《新实用》）系列，以及北京大学出版社出版的几部听力教材，共计 34 本。这些教材基本上都出版于 2000 年之后，在特定范围内长期稳定使用并颇受好评（北京大学、中国人民大学、海外），具有很强的代表性。通过分析它们对称谓语词汇的选择和用例，可基本反映出现有对外汉语教材中称谓语处理的情况。

笔者对教材中几类常用名词称谓语在出现形式、数量及分布方面的特点进行了总结和比较，发现这些教材仍普遍存在对汉语称谓语重视不够的情况，表现在四个方面。

第一，各类称谓语的使用频率与实际生活中有出入，一些现实生活中常用的称谓形式教材却鲜有收入。尽管在教材编写过程中不可能完全重现母语者的称谓语系统，但对比母语者生活中的常用称谓名词，就会发现这几类称谓语在教材中形式难称丰富。某些子类即使出现于教材中，频率也很低，如据笔者统计，实际生活中很常用的一类拟亲属称谓“姓/名＋亲属称谓”在34本教材中仅出现了约15次，如：

王阿姨（《初口1》14课）
刘伯伯（《初口提高》7课）
张奶奶（《中口1》8课）
张大爷（《发展中听上》8课练习）
王大妈（《发展中听上》14课练习）

除数量少以外，这些拟亲属称谓还有“集中”的趋势：一是集中于8本教材中，其他教材中未出现；二是一些称谓类型如姓名称谓的形式主要集中在少数几种，即“姓＋名”、“纯名”以及“老/大/小＋姓”，且后一种多存在于教材练习中，课文中很少出现。

第二，汉语称谓形式的民族性、丰富性和变异性还很少引起教材编写者的注意。虽然这些教材都致力于培养学生的语言交际能力，但相关的称谓语出现得太少或形式过于单调，因而学生在现实生活中常有因交际情景变化便不知如何称谓或误用称谓的问题。在涉及称谓语时，现有教材采取的方法一般是简化，包括在课文中简化较复杂的涉及文化背景的称谓语，以及在生词中仅介绍称谓语的基础性的理性意义，尽量避免使用多样化的称谓语，追求一致性、固定性。

第三，各阶段称谓语的引入跟不上学生的使用需求。初级教材中的称谓语出现频率总体较少，使得学生在急需解决日常交际中的称谓问题时却没有可借鉴的蓝本；中高级学生接触的书面、视听等语言材料比较多，其交际层次也有提高，不可避免地会遇到越来越丰富的称谓语，而教材中相应形式的缺失则很可能导致交际障碍的产生，这就出现了交际需求与现实教学脱节的矛盾。如不管是口语、听力还是精读教材对谦敬称谓都鲜有收入，这与调查中留学生对该类称谓了解甚少恐怕不无关系。

第四，对各类称谓语形式没有系统性的整理和归纳。各类称谓形式大都随着课文内容的安排随机出现，多呈零散分布。个别教材虽把某一类称谓语专门作为一个语言知识点特别提醒学生，可惜所做的介绍有限，而且偏重于对使用范围和对象的叙述，对形式的说明尤其少。但值得一提的是，《发展汉语》口语教材在“扩大词汇量”练习中以一些构词能力较强的语素为核心，整理和复习已学的相关词汇，少量称谓语也在其中出现。如《发展中口上》第2课练习1：“老板——说出更多带‘老’字的词语”，不失为加强称谓语形式系统整理的好办法。

当然，这些问题首先是由于许多教材中的交际主体通常是留学生，交际场景又往往设置在与学校及学校周边有关的场所，但也和教材编写者对称谓语的总体忽略有关。

3.2 教材中称谓语的选取原则

汉语称谓系统庞大复杂，外国学生不可能全部熟练掌握。选择什么样的称谓语教给学生，这是教材在引入称谓语时需要考虑的第一个问题。就一般情况而言，学生学习汉语是为了与中国人交际，因而除了注意所选词语覆盖范围的全面性以外，在内容的选择上还应把握以下“四性”：常用性、全民性、时代性和接受性。

第一，常用性。常用性是指教材应选择那些实际生活中使用频率较高、构成各类交际场景中称谓主体的称谓形式，如本研究中列举出的母语者常用的各种称谓语。

第二，全民性。即使一些称谓语常被使用，但其范围仅限于少数人或少数言语社团，那么教材在收入时就要斟酌了。这类称谓语主要指近年来随着社会经济、文化的变化和发展在一些群体中新出现并开始流行的一些称谓语。例如，现在网络上的一些称谓语如“达人”等虽然为网民所频繁使用，但其使用范围并没有越出虚拟世界，那么不收入教材就更为可取；如果已经延伸至现实世界且使用范围在不断扩大，则可以考虑让其出现在教材中。

第三，时代性。词汇的发展演变是语言新陈代谢的体现，较强的交际性、会话性又使得称谓语成为更新变化最快的词汇家族成员之一，这从“小姐”等词的沉浮历程都可以看出来（李明洁，1996）。因此，编写教材时首先应选择那些有生命力的，为大多数社会成员长期使用的称谓语，如口语中定型的拟亲属称谓、姓名称谓的基本形式、常用的社交称谓等。那些在社会发展过程中被淘汰的，今天只能在电影、电视、小说等材料中看到的称谓语是否收入教材，则应视不同课程的教学目标而定。其次是那些近年出现，或者曾经被淘汰，近年又以新面貌再度活跃于日常交际的称谓形式，如“老板”“姓+总”，以及“老公”“美女”“美眉”等，虽然其使用时间不长，但符合常用度高、使用范围大的特点，因此在编写教材时应注意收入，这也符合上两个原则。实际上，这些词也往往是学生借由与中国人的交谈或者电视剧等媒介而习得的称谓语的主要部分，但现有教材中还比较少见。

第四，接受性。由于留学生母语称谓系统及其背后的文化内蕴与汉语称谓系统有着不同程度的差别，他们在学习汉语各种称谓语时很可能会遇到语言结构、功能、文化等各方面的困难。尤其是有的汉语称谓语带有浓郁的文化风格和感情色彩，与留学生母语称谓系统产生比较强烈的对比。如“爱人”一词，从西方以及亚洲的韩国、日本的角度来说就是“情人”的意思，有的学生从思维到感情上都不能接受把“爱人”用作“夫妻”的常用称谓也就不足为怪了。因此，教材在收入称谓语时，在上述三项的基础上还要多注意学生对此类敏感称谓的心理接受程度，尽量选择双方在心理和情感上都能接受的称谓；如果某称谓常用度高、使用范围大但接受性较差，就不但要注意其掌握层次（是熟练掌握还是简单了解），还要注意介绍其社会文化背景，以缩小学生的心理距离。

4 结语

尽管本文的调查对象范围仅限于一所大学，调查结论的代表性可能会受到一定影响，但通过问卷调查与具体教材的分析，我们还是可以清晰地看到，当前针对留学生的汉语称谓语教学存在着一些突出问题，这些问题与教材中对常用称谓语的选取与处理不无关系。正视并解决这些问题不但可以促进留学生交际能力的全面提高，也有助于留学生更深入、更广泛地了解中国文化，从而突破学习中的文化瓶颈。

参考文献

郭风岚，松原恭子. 日本留学生对汉语部分称谓的适应与认同［J］. 语言教学与研究，2000（4）.

李明洁. 风情万变看“小姐”——流行称呼语透视之一［J］. 咬文嚼字，1996（11）.

刘虹. 会话结构分析［M］. 北京：北京大学出版社，2004

王春霞. 汉英称谓系统在第二语言教学中的对比研究［D］. 西安：陕西师范大学，2007.

张英. 论对外汉语文化教学［J］. 汉语学习，1994（5）.
周健. 汉语称谓教学探讨［J］. 语言教学与研究，2001（4）.
祝畹瑾. 汉语称呼研究——一张社会语言学的称呼系统图［J］. 北京大学学报：英语语言文学专刊，1990.

（罗艺雪，硕士，四川大学海外教育学院讲师，研究方向为现代汉语语法与对外汉语教学。）

析“字本位”论的认识错误*

任瑚琏

摘　要：语言学具有实证科学性质，语言研究必须从语言事实中寻找和发现规律，所得结论必须接受语言事实的检验。文字作为记录语言的书写符号系统，并不就是语言本身，语言中的结构单位有能否独立运用（单用）之分，语言结构单位的组合规则按是否能由语言使用者自由差遣区分成性质不同的两类。“字本位”论之所以站不住脚，就是因为不承认这三个区分，从根本认识上背离了汉语事实。

关键词：“字本位”论；认识错误；分析

An Analysis of the Cognitive Errors of the Sinogram-based Theory

Ren Hulian

Abstract: Linguistics is an experimental science. The study of languages must seek and discover rules from the linguistic facts, and the results must be tested by the facts. It goes without saying that writing is not the language itself, the structural units of a language belong to two classes according to being able to take part in making sentences independently or not, and rules for the formation of words and the combinations bigger than words are

---

* 作者曾以本文核心内容在第二届汉语独特性理论与教学国际研讨会（2013 年 10 月，上海）上作特邀专题演讲。

two classes different in nature. The Sinogram-based Theory does not recognize all these three differences and deviate from the facts of Chinese, therefore it is untenable.

Key words：Sinogram-based Theory；cognitive errors；analysis

1 关于汉语语法结构单位的基本观点

笔者不倾向于使用“本位”这个概念和术语，因为难以准确定义，对于究竟什么是“本位”也就难以达成共识。因此，笔者从来不用“词本位”来概括自己在有关汉语语法单位问题上的立场和观点。关于这个问题，笔者的观点可以简略地表述如下：

汉语和世界上其他语言一样，是音义结合的符号系统。这个系统中，最小的符号，也就是最小的音义结合体（最小的有意义的单位、最小的语法单位）是语素。最小的独立运用（单用）的符号或符号组合，即最小的独立运用的音义结合体是词。词必定由语素组成（按：这里所说的“组成”包括一个词仅由一个语素构成的情况）。语素按其在构词中的作用，可以分为能独立成词（能单用）的和不能独立成词（不能单用）的两大类。比词大的独立运用单位是词组，词组由词和词组合而成，较小的词组可以进一步组合成较大的词组。自由（可单说、可单独成句）的词或词组可以与完整的语调（句调）结合构成句子。句子是最大的语法单位，也是最小的言语单位。

立足于上述观点，笔者认为，“字本位”论犯了三个方面的认识错误，从而背离汉语事实，因此站不住脚。下面对这三个方面的认识错误做扼要的分析。

2 “字本位”论认识错误之一：不区分语言和文字

不区分语言和文字，就可能把文字的单位认作语言的单位，把文字的特点看成语言的特点，把造字用字的方式说成语言产生的途径，把字的构造当成语法单位的构造。例如，在坚持汉字与英语的词（word）相对应的同时，认为汉字的偏旁部首与英语的“morpheme”相对应。总之，可能在研究有文字的语言的时候，不是透过文字看语言，而是受文字现象的蒙蔽，对语言事实产生错觉。

关于这些，过去已经讨论得很多，这里只针对潘文国教授关于英语的天然单位是词（word）、汉语的天然单位是字的论断再说几句。

从语言与文字关系的角度看，潘教授的论断，正是只见文字不见语言而产生的错觉。

就拿拼写英语的英文来说，且不说一个个看上去可以“天然”分离开的书写单位应该是字母，词与词则是人为地用空格分开的，就算承认这种空格是“天然”形成的，那也是正字法的问题，属于文字书写范畴。何况拼音文字也不都是按词分写的。例如，藏文的每个音节末了就用点在右上角的分隔符加以标记（无空格），句子末了则用一个较长的楔形竖写分隔符标记，而词末没有任何标记。又如日文，句末才加标点，词间并无间隔。

这是文字的情况。若论语言，以英语为例，自然的语流中决不会每说完一个词就来个停顿，相反，常常发生前一个词末尾的辅音与后一个词开头的元音拼合，两词“焊接”的事。在这一点上，韩语的连读音变（不仅是前后音拼合，还有种种语音变化）和法语的“连诵”表现尤为突出。

回到汉语。书写形式上，固然是以一个个自成一体的方块汉字为基本单位，但自然的说话不是一“字”一顿，当然也不是一词一顿，但允许的自然停顿绝不是在任意一个“字”的后面，而必须至少是在一个词的后面。例如：“张三买汽车花了28万”不能说成“张、三买汽、车花、了28万”，但可以说成“张三、买、汽车、花了、28万”。说话不但不是一“字”一顿，而且一些合成词内部，甚至词与词之间还常常发生“融音”现象。举几个人们熟知的例子（为简便起见，标音用汉语拼音字母）：“什么时候”说成shémshíor，“不知道”说成búrào，台湾当地把“这种”说成zòng，“这样子”说成jiàngzǐ，等等。这些都是事实。所谓“汉语的天然单位是字”，完全无视这些事实，焉得不谬？

3 “字本位”论认识错误之二：不区分能独立运用（单用、成词）的和不能独立运用的语法单位

3.1 必须区分能单用的单位和不能单用的单位

这与必须区分古语和今语可以说是同一个问题。原因就在于古汉语里绝大部分语素（“字”）是能单用的，到了现代汉语里，许多变得不能单用了。于是，许多（在文言语境里）按古汉语的规则读和写成立的语素组（“字”

组)，(在现代汉语语境里）按现代汉语的规则就不成立了。下面的对比可以证明这一点：

文言语境	现汉语境
①以此为由	×拿此为由｜×以这个为由｜×以此作为由｜×拿此作为理由｜…… 须说：以此为理由｜以这个为理由｜拿这（个）做理由｜拿这（个）作为理由
②谁之责？	×谁的责？ 须说：谁的责任？
③自知末日将临	×自己知末日要到了｜×自知道末日要到了｜×自己知道末日就要临｜×知自己末日将临 须说：知道自己末日就要到了｜知道自己末日就要来临
④问君何时归？	×问你什么时候归？｜×问你何时候回来/去？ 须说：问你什么时候/啥时候/多会儿回来/回去？

在现代汉语里，不仅很多“字”不能单用，很多“字”组也不能，例如，“好逸恶劳”“一专多能”“从今往后”作为整体都可以单用，但作为组成部分的“好逸”“恶劳”“一专”“多能”“从今”都不能单用（歌词“从今走向繁荣富强”是特殊个例）。请看：

⑤a 他这个人哪，好逸恶劳｜好逸恶劳不是好品质
　b×他这个人哪，好逸｜×我们不应该恶劳

⑥a 我们提倡一专多能｜一专多能的人特别受欢迎
　b×一个人至少应该有一专｜×多能的人受欢迎

⑦a 从今往后，我们就是一家人了｜我从今往后再也不想见到你
　b×从今，我们就是一家人了｜×我从今再也不想见到你

在现代汉语语境中，把不能单用的单位（下面例句中的加粗字）当作能单用的单位（例句后面括号内的字）用，就会造出无数下面这样的语句：

⑧×他每天下午都去操场奔几圈儿。(跑)

⑨×我憎死他了。(恨)

⑩$^{\times}$可以把松动的齿拔掉。（牙/牙齿）

⑪$^{\times}$放疗的结果，他的发大把大把地往下掉。（头发）

⑫$^{\times}$我一上午都在阅信。由于有的信很长，一上午只阅了5封。（看）

⑬$^{\times}$要学会这门技术，必须不惧困难。（怕）

⑭$^{\times}$无论如何不能慢了朋友。（怠慢/慢待）

⑮$^{\times}$来，我看看你的掌。（手/手掌）

⑯$^{\times}$他跑远了，逐不上了。（追）

⑰$^{\times}$午饭有什么好吃的肴？（菜）

⑱$^{\times}$因为违反交通法规，小李已经多次被惩。（罚）

黄梅（2012）说："嵌偶单音词研究从一个方面再次证实：现代汉语正式语体是由韵律控制的'文白交错'的语法体系。"说现代汉语正式语体是"由韵律控制的……语法体系"未免片面，但说这种语体是"文白交错"的则颇中肯綮。因此，要驾驭好这种文白交错的语体，造句属文中不出现类似上面①～⑦中和⑧～⑱的错误语句，就要求既掌握现代汉语语法，又或多或少地掌握文言语法，并且能够恰当地结合运用。

"字本位"论不承认"字"在古今汉语中有不同的地位和作用，在现代汉语中有能单用和不能单用的区别，一概而论地宣称"字"都能直接进入造句程序。这种认识，无论据以说话作文还是用来观察事物揭示规则，舛误都不可避免。下面来看一个实例。

3.2 不区分能单用的"字"和不能单用的"字"——周上之（2013）的根本缺陷

似乎是对"字本位"论迄今没有解决汉语研究方面的任何实际问题这一诘难的回应，周上之教授发表了《论［2+1］动宾式的字辞关系——对韵律语法的一点质疑》一文。研读之后，笔者认为周教授对"韵律语法"将双音节动词不能带单音节宾语的事实绝对化和完全归结于韵律这一简单化认识提出批评，转而着眼于动词与宾语之间的双向选择，从中寻找原因，这是对的。但文中对所谓"传统语法"的批评是严重误解。而由于不承认"词"是汉语的结构单位，因此拒绝区分能单用（成词）的和不能单用（不成词）的"字"则成为该文的致命伤，使作者证明"字本位"优于"词本位"的意图落空。

这里先澄清周文对所谓"传统语法"的误解。

3.2.1 "传统语法的主要弊病"辩

周上之（2013：22）说："不加区分地把汉语的字和辞称为词是传统语

法的主要弊病之一，'词'的观念严重阻碍了对汉语事实的描写和分析。"

这里的"传统语法"是指被周教授明言抛弃的主张"传统的'语素、词和短语'的概念"的语法，包括所谓"词本位"。笔者想问：既然承认这种语法主张"语素、词和短语"，如何又说它"不加区分地把汉语的字和辞称为词"？顺便指出一点：按照周文的定义，"辞是由字组合而成的固定字组"，而这样定义出来的"辞"，正好相当于"传统语法"中的合成词及成语等与词等价的语素组，不过是词的换一种说法而已。不自觉中具有并且践行了词的观念，却又说"'词'的观念严重阻碍了对汉语事实的描写和分析"，这是不是自相矛盾？

周上之（2013：25）又说："'遭洋罪'按古汉语句法是'动定宾'，现代汉语则分析为'动宾'。……由此可见，只讲'词'而不讲'字'就可能看不到汉语的底层结构。"

无论古今汉语，语法单位组合都是有层次的。"遭洋罪"的结构关系，按古汉语语法也不是"动定宾"，而是"动宾（定中）"，与现汉语法相同。区别在于按古汉语，充任宾语的是一个定中词组，按现代汉语则是一个定中式（限定式）复合词。现代汉语语法结构分析可以进行到语素（"字"），怎么会看不到汉语的"底层结构"？

3.2.2　析周上之（2013）的根本缺陷

周文的考察研究对象是现代汉语动宾结构中的［1+2］（单音节"动字"+双音节宾语）、［2+1］（双音节"动辞"+单音节宾语）和［1+1］（单音节"动字"+单音节宾语）格式，不用说是句法平面的问题。这就预设了进入格式的"字"必须是能单用的，即我们所认为的成词语素，单用时就是词（单纯词）。置这一点于不顾，就不可能把问题说清楚。

很简单，当单音节"动字"或充当宾语的单音节"名字"是不能单用的"字"时，［1+2］乃至［1+n］也罢，［2+1］也罢，统统不能成立。

先看［1+2］和［1+n］格式（例中的4个"动字"均采用周文转引端木三（1999）的用例）：

⑲×绘图画｜×绘风景｜×绘设计图｜×绘两幅画｜×绘一天图

⑳×植果树｜×植庄稼｜×植银杏树｜×植两排树｜×植一个星期树

㉑×习外语｜×习手艺｜×习拉丁舞｜×习50个字｜×习了3年艺

㉒×购东西｜×购文具｜×购日用品｜×购了点儿物｜×购了一下午货

再看［2+1］格式（例中的“动辞”也都采用周文用例）：

㉓ˣ研究木｜ˣ摆弄械｜ˣ糟蹋财｜ˣ喜欢兽｜ˣ吓唬雀｜ˣ节约能｜ˣ准备资｜ˣ提供食｜ˣ污染境｜ˣ欣赏绘｜ˣ捉弄侄｜ˣ没收产

对于据称受限制最少的［1+1］格式，必须专门讨论，因为由不能单用的“字”参与构成的［1+1］格式除了许多是不能说的（例如“ˣ种木”“ˣ种麦”“ˣ种蔬”“ˣ栽卉”“ˣ阅信”“ˣ览报”“ˣ扫障”“ˣ惜书”……）以外，有许多是能说的，但它们的性质不可不弄明白。下面就以“植”为例进行讨论。

“植树”可以说，每到春季还会比较常说。“植树”之外，可以说的“植+X”［1+1］格式还有“植发”“植苗”“植皮”“植牙”（据商务印书馆出版的《现代汉语词典》第6版）。但这并不意味着这样的格式都能说，请看：

㉔ˣ植花｜ˣ植草｜ˣ植菜｜ˣ植蒜｜ˣ植瓜｜ˣ植豆

再看“植树”，虽然可以说，但不能扩展，也不能改变语序。前面的例20）和下面的例子都是证据：

㉕今天是植树节，我们班到南山ˣ植了一天树，一共ˣ植了350棵树。

㉖该你们ˣ植的树都ˣ植完了吗？

㉗没人管理，我担心这批树ˣ植不活。（按：㉔～㉗中加“ˣ”号例子中的“植”都应该改为“种”。）

可见“植树”不是句法平面上的动宾结构，而是一个双音节复合词。“植发”“植苗”“植皮”“植牙”的情况与它类似。

同理，“绘画”“绘图”“习字”“习艺”“购物”“购房”“购货”“扫盲”“扫雷”“临街”“临河”“临考”“阅卷”“阅世”“返城”“返京”“返券”“伐木”“护犊”“毁林”“润肤”“避债”“驱邪”“遇难”“趋热”“趋光”“畏难”“惧内”“逢集”“聚众”“服法”这类的［1+1］格式都是复合词。

需要说明的是，这类复合词中有些可以有限度地扩展，如“植皮”“植牙”。它们属于通常所说的“离合词”。关于离合词，吕叔湘（1979）提出过处理办法，就是承认它们合起来时是词，分开时是词组。本来，如陆俭明（2009）所指出的，“汉语的四个单位实际上是三个层次的：语素、词和词组、句子。所以词和词组的划界并不是最重要的”，因此，离合词现象的存在，不但不证明“汉语有词”这一认识不妥，相反，恰好可以看作是汉语独特性在语法单位方面的一种表现。

周文不区分能单用的和不能单用的“字”，把表面相同（都是“‘动字’+‘字’”的［1+1］“字组”）而性质迥异的复合词与句法平面的动宾结构混为一谈，无助于认识和说明现代汉语的造句规则。这个意思，在下面一节对两种性质组合规则的讨论中还会得到进一步的论说。

说到这里，顺便就所谓“嵌偶单音词”谈一点认识。严格说，“嵌偶单音词”不应称作“词”，因为“不论在哪个位置出现，它都必须‘嵌偶成一个音步’，否则非法”（黄梅，2008）。究其实，它们都是单音节的不成词语素。

4 “字本位”论认识错误之三：不区分两种不同性质的组合规则

这个错误可以说是上一节所指错误的直接后果。“字”（语素）有能单用的和不能单用的两种这个事实，决定了由“字”到词再到词组的组合规则也分为性质不同的两种。不承认“字”的这种性质上的区分，也就看不到语法单位组合规则在性质上的区分。发现、揭示和说明语法单位的组织规则，目的一方面在于构建理论，另一方面则在于有效地指导语言实践。混淆两种不同性质的组合规则，必然导致理论上的错误认识和对语言实践的错误指导。

4.1 由“字”组词和由词组成词组是不同性质的规则

就以简单的“从”字为例。一个普通的汉语学习者或者使用者学了“从”，可以自主地造出如下合法语段（词组）：

㉘从东到西｜从军队到地方｜从清晨到黄昏｜从不会到精通｜从明天起｜从正门进去｜从桥上走过去｜从这儿往前走100步｜从窗缝儿里往外看｜车从他家门前经过……

这是因为这些语段里的“从”是可以单用的，单用时就是词（介词），学过就可以用来与其他已经学过的词一起造出比词大的语段。

但是，学了“从”字，让没有学过（方式或途径不论）下面5组“从+X”“字”组的人把它们造出来，是否可能呢？

第1组：从事｜从业｜从军｜从戎｜从政｜从商｜从医｜从艺｜从影｜从教｜从良

第2组：从宽｜从轻｜从严｜从重｜从快｜从速｜从缓｜从简｜从略｜从实｜从权｜从优

第 3 组：从来｜从前｜从此｜从中｜从新｜自从｜无从

第 4 组：从征｜从师｜从俗｜从众｜师从｜服从｜顺从｜听从｜跟从｜依从｜遵从｜信从｜盲从｜胁从｜屈从｜过从｜扈从｜侍从｜随从｜仆从

第 5 组：从属｜从人｜从犯｜从动｜从轮｜从刑

实事求是地说，不可能。因为这些“字”组里面的“从”是不能单用的，所参与构成的“字”组都是复合词，与前面 3.2.2 列出的那些复合词一样，对于一般学习者和使用者，它们都只能习得，不能自造。需要说明一点：强调由不能单用的“字”参与构造的“字”组是词不是词组，并不意味着能单用的“字”就一定单用，成员都是能单用的“字”，构成的“字”组就一定是词组而不是词。因为本文关注的核心问题是区分能单用的和不能单用的“字”，所以不在这个问题上展开讨论。

上面的对比表明，由于合成词（含复合词）是语言里现成的单位，不是可以在说话作文中临时制造的，由“字”构造合成词的规则也就不是普通的学习者和使用者能够自主使用的。与此不同，非熟语性的自由词组是可以而且事实上通常也是由说话人即时创造的，因而用词来组成词组的规则是语言使用者可以自主差遣的。

其他语言也是这样。拿英语来说，认识并记住大量词根、词缀，有助于高效地学词、记词，但并不意味着能用它们来自主造词。学好现成的词，才能利用句法规则自主地说话造句。

4.2 误用规则后果举例

如果一个汉语学习者或使用者以为知道了合成词的构造规则就可以随意对“字”加以组合，并且将这个理念付诸实践，后果会很严重。首先，他会忽视合成词的学习，造成词汇掌握上的弱势；其次，他会随意生造合成词，使得说、写出来的话难以甚至无法理解。下面是一些留学生生造词的例子（转引自张清源，2013，括号里是正确说法）：

㉙ ×旅览（游览）｜×及达（到达）｜×烫机（熨斗）｜×小使（领事）｜×酒历（酒龄）｜×放小（缩小）｜×轻蓝（浅蓝）｜×好点（优点）｜×快饭（快餐）｜×直壁（峭壁）｜×徒走（光脚行走）｜×附寄（附着寄生）｜×悬岸（悬崖）｜×自纪律（自律）｜×表演员（演员）｜×家庭员（家庭成员）｜×海植物（海洋植物）

5 结语

本文以“字本位”论认识错误的核心问题——不区分能单用的“字”（语素）和不能单用的“字”（语素）——为关注核心，通篇用事实说话，论证了：（1）观察分析汉语语法，必须区分能单用的和不能单用的单位，首先是能单用的“字”（语素）和不能单用的“字”（语素），否则就会误以为不能单用的语素（“字”）也都能直接用来造句，混淆造词（前造句）过程和造句过程；（2）坚持可单用和不可单用不分、造词和造句不分的观念，用以研究问题，难免不得要领和漏洞百出，用以指导实践，就会贻害他人。

参考文献

黄梅．现代汉语嵌偶单音词的句法分析及其理论意义［D］．北京：北京语言大学，2012.

陆俭明．在首届汉语独特性理论与教学国际研讨会上的发言［R］．上海：2009.

陆俭明．我关于“字本位”的基本观点［J］．语言科学，2011（3）.

吕叔湘．汉语语法分析问题［M］．北京：商务印书馆，1979.

任瑚琏．字、词与对外汉语教学的基本单位及教学策略［J］．世界汉语教学，2002（4）.

任瑚琏．汉语语法特点与“字本位”论（完全篇）．超文化交流时代的中语中文学．首尔：韩国中语中文学会等学会联合国际学术大会，2010.

任瑚琏．汉语语法特点与“字本位”论［M］//周上之．世纪对话——汉语“字本位”与“词本位”的多角度研究．北京：北京大学出版社，2013.

任瑚琏．汉语最小造句单位是词的证据举隅［C］//邓英树，杨宗义，邓文彬．四川省语言学会成立三十周年纪念论文选集．成都：四川辞书出版社，2013.

应学凤．韵律语法理论与汉语韵律语法研究述评［J］．汉语学习，2013（1）.

张清源．汉语复合词语素分解释义法的得与失［M］//对外汉语教学论丛（第二辑）．成都：四川大学出版社，2013.

赵金铭．现代汉语词中字义的析出与教学［J］．世界汉语教学，2012（3）.

赵元任．语言问题［M］．北京：商务印书馆，1980.

周上之．论［2+1］动宾式的字辞关系——对韵律语法的一点质疑［J］．汉语学习，2013（4）.

（任瑚琏，文学硕士，四川大学海外教育学院退休教授，研究方向为语言学理论和面向对外汉语教学的汉语本体研究。）

介词“从”的语块分析*

王　川

摘　要：文章首先描述分析了介词“从”的语块成分，然后从功能方面，由内及外地讨论了“从”介词语块的介词宾语、后置词、谓语动词，进而讨论了各个成分间的语义关系和搭配限制，发现并总结了介词“从”表存现处所的功能。

关键词：从；功能；前置词

The Analysis of the Lexical Chunks of Prepositions “from”

Wang Chuan

Abstract: We illustrate that “from” -sentence refers to the sentences consisting of preposition “from” -phrase, which has significantconnection with verb in the sentenCe both on grammar and meaning. We divide “from” -sentence into four basic types, and furthermore, we divide these four types into seven subtypes according to different positions of “from” -phrase.

Key words: from; function; preposition;

* 本文得到四川大学校级青年项目支持，项目编号：2010SKQ16。

1 “从”字句的介词结构分析

介词“从”在句中的语块可以形成简单的介宾结构，也常可形成“从X（标）”的形式。本文将“X”称为介词宾语，“标”称为后置词，分别进行讨论。本节附带讨论谓语动词进入“从”字句的条件。

1.1 介词“从”的宾语分类

“从”字原本是一个动词，后面可以接体词作宾语。虚化为介词后，可以形成介宾结构或称介词结构。介词“从”的结构中，介词宾语位置可以出现名词、动词、动词短语、形容词、方位词词语、并列式或偏正式的名词性短语，分析归纳如下。

1.1.1 “从”＋名词

①我从韩国来。

②以后每年从二月起改为老四进山。

③从头打量到脚老汉没一处看得过去的。

④鹦鹉螺从尸体到化石经过了漫长的变化。

⑤西班牙人从南美洲带回了这种金属。

⑥从内容看

⑦从山里流出一条小溪。

⑧我扯了两张纸，从你本子上！

“从”＋名词，如上例①～⑧可以分别对应以下八种情况：

第一种情况：表示移动起点。

第二种情况：表示时间起点。常常由时间名词充当介词宾语。

第三种情况：表示范围起点。这种“从”字句中常常出现表示终点的“到、至、向、往、朝”等词形成框架结构。

第四种情况：表示发展、变化的起点。

第五种情况：表示经由处。

第六种情况：表示着眼点、凭借、依据。

第七种情况：表示存在。这种情况可变换为无主兼语句“有一条小溪从山里流出”。

第八种情况：表补充说明。属于易位句。

1.1.2 “从”＋动词/动词短语

⑨这个事实说明，环境污染从开始到造成危害，其往往有一个过程。

⑩地球从形成以来，留下了一部内容丰富的大自然。

⑪从有到无

⑫从接触发展到掌握

⑬从仿制改为研制

“从”＋动词，如上例⑨～⑬可以分别对应以下两种情况：

第一种情况：表示时空的发展变化。周小兵（1983）《关于“从”字句的两个问题》认为“从”字句中：动词作介词“从”的宾语时，要保持介词宾语的谓词性（不使其体词化），“从”字句中的动词都必须是表示发展变化的。如⑨、⑩中的介词宾语“开始”“形成”具有谓词性，例⑨、⑩句中动词“造成”“留下”都表变化发展义。

第二种情况：表示范围的起点。周小兵（1983）认为，这种“从”字句表示范围时范围起点的词作为介词“从”的宾语时，表示范围终点的词为句子的宾语。如例⑪、⑫、⑬的起讫点分别为“有、无”“接触、掌握”“仿制、研制”。

1.1.3 “从”＋形容词

⑭老人把橘子从大到小摆在筐边。

⑮人从聪明到糊涂只需一个微小的贪念。

“从”＋形容词，如上例⑭和⑮可以分别对应以下两种情况：

第一种情况：表示范围。这种形容词做介词宾语的“从”字句，会出现“到、至”等作介词，与“从”形成介词框架表示范围起讫点。如例⑭。

第二种情况：表示发展、变化的源点。如例⑮。

形容词作为介词“从”的宾语时，句中常常会出现一个构式，构式的前置词为介词“从”，如例句中的“从……到……”。

1.1.4 “从”＋处所词＋方位词

⑯小运动员们把桌子从教室搬来，整齐地码放在操场边。

⑰全世界约有110多种兽类和130多种鸟类从地球上消失了。

⑱流星从夜空中划过。

“从”＋处所词＋方位词，如上例⑯～⑱可以分别对应以下两种情况：

第一种情况：表示移动起点。如例⑯。

第二种情况：表示发展、变化的源点。如例⑰。

第三种情况：表示经由处。如例⑱。

1.1.5 “从”＋数词＋量词

⑲新预警机的载重从五吨增加至三十吨。

⑳期限从五年延长为十年。

㉑根据犯罪情节，每个人从5年到12年获罪时间不等。

㉒各村妇女主任送来的军鞋从七八十双到百双不仅数量相差悬殊，样子也各色各样。

第一种情况：表示发展、变化的源点。如例⑲、⑳。

第二种情况：表示范围的起点。如例㉑、㉒。

“从”＋数词＋量词，这种“从”字句中通常会出现“到、至”等介词介引终点，与“从”呼应。但当句中只出现介词“从”而不出现“到、至”等介词时，句子的宾语（如：⑲三十吨）常常成为发展变化或范围的终点。

1.1.6 “从”＋并列式或偏正式的名词性短语

㉓新品种有一个从幼年期、成长期到成熟期的过程。

㉔粮食平均亩产从1949年的75～100千克下降到1980年的15～25千克。

㉕从生物学的观点看，凡是人们不需要的、令人烦躁的声音，统称为噪声。

㉖我国森林资源从绝对数来说，面积居世界第6位。

第一种情况：表示范围的起点。如例㉓、㉔。

第二种情况：表示着眼点、凭借、依据。如例㉔、㉖。

1.2 “从”的后置词分类

前文对介词宾语作了归纳后，本节将主要对介词“从”的后置词，及“从”的介词框架种类及形式，依据语料进行梳理描述。然后对介词“从”的后置词及框架种类进行分类汇总。

本文“后置词”这一术语，源自刘丹青的专著《语序类型学与介词理论》。刘丹青认为“前置词”和“后置词”共同构成“框式介词”，“前置词在汉语语法体系中一直被看作介词，而后置词却因为被归入不同的词类甚至无类可归而缺少统一的研究”。

依据北京大学古代汉语语料库，笔者检索了“从”的后置词，按照出现的朝代顺序排列为表1。

对于前置词“从”的“后置词”的筛选条件，笔者界定为：

（1）必须出现在框架“从……（后置词）”中的后置词位置上；

（2）该后置词的存在以前置词“从”的出现为前提，即如果“从”不存在，后置词单独存在时句子不合法；

（3）后置词必须是一个虚词或存在一定程度虚化的实词。

1.2.1　“从”后置词历时表格

“从”后置词归纳为表1，本表依照北大现代汉语语料库搜得的历时语料形成。

表1　“从”后置词历时表格

序号	从	01 周	02 春秋	03 战国	04 西汉	05 东汉	06 六朝	07 隋	08 唐	09 五代	10 北宋	11 南宋	12 元	13 明	14 清	15 民国
1	上		+													
2	内		+													
3	方		+													
4	起			+												
5	中			+												
6	下			+												
7	东南西北				+											
8	处				+											
9	后					+										
10	来					+										
11	以降					+										
12	外					+										
13	之间					+										
14	间						+									
15	始						+									

续表1

序号	从	01 周	02 春秋	03 战国	04 西汉	05 东汉	06 六朝	07 隋	08 唐	09 五代	10 北宋	11 南宋	12 元	13 明	14 清	15 民国
16	边						+									
17	际						+									
18	初						+									
19	前								+							
20	旁								+							
21	里									+						
22	看来										+					
23	侧										+					
24	头										+					
25	时候													+		
26	右													+		
27	前后													+		
28	首													+		
29	之时													+		
30	来看														+	
31	来说														+	
32	来讲															+
33	左															+
34	一带															+

从表1可以看出：

第一，上古汉语中介词“从”后出现的后置词主要是表示空间和时间的方位词和时间词。作为“从”后置词的空间方位词先于时间词出现、使用，组成框架后表示位移或时间起点。如春秋战国文献中已经大量使用“从……上/内/中/下”等框架。至两汉时期则大量开始使用时间词作“从”的后置词，“从……际/后/初/以降（以后）”等框架大量出现。两汉时期“东、西、南、北”等表空间方向的词也已出现在“从”后作为后置词使用。

第二，中古时期为巩固时期。这一时期介词“从”后出现的后置词类型相对于上古时期没有更新，仍旧表空间和时间起点。其发展出的新后置词只是对上古汉语空间方位词和时间词数量上的扩充。这一时期表空间的方位词增加了“间、边、旁”等词，时间词增加了“始、初、际、前”。值得注意的是，这一时期首次出现了“从……向……”这种介词连用表范围和发展变化的介词组合。这种组合的出现可以视为“从……到/至……”等表示范围、发展变化的母体语块。

第三，近古时期为扩充时期。这一时期介词“从”后的后置词位置产生了“看来、来看、来说、来讲”等新类型，与“从”形成框架后，可以表示对事件的着眼点、凭借、根据。此外，这一时期上古汉语中表空间、时间的后置词数量也得到了扩充，如表空间的词“一带、里、首、右、头”等词，表时间的“前后、时候、之时”等词开始使用。其中有两点值得注意：首先，宋明时期的“首、头”等人体部位首次开始隐喻为方位词，进入“从”的后置词位置。其次，双音节词开始进入“从”的后置词位置。

综合上述三点，仿佛可以看到一条熟悉的类似于动词的虚化轨迹。从上古汉语开始至今，介词“从”的后置词扩展的类型，也遵从于先空间，然后时间，最后范围或发展变化（从……向……）、事件（从……看来）的扩充顺序。其根本原因还是动词“从”向介词“从”虚化对后置词的出现所产生的影响。当前语言学界对介词语法化的研究，多涉及前置词，以及进入介词宾语位置的词语表示的语义的变化，那么，我们今后的研究中，既可以通过研究介词和进入介词宾语位置的词语的语义来研究语法化的问题，面对“从”这种后置词发达的前置词，也可以对前置词、介词宾语以及后置词三者一起进行研究，寻找到更多的途径和更有力的证明。

1.2.2 后置词分类与功能分析

对于通过古汉语语料库搜索到的后置词，结合现代汉语中时贤总结归纳的方位词，笔者将现代汉语中介词“从”的后置词按词性归为方位词、动词、介词、时间词、代词五类。

（1）方位词：

1）旁、边、际、一带、处、畔、角、沿

2）以上、以下、之上、之下

3）东、西、南、北、东北、东南、西北、西南、（+～边、～面、～方、以～）

4）上、下、前、后、左、右、左上、左下、右上、右下（+～边、～面、～头、～方、以～）

5）外、里、内、间、中、外围、中央、当中、周边、四周

（2）动词：

来、去、赴、到、至、经、起、开始/始、（来）说、（来）看、（来）讲

（3）代词：

这（边/面/头/里/儿）、那（边/面/头/里/儿）

（4）时间词：

际、初、以前、以后、前、之前、后、之后、时候/时、期、前后、左右

上述四类，笔者是按照词性对后置词进行的分类，目的是从功能上重新认知后置词。

1.2.2.1　方位词

方位词又可细分为六个小类：

第一类属于一维空间方位词。方位词“旁、边、际、一带、处、畔、角、沿”等方位词都可以将介词宾语处所化为一个点。“点”在几何学中属于一维空间，笔者认为第一类归属于一维空间方位词。如：

①从工厂一带

②从树旁

③从入口处

例句①～③中的方位词“一带、旁、处”都以“工厂、树、入口”处所化为一个“参照坐标”或者说“坐标点”。所以方位词的作用可以认为是将介词宾语处所化为一维空间中的一个点。第一类方位词的语法特点是，可以前面加定语作介词“从”的宾语，表示空间，如例①、例②、例③。

第二类也属于一维空间方位词。“以上、以下、之上、之下”形式上都是双音节派生词。“以上、以下、之上、之下”这类方位词常常将介词宾语处所化为一条直线，“线”归属于一维空间。如：

④从四十岁以下

⑤从科长以上

⑥从以上的叙述中

⑦从供桌之上

例④中的“以下”将介词宾语“四十岁”作为直线上的一个端点，引出一条射线或线段。即年龄小于四十岁的各种年龄都有序地在排列在射线上。例⑤与④相同，也是一条端点起始于介词宾语“科长”的射线，各级高于科长的官吏有序排列于射线上。故第二类在将介词宾语处所化的功能上，属于线性一维空间方位词。第二类方位词的语法特点是，可以前面加定语做介词“从”的宾语，如例④、例⑤、例⑦；其中含有词素“以”的派生方位词可以后面加体词作介词“从”宾语，如例⑥。

第三类属于三维空间后置词。“东、西、南、北、东北、东南、西北、西南、(+边、面、以)”共同的特点是将介词宾语处所化为一个水平面，然后在这个水平面上指明方向。“面”属于二维空间。如：

⑧从南到北

⑨从东南沿海吹来

⑩从城南经过

这类方位词单独作宾语时，以地球空间为方向参照。不单独作宾语时，如果后面出现体词仍以地球空间为方向参照，如例⑨；不单独作宾语时，也可以将其前面的定语处所化为平面上的坐标，如例⑩。第三类方位词的语法特点是，可以单独作介词“从”的宾语，如例⑧；可以后面加体词作介词“从”的宾语，如例⑨；可以前面加定语作介词“从”的宾语，如例⑩。第三类方位词表示空间方向。

在方位词的第三类中，首先，只有单音节、三音节（如：东南方）方位词可以直接充当宾语，双音节词无法单独作宾语。其次，只有双音节、三音节方位词可以后加体词充当宾语，单音节不可以。

第四类为三维空间方位词。“上、下、前、后、左、右”。但这种方位词在一定条件下也会预设相应的对称空间，如提到“上”，一定对应预设有“下”的概念，根据介词宾语的不同，还可能预设多组对称的空间位置。如：

⑪从思想上

⑫从水上

⑬从桌子上

⑭从左往右

例⑪方位词“上”的功能只是将“思想”处所化。类似“思想、组织”这类抽象名词后面出现方位词时，方位词并不表空间处所，只是一个语法标记，不能指明具体空间，即“思想上≠思想上面”。例⑫方位词“上”功能有二，首先是将“水”处所化，其次指明具体空间位置是上面。同时也预设水面以下空间的存在。“水下”可以认为是“水里”，“水上”可以认为是“水的外面”，“里、外”在齐沪扬（1998）的专著《现代汉语空间问题研究》中被认为表示“体”空间范围。

例⑬中的“桌子”也是一个具体名词。例⑬的“上”与例⑫中的功能相同。但预设的对称空间不只有“下”，还有“前、后、左、右、右前、左后……”等，其语义特征人们常常可以归纳为［＋桌面、＋桌腿、＋人的腿可以在下面、＋上面摆放东西和写字吃饭］等，但这些都是基于人对桌子的概念的空间存在基础，即“桌子”在人的空间概念上是可以有“上、下、前、后……”等空间，是一个立体的三维空间概念。

第四类方位词的语法特点为，可以前面加定语作介词“从”的宾语，如例⑫、例⑬。可以单独作介词“从”的宾语，如例⑭。类似例⑭这种结构，由方位词直接充当宾语，是有一定限制的：其形式常常是两个介词连用，如“从……到……V”“从……往……V”“从……向……V”等。第四类方位词表示空间。

第五类，“外、里、内、间、中、外围、中央、当中、周边、四周”都可以表示两种对称空间，即内与外的空间、中央与外围的空间等。如：

（15）从中得到

（16）从情境中得到

前文已经提到，齐沪扬（1998）的专著《现代汉语空间问题研究》认为方位词“里、外”表示“体”空间范围。第五类方位词的语法特点是，可以单独作介词“从”的宾语，如例⑮；可以前面加定语作介词“从”的宾语，如例⑯。

综上所述，五类方位词可归纳为表2（F，方位词。NP，名词成分/体词）。

表2　“从”的方位及语块特征

	处所化的空间	从＋F	从＋NP＋F	从＋F＋NP
第一类	点	－	＋	－
第二类	线	－	＋	±

续表2

	处所化的空间	从+F	从+NP+F	从+F+NP
第三类	面	±	+	±
第四类	体	+	+	−
第五类	体	+	+	−

透过此表格可以看出，方位词前面加上定语作介词“从”的宾语是全体方位词的共同语法特征。属于“点”空间的方位词，不能直接作宾语，也不能后面加体词作宾语。属于“线”空间的方位词，不能直接作宾语，部分可以后面加体词作宾语。属于“面”空间的方位词，部分词可以直接作宾语，部分可以后面加体词作宾语。属于“体”空间的方位词，可以直接作宾语，不能后面加体词作宾语。

但是，第四类和第五类同属于“体”空间方位词，但两类词进入“从+F”的自由度不同。第四类进入的形式常常是两个介词连用，如“从……到……V”“从……往……V”“从……向……V”等。第五类则没有形式限制。

1.2.2.2 动词

已虚化的动词“来、去、赴、到、至、经、起、开始/始、（来）说、（来）看、（来）讲”的虚化问题，时贤已经讨论了很多。

这些虚化后进入现代汉语“从”字句后置词位置的动词，可以分为两类。

第一类与空间有关：来、去、赴、到、至、经、起、开始/始。

第二类与空间无关：（来）说、（来）看、（来）讲。

基于本文探讨的目标，此处只关注第一类。这类动词可以表示：（1）起点，“从……来/去/赴/起/开始/始”；（2）经由点，“从……经……V”；（3）终点，“从……到/至……”。

无论是起讫点还是经由点，都是“点”。这些动词出现在“从”字句中，使得介词“从”后只出现“点”空间，且这个点为起点。

1.2.2.3 代词

赵元任（1968）所列的19个单纯方位词。能够与介词“从”形成框架的代词只能是指示代词：这（边/面/头/里/儿）、那（边/面头/里/儿）。指示代词与“从”搭配的特点是：（1）也具有将介词宾语处所化的功能（如：从祖父那里）；（2）指示代词可直接作介词“从”的宾语（如：从这儿）。因为“这”“那”等指示代词及其派生形式作后置词时，不指明具体空间位置或方向，所以笔者认为处所化以后的介词宾语表示一个空间点，即一维空间。

1.2.2.4 时间词

时间概念源自空间概念的投射。“际、初、以前、以后、前、之前、后、之后、时候/时、期、前后、左右”；时间是线性的，时间词可以将介词宾语处所化为时间轴上的一个点。所以，时间词属于一维空间后置词。

1.3 “从”的介词框架研究

1.3.1 介词框架术语

“框式介词”所指的介词范围要比“介词框架”更大。因为所谓的“框式介词”包括“前置词”和“后置词”。例如，刘丹青（2003）认为“在……上”这样的结构中，前置词“在”和后置词“上”都是介词，其中的“上”没有必要单列为一类“方位词”或者“名词附类”，应该视为一个整体进行研究。但邵敬敏、陈昌来等不认为后置词一定要属于介词一类，仍旧主张后置词单独列类，所以把“在……上”中的介词“在”称为前半框，“上”称为后半框。或者将“在……上”合称为一个介词框架。“框式介词”由刘丹青（2003）提出，并在《语序类型学与介词理论》一书中对后置词做了论证说明，认为在汉语词类划分中，“方位名词”这一类一直处于既无法归属名词（只能称为附类）又无法自立门户的窘境。原因就是“方位名词”半虚半实，所以书中将后置词和前置词看作一体发挥介引功能，修饰谓词。基于此，“框式介词”概念中的介词框架后置词范围，应限定在虚词或已经开始明显虚化的实词，实词是不应作后置词的。

持“介词框架”理论的学者对后置词是否虚化不作要求，一概划入后半框，如，名（由……角度）、连（从……而）、动（从……来 V）、代（由……那）、副（由……亲自）、数（经……一 V）；但对前置词的界定明确，即必须为介词。

综上所述，为避免称谓带来的局限，笔者在下面的行文中将使用“构式框架”。这一术语比邵敬敏等使用的“框式结构”涵盖范围要小。邵敬敏界定了汉语中存在的各种非句非短语的常规组合，即“框式结构”（frame construction），也称“框架式结构”。邵敬敏（2011）进一步按照形式特点将汉语框式结构划分为：（1）双项双框式；（2）单项双框式；（3）双项单框式；（4）单项单框式。邵敬敏的框架理论虽不是针对介词，但笔者认为对介词形成的框架也是很有解释力的。

1.3.2 框架形式：单纯框架和复合框架

笔者在整理语料时发现，框架形式大体可分两种：单纯框架和复合框架。

单纯框架又可分三种：

第一种：由一个前置词和一个后置词构成的框架，框架形式为“前置词……后置词”。例如：

①水从桌子［上］流下来。

例句①框架为“从……上”。语义方面可表示时空、范围、发展变化等的起点或源点。

第二种：由两个前置词构成的框架，框架形式为“前置词 1……前置词 2……后置词”。如：

②丫鬟们从西厢房［至］东厢房［中］反复搜寻。

例句②框架为“从……至……中”也属于单纯框架。这种框架表示范围或发展变化，其特点是“后置词”在框架语块内部管控的范围为前面的介词宾语。如例②中的后置词“中”，既管控“从”的宾语“西厢房”，也管控“至”的宾语“东厢房”。因两个前置词共用同一后置词，故归入单纯框架。语义方面可表示范围、发展变化。

第三种：由两个前置词构成的框架，框架形式为“前置词……后置词 1……后置词 2”。如：

③美军分别从空［中］海［上］进行了全面封锁。

④左宗棠道：“见了反多伤感，不见倒罢，你可是从定西［附近］［一带］来的么，现在平凉那边的军情，怎么样了?”（民国《大清三杰（下）》）

⑤人们从心［底］［里］不愿多看我一眼。

例句③框架为“从……中……上”，也属于单纯框架。这种框架多表示存现，“从”可替换为“在”。其特点是“前置词”在框架语块内部管控的范围为两个名词性质的词组合成的名词性短语。如例③中的前置词“从”管控“从”的宾语为“空中”“海上”形成的联合短语。例④、例⑤这种两个后置词相邻的形式，用例较为罕见，但也属于“从”管控两个后置词：“附近”和“一带”，“底”和“里”，并且两个后置词中去掉任意一个都不改变句意，但前后顺序不能调换，也就是说两个后置词中，排在前面的在句子层次上更靠近框架的内层。综上所述，两个后置词共用同一前置词，笔者将其归入单纯框架。语义方面可表示起点（源点）、经由处、着眼点、凭借根据。

复合框架指，由两个或两个以上的单纯框架构成的框架。复合框架形式上像被打乱的框架重新组合一样。看似混乱但也可以厘清。

⑥跑得如同箭头一般，还能容贾明说这些话吗？不过贾明是从［在］栅栏［上］夹着的［时候］就说，口中不住气的呐喊，一会儿叫鹿给撞上的时候，他还是直喊叫呢。（清·《三侠剑（上）》）

复合框架其实属于两个框架的内外套叠。所谓“内外套叠”就是外面一个大框架包裹着里面一个小框架，如例⑥中有两个框架：“从……时候”“在……上”（根据句意，不能是“从……上”和“在……时候”）。在句中，“从……时候”在外，包裹“在……上”于内。这种句子中的两个前置词常常是处于相邻的位置，且两个相邻的前置词可以前后调换位置而不影响句意。如例⑥中的“从”和“在”相邻，且可以交换位置而不影响后置词在句中的位置，更不会影响句义。语义方面则表示时空、范围、发展变化等的起点或源点。

单纯框架是复合框架的基础，复合框架以单纯框架进行套叠。介词“从”在汉语中形成的框架形式归纳如表3（Q：前置词，H：后置词）：

表3 “从”的框架结构及特征

框架种类	框架形式	语义	例句
单纯框架	Q+H	起点（源点）、经由处、着眼点、凭借根据	①
	Q1+Q2+H	范围、发展变化	②
	Q+H1+H2	起点（源点）、经由处、着眼点、凭借根据	③
复合框架	Q1+Q2+H2+H1	起点（源点）	⑥

2 “从”字句中动词研究

能够进入“从”字句的动词是受限制的。笔者经过语料分析将现代汉语“从”字句中的动词与“从”的介词短语搭配产生的轨迹，概括为四种情况。然后结合四种情况，总结出能够进入现代汉语“从”字句中动词的语义特征及呈现形式。

2.1 “从”字句的动作轨迹

含有介词“从”的句子，句子中的谓语以动词为主，本节以动词充当谓语的句子为对象，对谓语动词进行分析整理。

为了考察“从”字句的移动方式及轨迹，笔者排除表示范围、发展变化、着眼点等意义的“从”字句，只考虑表示移动（起点）的“从”字句。

笔者通过对大量语料的观察，发现“从”的介词结构所修饰的动词，与句子的施事、受事存在如下关系：

第一，施事移动，受事伴随施事移动。

第二，施事移动，介词宾语为经由点（经由点）。

第三，凭事移动，施事为出发点，受事为到达点。

第四，施事移动，介词宾语为参照点（起点）。

上述四种关涉介词“从”的移动关系，可以通过下面四组意向图示来解释。

情况一：A 运动，B 运动。B 跟随 A 一起运动。此时 A 既是 B 的跟随对象，也是 B 位移的相对参照物，A 是 B 的空间移动坐标，A 与 B 是相对静止的关系。（例：母亲从厨房端出饭菜。A：母亲，施事。B：饭菜，受事。）此时 PP（“从”的介词结构）是动作的起点。意象图式如图 1 所示：

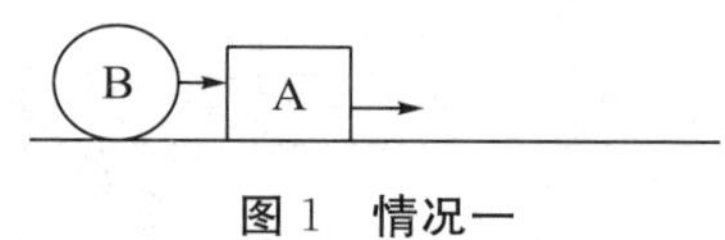

图 1　情况一

情况二：A 移动，B 静止。此时 A 的位移方向是 B。（例：下课后，同学们从教学楼后门去食堂。A：同学们，施事。B 教室后门，经由处。）这种情况下，施事移动，PP 是动作的经由点或经由处。同时 PP 也是参照点，即施事的移动轨迹——先接近，再经过，最后离开的过程都参照 PP。句中的终点“食堂”可隐可现。如“下课后，同学们从教学楼后门离开”句中只出现了经由处，隐藏了目的地。意象图式如图 2 所示：

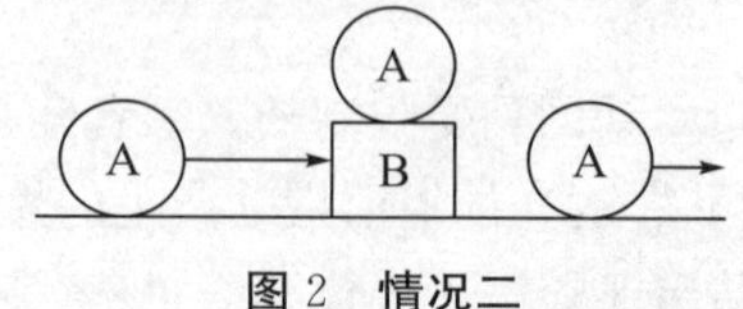

图 2　情况二

情况三：C运动，AB运动或静止。C的位移是从A到B。此时A和C的关系表现为领属关系（C属于A）。（晋灵公从台上弹人。A：晋灵公，施事。B：人，受事。C：弹丸，凭事。）这种“从”字句中的A和C具有领属关系，A是施事，C常常是A的具体或抽象的工具①。意象图式如图3所示：

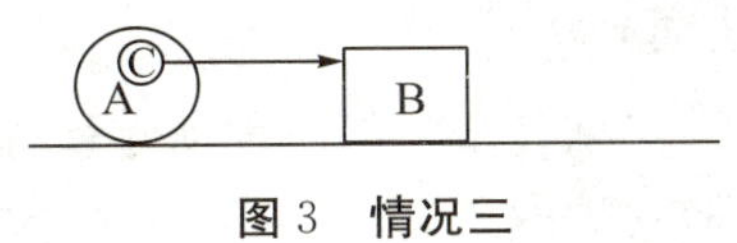

图3　情况三

情况三的A（施事）、B（受事）的运动轨迹，与“从”字句的轨迹无关，因为二者间的静止或运动不存在于同一个参照系，即二者的移动或静止均不互相影响，没有必然联系，相对地具有独立性。如“晋灵公从台弹人”中A（晋灵公），B（人），二者的运动轨迹，无论运动还是静止，都与本句中的动词“弹”无关。与动词“弹”有关的只有C（弹丸）。

情况四：A移动，介词“从”的宾语是A的起讫点。意象图式如图4所示：

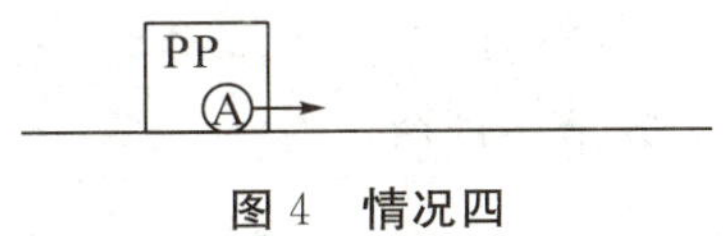

图4　情况四

情况四中，A施事，PP是A的起点，句中动词具有［+位移］的语义特征，如果不具有，就需要带上趋向补语使之具有。如下面例句：

①2003年我从部队调离。

②现在，咱们从乡下到了县城！跟以前不同啦……

③昨日赖昌星从加拿大押解回来。

这三个例句都属于情况四对应的“从”字句。例①中的介词宾语“部队”是动作“调离”移动的起点。例②中的介词宾语“乡下”是动作“到”移动的终点。两个句子的动词都具有［+位移］这一语义特征。但例③的动词“押解”要具有［+位移］，只能通过添加趋向补语“回来”。

① 所谓C属于A的“抽象工具”，例“主席从天安门检阅游行队伍。”A，主席；C，主席投射出的目光。

陆俭明（2009）认为，人通过感知体验客观事件或事物之间的客观存在，可以在人的认知域中进一步抽象，由意象形成意象图式，意象图式属于概念框架。该意象图式投射到人类语言，形成该意象图式的语义框架；“从”的四种意向图式组成的图式群投射到汉语中，便产生了本文讨论的现代汉语“从”字句。

2.2 “从”字句动词分析

上文总结了现代汉语“从”字句的四种动作移动形式产生的轨迹，并绘制了四幅图式。但四种形式的轨迹并非由谓语动词单独产生，而是由“从”字句中的施事、受事，或介词“从”的宾语等成分的移动、静止，或作为动作参照点，与动作搭配产生的移动轨迹。这样，探讨进入“从”字句的动词，就必须结合四种情况中对动作产生影响的语义成分。

下面按照意象图式逐一探讨能够进入“从”字句中的动词。上节笔者交代过：

情况一：施事移动，受事伴随施事移动。例：

①母亲从厨房端出饭菜。

情况二：施事移动，介词宾语为经由点（经由点）。例：

②下课后，同学们从教学楼后门去食堂。

情况三：凭事移动，施事为出发点，受事为到达点。例：

③晋灵公从台弹人。

情况四：施事移动，介词宾语为参照点（起点）。例：

(4) 我从部队调离。

2.2.1 进入图式一的动词

可以看到，能够进入情况一的动词如果要满足“施事移动，受事伴随施事移动”的要求，那么，第一，因为要指向施事、受事，应由及物动词充当，所以一价动词不能进入。由于三价动词不表示施事的客观移动，所以三价动词也不能进入。因此，只有二价动词可以进入。第二，动词前后的施事和受事应该满足载体和承载物的认知关系，载体致使承载物移动。再观察几条语料：

⑤车队从矿上装运铁粉。

⑥护工从病房推出了尸体。

⑦新娘从娘家带了一车嫁妆。

例⑤、例⑥、例⑦中的动词“装运、推、带”为二价。施事“车队、护工、新娘”承载了作为承载物的“铁粉、尸体、一车嫁妆”。其中⑦中的“带”不具有［+位移］的语义特征，可见，进入情况一的动词，由句式赋予了［+位移］的语义特征。也就是说，动词只要满足施事和受事的承载关系，就可以进入该种“从”字句的情况，不需自身具备［+位移］特征，即［±位移］。

2.2.2　进入图式二的动词

能够进入情况二的动词如果要满足“施事移动，介词宾语为经由点（经由点）”的要求，那么，第一，这种情况不需要出现受事，所以一价动词可以出现。第二，要满足施事移动的要求，动词必须具有［+位移］的语义特征。进一步观察下列例句：

⑧鱼群从近海逃脱。

⑨流星从空中划过夜空。

⑩我们从安徽经河南到成都。

例⑧动词“逃脱”为一价，具有［+位移］的语义特征，满足上文分析的条件。然而，例⑨、例⑩动词“划过”“到”为二价，［+位移］。但动词宾语并不是受事，所以仍然满足受事不出现的条件。因此进入情况二的动词，包括一价和二价动词。

2.2.3　进入图式三的动词

能够进入情况三的动词如果要满足“凭事移动，施事为出发点，受事为到达点”的要求，那么，第一，这种情况下的凭事常常为工具或视线、情感、声音等，这些凭事与施事有一种所属关系。如“晋灵公从台上弹人”，工具“弹丸”属于施事“晋灵公”，施事和受事移动与否与动作无关，动作“弹”只与工具的移动有关。由于施事、受事的共现，进入情况三的动词可以是二价动词。第二，因为该情况中动作与施事、受事的移动与否无关，所以动词具有［±位移］语义特征。第三，通过第一、二种限制，可分析出动词应满足的：与受事移动或静止无关，所以不具备移动性的三价动词也满足这一条件。进一步观察下列例句：

⑪大哥从心底里关心幺妹。

⑫儿子从楼下叫奶奶。

⑬主席从天安门上观看游行方阵。

⑭敌人从战壕中狙击我们。

⑮她从抽屉里给我一包烟。

例⑪动词“关心”为二价，隐含的凭事是“感情”，由哥哥的心底产生出来，“感情”属于施事“哥哥”，具有所属关系。例⑫中动词“叫”为二价，不具有移动性。例⑬“观看”为二价，“目光”的投射可以视为一种从眼睛发出的工具，“目光”从属于“主席”。例⑭中“给”为三价，具有移动性［部分三价动词的受事（间接宾语）具有客观移动性］。

2.2.4　进入图式四的动词

能够进入情况四的动词如果要满足“施事移动，介词宾语为参照点（起点）”：第一，因为受事不出现，所以一价动词可以出现。第二，“从”的介词宾语常常为起点，谓语动词后的宾语为终点，所以二价动词可以出现。第三，要满足施事移动的要求，动词必须具有［+位移］的语义特征。进一步观察下列例句：

⑯老李从原单位调离了。

⑰他们从北大毕业。

⑱老张从车间去了厂长室。

例⑯、例⑰的“老李”“他们”既是施事，也是受事，为施受同体。“调离、毕业”等可搭配施受同体的动词可以出现。动词“毕业”，一价，［+位移］。例⑱中“车间”与动词宾语“厂长室”构成施事移动的起讫点。动词“去”，二价，［+位移］。

上述由四种情况的意象图式总结的“从”字句中动词的出现条件，总结如表4所示。

表4　“从”字句中动词的出现条件

	位移	语义认知关系	一价	二价	三价
情况一	±	施事受事：承载关系		+	
情况二	+	施事介宾：经由关系	+	+	
情况三	±	凭事施事：从属关系		+	+

续表4

	位移	语义认知关系	一价	二价	三价
情况四	+	施事受事：施受同体 介宾动宾：起讫关系	+	+	

3 小结

本文由内及外，由小及大，首先对介词“从”的语块做了阐述，然后进一步讨论“从”的宾语、后置词，最后讨论了介词短语修饰的动词。本文讨论的现代汉语“从”字句的意象图式及其中动词出现的条件，均属于主谓句。通过讨论得到如下结论：进入“从”字句的动词，需要其具备［+位移］的语义特征时，某些不具备的动词可以通过前面添加趋向动词形成“来V、去V、过来V、过去V……”的形式，或带趋向补语形成“V出来、V进去、V起来……”的形式来获得［+位移］的语义特征，从而合格进入。另外需要补充说明的是，谓语中心动词为心理动词时，介词“从”常常可以与“打”互换，如“父亲从/打心里喜欢儿子”。

参考文献

储泽祥．汉语“在+方位短语”里方位词的隐现机制［J］．中国语文，2004（2）：112—122．

范晓．动介式组合体的配价问题［J］．营口师专学报，1996（1）：52—56．

陆俭明，马真．现代汉语虚词散论［M］．北京：语文出版社，1999．

陆俭明．构式与意象图式［J］．北京大学学报，2009．

邵敬敏．汉语语法的立体研究［M］．北京：商务印书馆，2000．

赵元任．汉语口语语法［M］．吕叔湘，译．北京：商务印书馆，1968．

（王川，语言学及应用语言学博士，四川大学海外教育学院讲师，研究方向为对外汉语教学。）

"A有B（这么/那么）C"结构的语义认知分析*

王　丹

摘　要：语法结构具有非任意性，我们往往可以从语义的角度找到相关理据。本文试图采用认知语言学的基本理论（包括背景图形理论、认知焦点、数量等级等）和学者的相关研究成果对"A有B（这么/那么）C"结构进行语义认知分析，从中可以看出认知心理对语言结构的影响和决定作用，具体体现在对主客体、比较维度和比较结果的选择上。同时，笔者相信将认知语言学的相关理论、研究方法和研究成果运用到教学实践中，对汉语作为第二语言的教学会有很大的参考价值和实践意义。

关键词：认知语言学；语义；维度；认知焦点

A Semantic-cognitive Analysis of Chinese Format "A You B (Zheme/Name) C"

Wang Dan

Abstract: Language grammar structure has the nature of non-arbitrariness, which means we can find some relative motivations from the semantic aspect. This article tries to make semantic-cognitive analysis for "A You B (Zheme/Name) C" in Chinese language

* 本文受教育部人文社会科学研究青年基金项目资助，项目编号：13YJC740092。

on the basis of cognitive linguistics principles and past research findings. The results of the study shows the critical influence on language structures exerted by cognitive psychology, which reflects on the option of subject-object, comparison dimensions and comparison results. It believes that those findings will help to improve CSL teaching practice.

Key words: cognitive linguistics; semantics; dimensions; cognition focus

1 引言

现代汉语中动词"有"的意义和用法十分丰富，《现代汉语八百词》将其分为三类，分别是表示领有/具有、存在以及性质数量达到某种程度。本文所涉及的"A 有 B（这么/那么）C"结构是其中用于表示比较、相似的小类，括号中的成分还可能有"这样""那样""这般""那般"或者省略。学者们曾对此进行过相关的研究，本文试图从认知语言学的角度进行梳理和探讨，相信这对将汉语作为第二语言的教学会有较大的参考价值和实践意义。

张豫峰（1999）曾将这个结构分成五个部分，笔者在其基础上做些调整和修改，以更有利于本文的研究：（1）比较主体 A，即下列例句中的"这花""谁（认得的人）""骑车""那个胡同"；（2）比较客体 B，即进行比较的参照项，如紧邻"有"字的"碗口""他认得的人""步行""这个屋子"；（3）比较的维度以及比较结果，前者即主体和客体相比较的认知域，下例中分别是"大小""数量""安全性"和"宽度"，在句中常常是隐含的，后者在例子中分别是"大""多""自由、安全"和"宽"等对维度的性质状态的描写；（4）比较词，即该结构的核心成分"有""没有"或者"没"；（5）比较值，即比较得出的量值，"这么""那么""这样""那样""这般""那般"，有时可以省略。

①这花开得有碗口那么大。（《现代汉语八百词》）

②谁有他认得的人那么多？（同上）

③骑车没有步行那么自由、安全。

④那个胡同儿也就有这个屋子这么宽。

虽然从句法形式上主体 A 和客体 B 在进行比较，但是不难发现比较的结果是主体最多只能达到B在一定认知域中的性质状态程度，因此有学者又将这种句式称之为与程度表达有关的句式。

2　对比较项的认知选择

相比较的A和B，固然有相异之处，但是要进入这个“有”字结构，被关注的更是相似相近“同”的一面，这样才具有可比的价值。但是这个“同”的一面到底是什么呢？有学者从句法层面分析，认为A和B主要是名词性词语，也有动词性词语，而语义上A和B是相互对应的，若A为物，B必为物；若A为事，B必为事，这种概括比较笼统。笔者认为外在的句法形式和上面所述的语义特征还不足以说明对比较的主体和客体的选择，还有更深层的关键性因素有待发掘。

2.1　认知域因素

A和B在句子中常具有相同的句法功能，如都是名词性或者都是动词性，或者它们的语义类型相同，即都表示人、事物、动作、时间、距离等，但仍然有下面这样的句子。

⑤两个水桶垒到一起，差不多有她那么高，足有百十斤重，过河绕沟的，路又不好走，担起来身子直摇晃。

⑥那些破烂的草屋，荒芜的瓦砾场，以及臭水沟和苦难的日子，仿佛已经离开我们足足有两千多年那么遥远！

⑦她以一种行家里手的口吻评估道，我见过的贼车多了，可没一辆能有它那么新。

例⑤中比较主体“两个水桶”和客体“她”都是名词性成分，但是语义类型不同；例⑥的比较主体“日子”和客体“两千多年”分别是名词和名词性词组，语义类型也不相同；例⑦中比较主体和客体的句法功能不一致，但却具有相同的语义类型。可见表比较的“有”字句在实际应用中，它的表层结构是多样的，比较主体和客体之间不存在句法和语义类型上的对称关系，那么制约主客体选择的因素到底是什么呢？

例⑤中的主客体首先是有关联的，从上下文可以看出，“她”正挑着两个水桶，因为水桶太高太重，让“她”摇摇晃晃，因此语言使用者很自然地就用水桶和“她”进行比较。在句中有两个可供比较的维度，即三维空间中的高度和重量，但这里只有高度体现在了"有"字结构中，具体原因将在下一节进行分析和解释。比较的维度是表面的，是我们可以推断的，根本的是人认识客观世界的方式，人在认识过程中事实上形成了诸多隐性的"域"，而具有相同认知域（cognition domain）的主客体才能进入"有"字的比较句，共同的认知域可以使句法功能和语义类型完全不同的主客体"联姻"。不仅是具体名词，抽象名词也有共同的"域"，例⑥"日子"和"两千多年"的共同认知域是时间的长度，例⑦主客体的共同认知域是速度。这些认知域在句子中常常是隐含的，显现的情况比较少见，如果将其增添出来，反而会觉得多此一举。例如：

④* 那个胡同儿（的宽度）也就有这个屋子这么宽。

⑤* 两个水桶垒在一起，（高度）差不多有她这么高，足有百十斤……

⑦* 她说话（的速度）有我这么快。

有的句子增添认知域之后，接受度更低，在母语者看来根本就不能说，如：

⑥* 那些破烂的草屋，荒芜的瓦砾场，以及臭水沟和苦难的日子（的时间长度），仿佛已经离开我们足足有两千多年那么遥远！

在"有"字句中有一个不可或缺的成分，就是对认知域性质状态的描写C，认知域与C的关系有松散的，也有非常紧密的，程度各有不同。从理论上说，同一认知域可以包括一种或者好几种性质状态，一个性质状态可以只属于一个也可以同时属于不同的认知域。但在例④、例⑤、例⑥中，"宽""高""快"在人们的认识中已经很自然地与宽度、高度和速度联系在一起，不过还没像例⑦中那么紧密。认知语言学认为，人是从自己的身体经验出发来理解客观世界的，人经历生命的始终也就像一段距离那样有了开始和结束，具有了长短的认知域，这个概念隐喻（根隐喻）在很多语言中都有体现，而隐喻也成为人类认识世界的内在方式。类似的例子还有：

⑧雌性章鱼产卵达 32.5 万颗，每粒卵的大小有半个大米粒那么大。

这个句子也是可以接受的，不过去掉"大小"的话会显得更经济简练。值得注意的是几乎没有认知域必须在句中显明的情况，要么可以通过上下文推断，要么就是比较结果对认知域的刺激作用，笔者将在 4.2 中进一步分析说明。

2.2 认知焦点的凸显

人在观察事物的时候，如果对同一事物的注意焦点不同，观察结果很可能会迥异，著名的花瓶和人脸辨识的心理实验就能很好地说明这个问题。“图形”是人注意的焦点，而“背景”则是人注意的次要信息，可以被忽略，两者之间的具体内容能相互交替转换。

2.2.1 焦点新信息

在表比较的“有”字结构中，比较主体是已知的旧的信息，而客体及其性质状态则是理解的“图形”，是焦点新信息，因此在语调中可以重读，如下列句子中的字迹加粗部分：

⑩他的腰身有**柳条**那般柔软，可随意弯曲。

⑪实验园地的南瓜长得有**排球**那样大了。

如果客体和比较结果位置比较接近的话，选择其中之一重读即可。

2.2.2 比较主客体的省略

前面已经谈到了从认知域的角度解释比较主、客体在句法结构和语义类型方面的不对称，本小节将从认知焦点上做进一步探讨。先看主、客体的部分省略情况：

⑫据东海说：杨真的脸肿得有常人两个那么大，身上已经开始溃烂了 。

⑬他去图书馆次数没有我多。

⑭他的手机哪里有我的那么好？

它们的完整形式应该是：“常人两个脸”“我去图书馆次数”“我的手机”，但上述三个例子是完全可以接受的。人们的注意焦点往往就是语义的重点，在例⑫中，注意的焦点是“两个”这般大小，而不是“脸”；例⑬的注意焦点是“谁”去图书馆的次数，不是去图书馆这个动作；同理，例⑭的注意焦点自然是“谁的”，并非“手机”本身，因此语义重点自然就落在数量短语和人称代词上面。根据焦点理论把例⑭改造成下面这个句子，依然是成立的。

⑭* 他的手机哪里有电脑那么好？

在这里，“手机”“电脑”就是比较的焦点了，是“谁的”无关紧要。因此这印证了“图形背景”的理论试验，“图形”和“背景”可以相互交替，当认知焦点转移时，语义重点也就随之改变。主、客体完全省略的情况有的与语境密切相关，特别是主体的省略，但客体的省略除了上下文影响之外，还与其他因素相关。笔者将在第3小节进行相关论述。

2.3 隐喻

我们时常可以发现主、客体语义类型完全不同的"有"字句。如：

⑮我们青年人的胸怀要有大海那样宽阔，我们要像初升的太阳那样永远朝气蓬勃！

⑯她想象的人的声音可能像一些灰白的软软的虫子，有蚕或柳叶那么大，有时愉快有时缓慢。

认知语言学为隐喻学的研究提供了新的视角和理论基础，促使隐喻学的研究从修辞学转向了人类认知研究，无所不在的隐喻已经成为人们认识世界、理解世界的一种内化方式。我们可以通过客体B来认知抽象的主体A，通过"有"字的系连将B的性状投射到A上，让A不可言说的特性更具体更清晰地显现出来。例⑮中"大海"让我们在大脑中更清楚意识到青年人胸怀宽阔的程度，而例⑯中对人的声音的感知是通过"蚕或柳叶"来完成的，还建构了非现实的认知域"大小"，声音在此被赋予了有形的视觉特征，虽然"她"无法从听觉上构造声音的概念，但却在虚拟的认知域中得以重建。

3 表示比较的"有"字与数量等级

核心成分"有"最初表示领有，但本文分析的"有"字结构已经发展为含有表示程度的意味。语言是人类对外部世界概念化的结果，人的头脑并非对客观世界进行直接反应，而是掺入了人的主体知觉和主观认识，要研究语言结构，就要找出背后的认知基础和概念化方式，这是认知语言学的理论前提之一。因此语法结构是非任意性的，语法的演化往往可以找到相关的理据。石毓智（2004）从社会因素方面入手，从社会平均值的角度解释了具有程度义的"有"+名词这一短语中对抽象名词的语义限制，认为这些抽象名词加了"有"之后获得了形容词的语义和句法的特点。而本文所论述的"有"字结构从语义上来讲也是如出一辙，不过两种结构对可以用在"有"字后面成分的具体要求有所不同。

对于"有"字短语的名词所指的事物，凡是以社会平均值为计量起点的，有关短语才具有程度义；而凡是以0为计量起点的，有关短语则没有程度义（石毓智，2006：378）。语言能力是合成的，对数量的认知能力是语言合成的基础之一，数量的语义特征对语法的影响非常深刻。在本文所论述的“有”后面的成分，从句法和语义上都没有绝对的限制，我们在此可以从“有”字本身进行相关说明（为方便起见，将“有”＋名词的短语结构记为“有”＋M）。

“有”＋M中抽象名词的认知域及其性状程度已经内化其中，抽象名词具有了被评价的意味，被附上了主观化的色彩，偏离了社会平均值，“有”相当于将名词形容词化的词缀，因此这个结构也就有了形容词的语义和句法特征。而在本文的“有”字结构中，从比较客体B本身还看不出计量的起点，比较的结果C才是计量值的最终体现，“有”的主要作用还是将比较的客体B焦点化。正因为如此，不仅客体可以由具体名词、抽象名词、动词性成分充当，而且句法成分和语义成分都能与主体不匹配。虽然单单“有”本身还不完全具备程度的含义，但毫无疑问整个结构是体现了程度意味的。

我们在实际语言生活中常常会看到“有”后面缺乏比较客体的情况，即“A有那么C”，如下面的例句：

⑰您说，能有这么巧吗？

⑱所以我疑心他的原名是“平福”，平稳而有福，才正中乡绅的意，对于“复”字却未必有这么热心。

⑲这一次看歌剧演出对儿子的影响竟有那么大，以至古诺从此感到有了一个固执而崇高的目标，他用了毕生的精力在追求这个目标，并取得了成功。

⑳这位差一年就将毕业的高中女学生眼前的道路有那么长，长得可能连她自己都没有意识到。

笔者认为这四句话中比较客体的省略是各异的。例⑰、例⑱的客体，可以根据上下文补充出来，但例⑲、例⑳却不可以。笔者认为对数量的认知是有等级的，“对儿子的影响”“眼前的道路”其数量程度都达到了最高限，因此很难找出相比较的客体，如果我们生硬地加上比较客体，反而会降低数量的等级。

4　对比较结果的选择

4.1　比较结果的有无标记用法

比较结果C常常由形容词性的成分充当，也有表示心理活动的动词性成分，但情况比较少。我们在观察"有"字结构时，会发现可能带有歧义的句子，如：

㉑乌岭镇管辖的地盘差不多有半个小县那么大。

但就这句话本身，我们无法知晓作者是想表达乌岭镇的范围非常大，还是只是想客观叙述乌岭镇的管辖范围而已。我们认为出自比较结果是有标记还是无标记。形容词"大""小"之间的关系绝非仅是一对反义词那么简单，在现代汉语中"大"既可以表示有标记，也可以表示无标记，而"小"仅仅是有标记的形容词。

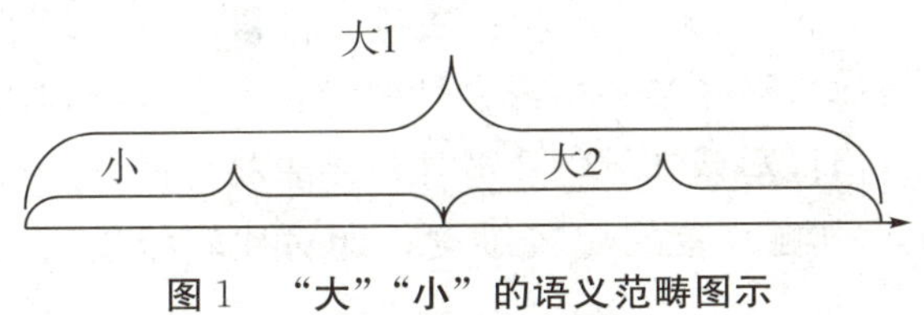

图1　"大""小"的语义范畴图示

从图1我们可以很清楚地看到，"大"事实上有两个范畴，"大1"包括了"小"和"大2"的语义范畴，此时它的表现是无标记的，在例句中表示乌岭镇的管辖范围；而当例句的意思要表达镇子的范围非常广的时候，就表现为有标记的"大2"，与"小"意思相对。同样的，我们可以用标记理论来分析以下的三个例句（转引自张豫峰，1999）：

㉒她的腰竟有水桶那么粗。

㉓她的腰有小王那么粗。

㉔她的腰只有柳条那么粗。

很有意思的是，不管"她"的腰是粗的还是细的，我们都可以用"粗"来表示比较结果。我们一般将一对反义形容词中量度大的、程度高的或者表示积极意义的一方视为兼具有标记或无标记的单位，而另一方仅具有有标记的特性。"粗"作为量度大的一方与"大"的性质一致，也记作"粗1"和

“粗2”。在例㉒中比较的客体作为焦点新信息已经很清楚地表明了她的腰绝不是“细”，在图示中是偏向右向发展的，此时的“粗”倾向于有标记的“粗2”；例㉓同例㉑有两种理解，因为语境的缺乏使我们单从比较客体无法明确比较结果，存在歧义；而例㉔就是表明腰“细”，“粗”在这里属于无标记的“粗1”，不过因为“粗1”和“细”的真值条件一致，在此有重合之处，因此我们可以将例㉔说成：

㉔* 她的腰只有柳条那么细。

在对外汉语教学中，针对不同母语的第二语言学习者，不同的语言对性质状态的概念化方式不一致，形容词有无标记是不能一一对应的。教师应当有意识地进行句子成分的语义说明和对比，避免学生出现母语负迁移的二语习得偏误现象。

4.2 比较结果对比较维度的认知刺激

主、客体的比较维度有时可以不止涉及一个，也就是说认知域的数量可以大于1，事物有大小、颜色、形状、质量、材料、长度、宽度、高度、体积等，而人还涉及体重、年龄、模样、性格等，主、客体相比较，它们的认知域可能有多个，但描写认知域性质的比较结果相对而言是有限的，我们可以根据比较的结果推测两者的比较维度，即对比较维度有认知刺激作用，例如：

㉕* ……但倪叔叔的脸哪有这样宽，这样圆，这样富态。

这句话的比较客体我们可以补充出来，说话人可能是在看一幅倪叔叔的肖像画。从三个形容词可以看出比较维度有宽度、形状和气质。不过认知域与主客体的依存度是不同的，这与认知域的显著度以及人们的使用频率相关。

5 小结

本文试图从认知语义的角度来解释表比较的“有”字结构中的一些现象，说明语义和语法的依存度，也说明语法结构是非任意性的，我们往往可以从语义的角度找到理据。这对第二语言教学来说具有重要意义。笔者在教学过程中发现了一些以往在汉语本体研究中忽视的问题，这些问题不是“习惯用法"，它们是可以被分析和解释的，我们应该自觉地将认知语言学的研究成果应用于教学中，这将大大增强语言教学的科学性和系统性，相信两者的联姻会碰撞出更多的火花。同时也要说明，本文鉴于材料的限制未将留学生的习得偏误进行列举及分析，希望在以后的研究中得到补充和完善。

附注

1 本文承蒙新加坡国立大学中文系石毓智教授的指导，谨致谢忱！

2 除非特别说明，本文的例句均来自北京大学汉语语言学研究中心 CCL 语料库网络版，网址 http://ccl.pku.edu.cn/，以及国家语委语料库，网址是 http://124.207.106.21:8080/。

参考文献

吕叔湘．现代汉语八百词［M］．北京：商务印书馆，1999.
沈家煊．现代汉语语法的功能、语用、认知研究［M］．北京：商务印书馆，2005.
石毓智．语法的概念基础［M］．上海：上海外语教育出版社，2006.
石毓智．认知能力与语言学理论［M］．上海：学林出版社，2008.
袁毓林．汉语语法研究的认知视野［M］．北京：商务印书馆，2005.
张豫峰．表比较的"有"字句［J］．汉语学习，1999（4）.

（王丹，博士，四川大学海外教育学院讲师，研究方向为第二语言习得与对外汉语教学。）

汉语和21世纪

王文虎

摘　要：本文从汉语的使用价值、汉语同国家命运的关系以及汉语的本质特点和优越性等方面，讨论了汉语的国际地位问题，预示了汉语在21世纪的美好前景。

关键词：汉语；21世纪；国际地位

Chinese and the 21st Century

Wang Wenhu

Abstract: From aspects of the useful value, the relation between China and Chinese, and the natural characteristics and superiority of Chinese, this article discusses the international status of Chinese, and previewed the good future of Chinese in the 21st Century.

Key words: Chinese; the 21st century; international status

一个人生活在世界上离不开大自然，离不开人类社会。大自然最重要的是什么？是阳光、空气和水。人类社会最重要的是什么？是语言。离开了阳光、空气和水，人就无法生存。失去了语言，人类社会就不复存在。对于一个人来说，语言就像阳光、空气和水一样，既平凡又伟大，人们每日每时都离不开它。

有一则故事说，远古的时候全人类都说着同一种语言。他们在大地上和平地劳动，幸福地生活。蔚蓝的天空那么辽阔、神秘，令人遐想。有人提议到天上去看看，大家都赞同。于是人们开始建造一个建筑，向天上攀登。建筑物越来越高，眼看就要到天上了。人们的行动惊动了上帝。上帝想，这怎么行呢？上帝想了个办法阻止人们到天上去。他让每个人说不同的语言。于是，突然之间人们发现自己的话别人听不懂，他们互相争吵，乱作一团。他们无法工作，无法合作。想到天上去看看的愿望只好作罢。从此，不同的地方不同的民族说着不同的语言。世界上就出现了成百上千种不同的语言。当然，这只是一个传说。那么，在世界各种语言中，汉语的地位怎么样呢？下面就来谈谈这个问题。

1　汉语目前的国际地位

衡量一种语言的国际地位，拿什么作标准呢？拿使用价值作标准。一种语言有使用价值就有地位，使用价值越大地位就越高。当然，有些语言早已消亡了，如梵语（公元前 4 世纪古印度语）、古埃及语（公元前 3000 年），现在已经没有人使用，失去了使用价值，但是还有不少专家、学者研究它们，这些语言对于认识当时的社会、文化有很重要的作用，它们具有研究价值。这是另一类问题。我们今天要讨论的是活着的语言的使用价值。

语言的使用价值主要包含这些方面：（1）使用人数；（2）使用地区；（3）使用频率（国际会议、外交、商贸、科技文化交流等）；（4）文化含量；（5）出版情况。

世界上现今存在的语言估计有 2000 多种，被联合国定为工作语言的只有 6 种：英语、法语、西班牙语、俄语、阿拉伯语和汉语。这 6 种语言被认为是国际通用语。拿上面所说的 5 个方面来比较这 6 种语言的使用价值，我们就不难看出汉语在国际语言中所处的地位。

先说英语。英语使用人数大约 3 亿，占世界总人口的 6%。除了英国本土，英语还通行于美国、加拿大、澳大利亚、新西兰等国。英语起源于英格兰岛，7 世纪时实行拉丁化才进入文明发展时期，有了文献记载，这大约是在中国唐朝时期。18 世纪末的工业革命使英国成为西欧的一个强国。19 世纪资本主义迅速发展并向外扩张，成为世界上最大的殖民帝国，它侵占的殖民地比英格兰本土大 150 倍。随着大英帝国的向外扩张，英语使用的人数、地区、频率都不断扩大，今天它已经成为流通最广的国际通用语，是当今国际外交、商贸、科技、旅游的主要用语。英语在许多国家享有第一外国语的地位。

法语使用人数约 1 亿，占世界总人口的 2%，主要通行于法国、比利时、瑞士、加拿大的魁北克省和非洲一些国家。法语在第一次世界大战爆发（1914 年）之前是国际通用语。当时的国际会议几乎都用法语，欧洲许多国家的宫廷和上层社会也使用法语。两次世界大战使法国地位降低了，法语也随之衰落，原有的地位被英语取代，在许多国家沦为第二外国语。

西班牙语使用人数约 2.5 亿，占世界总人口的 5%，分布在西班牙和拉丁美洲。在这个地区形成一个西班牙语国际集团，可是离开这个地区它就不通行了。

俄语使用人数约 1.5 亿，占世界总人口的 3%。它的使用地区横跨欧亚，西起波罗的海，东到萨哈林岛（库页岛），从地图上看空间最大，可是在国际上流通不广。

阿拉伯语使用人数约 2 亿，占世界总人口的 4%，是阿拉伯民族共同语，分布在亚洲西部和非洲北部 22 个阿拉伯国家和地区。阿拉伯语是西亚、北非的地区通用语，还是伊斯兰教国家和地区的宗教用语，有丰富的文化典籍。

汉语使用人数 12 亿，占世界总人口的 24%，是各种语言中使用人数最多的。除了中国大陆以外，中国台湾、香港地区，东南亚的新加坡、马来西亚也讲汉语。分布在世界各地的华侨华裔 3000 万人，他们一般在社交场合讲所在国语言，在家里讲汉语。许多国家，如美国、法国、日本、澳大利亚，都有中国人聚居的中国城、唐人街，在那里只要会说汉语就可以通行无阻，那里的建筑、装饰、风俗习惯同中国本土一模一样，使人感觉不出身处异国他乡①。中国有 5000 年的文明史，而且从来没有中断过。汉语是中国文化的重要组成部分，又是中国文化的载体。而汉字的一大功劳就在于它保存了悠久的中国文化，这是世界上最丰富、最完整的古老文化。世界上没有哪一种语言的文化含量比汉语高，在这方面，汉语是独一无二的。

在使用人数之多、文化含量之丰富两个方面汉语是名列前茅的，但在使用地区、使用频率、出版情况等方面却屈居英语之后。英语是当今世界上公认的第一通用语。汉语是目前国际通用语之一，但不是第一，这是客观事实。

---

① 《人民日报》1996 年 2 月 22 日第 3 版：南斯拉夫倡议在贝尔格莱德建筑唐人街。

2 迈向 21 世纪的汉语

为什么历史选择了英语而不是汉语作为国际第一通用语呢？换句话说，使英语成为国际第一通用语的原因是什么？原因有两个方面：一方面是外部原因，世界形势发展的需要，所谓“时势造英雄”；另一方面是内部原因，语言本身的优越性。

英语走上世界历史舞台，上升为国际第一通用语，是近三百年的事。在此期间，英国发生了工业革命，科学技术迅速发展，生产力急速上升，创造了资本主义现代文明，而且向外扩张。火车、轮船、飞机相继出现，世界上国与国之间的交往大大增多了。世界形势的发展需要有一种通用语，具有开放性优势的英语正好适应了这种需要。而中国正处于闭关锁国、停滞不前的明清时期，属于封建社会。本来，从远古到明代（17 世纪），中国文化一直居于世界领先地位，可是在近代却大大落伍了。落伍使国家衰弱了，人民穷困了。近百年来甚至遭受资本主义列强的侵略与欺凌，处于挨打的地位。语言同国家命运休戚相关。国家如此，语言何堪？考察历史，可以得出一个结论：一个国家一个民族要在世界上享有崇高的地位，必须要有强大的国力和卓越的文化（包括悠久的传统文化和先进的现代文化）。一种语言要在世界上享有崇高的地位，必须要有强大的国家和先进的科技作后盾。

20 世纪后半叶，特别是 80 年代以来，中国发生了巨大的变化。中国正集中全力进行现代化建设，发展经济。按照邓小平的设想，中国经济发展分三步走：第一步，在 80 年代翻一番，以 1980 年为基数，当时国民生产总值（GDP）人均 250 美元，翻一番达到 500 美元，解决 12 亿人口的温饱问题。这一步已经实现。第二步，到 20 世纪末再翻一番，人均达到 1000 美元，进入小康社会（丰衣足食，经济比较宽裕），这一步正在走。第三步，到 2050 年再翻两番，人均达到 4000 美元，人民生活达到中等发达国家水平。如果第三步目标实现，按当时 15 亿人口计算，国民生产总值将达到 6 万亿美元（美国 1987 年国民生产总值 4.46 万亿美元），这是一个巨大的数字。从综合国力看，那时候的中国将居于世界的前列，成为较强大的国家。

90 年代中国经济发展很快，每年的增长速度在 10%以上，居世界首位。1995 年，粮食、棉花、肉类、煤炭、水泥、电视机、棉布总产量世界第一，钢、化纤、发电量世界第二。对外贸易总额 2800 亿美元，进入世界十大贸易国之列。实行了5天工作制。人民生活水平显著提高。曾经来中国留过学，如今再次来到中国的留学生，对中国发展之快、变化之大无不感到惊讶，也无不为之欢欣鼓舞。

中国发展了，世界各国同中国进行的外交活动更频繁了，同中国的贸易也扩大了，同中国的科技文化交流更广泛了，到中国旅游的人数也增长了。要同中国交际离不开语言作桥梁，而最便捷的语言当然是汉语。汉语的使用价值得到了空前的提高。在世界范围内出现了学习汉语的热潮，这就是"汉语热"。

当今世界，经济发展最快、最活跃的地区是亚太地区——亚洲及太平洋地区。在亚洲有四个经济发展最快的国家和地区，即所谓"四小龙"——中国香港、中国台湾、新加坡和韩国。香港于1997年7月回归中国；台湾终将与大陆统一；新加坡是华人国家；韩国同汉字汉文化关系密切。此外，马来西亚、泰国的经济正在起飞，那里也有不少华人讲汉语。这些国家和地区的经济发展将促进中国的经济发展，从而使亚太地区的经济发展进入一个新时期。所以有人说，21世纪是亚太世纪，21世纪是中国世纪。随着中国经济的发展，汉语的使用价值将越来越大，汉语的国际地位将越来越高，这是毫无疑问的。

语言是交际的工具。要被人们选作国际通用的交际工具，还要看这种语言本身有没有优势。汉语有什么优越性呢？

汉语的语音构成单纯，只有400多个音节，加上声调，一共才1200多个音节，音节数目比较少。每一个音节至少包含一个元音，读音比较响亮。近年来，运用语音合成技术，电脑发展到语音识别阶段。这就是说，直接输入语音，电脑屏幕上马上可以转换成文字。同别的语言相比，汉语的音节数量少，音节的响亮度大，这就使它比别的语言输入电脑更便捷。

汉语的一个音节由声母、韵母、声调三部分组成。一个汉字的读音就是一个音节。汉字输入电脑时用双拼法击键两至三次就完成一个汉字的输入，通过"联想"还可以带出许多词语。汉字输入电脑的速度平均比别的语言快三分之一。

数学的观点认为，点、线、面，储存信息，点小于线，线小于面，面是最大的。所有拼音文字只构成线条，汉字则构成一个个平面，所以汉字储存的信息量是最大的。

日本专家最近的一次研究表明，大脑对汉字的反应速度要比假名（日本表意文字）快3倍。被检测者看到汉字单词0.1秒后，脑神经就活动起来，而看到假名单词0.3秒后大脑才开始活动。所有被检测者都是如此。日本专家经研究认为，人们认识假名单词需要3个阶段，从画面到声音，然后到意思，而汉字单词不需要声音转化过程，从字形就可以直接理解意思，所以识认的速度就要快得多①。

汉语的另一个优点是简练。用极少的文字可以表达极其丰富的意思。人们发现，联合国文件的各种语言翻译文本中，汉语的篇幅是最少的。

同拼音文字相比，汉字还有一个很大的优点，它能够超越时间和空间的限制，使中国的古代与现代联系起来，东西南北中沟通起来。古今汉语字音差别很大，但字形相当稳定，没有太大的变化，字义的变化也比较小，所以两三千年前的古书今天一般的中国人还能部分看懂。如果古书是用拼音文字写的，现代人就根本无法理解了。中国国土辽阔，人口众多，方言语音差别很大，甚至导致人们彼此不能通话，造成交际困难，可是写成汉字，互相都能了解。祖国大陆出版的图书，海外出版的图书，除了繁简字、一些词语含义有差别之外，彼此都能看懂。不懂日语的中国人同不懂汉语的日本人，彼此不能交谈，可是用笔谈的办法写出来，大致的意思都能懂，就是因为日文里有1945个常用汉字，而汉字有跨越时空的优点，道理是一样的。

由于汉语有这些优势，所以近年来有的专家说，21世纪，人人都应该学习汉语！英国伯明翰大学语言学家约翰·辛克莱尔最近撰文指出："在未来语言世界里的'领袖'名单上还有汉语。"由于汉字有这些优势，所以香港著名学者安子介先生在《解开汉字之谜》一书中认为，汉字是中国人的第五大发明！

21世纪是科技大发展的世纪，是信息世纪，是电脑世纪。要想在21世纪争得强国的地位，必须发展科技，尤其是高科技。发展高科技离不开电脑，离不开语言。什么语言是最好的电脑语言呢？随着汉字输入电脑技术的发展，人们越来越认识到汉字的优势，于是有人提出：应该把汉语选作输入电脑的首选语言！

当然，科学技术研究的成果还要经过实践的检验，进而变成人们的共识为人们所接受，这还有一个漫长的过程。我们不能预言，在21世纪汉语能不能上升为国际第一通用语。但是，有一点可以肯定：随着中国综合国力的

① 《人民日报》1996年1月11日第7版：日本专家证实汉字具有优势。

增强、科学技术的进步，汉语在国际生活中将具有越来越重要的地位①。

3 余论

以上笔者从理论上讨论了汉语现在的地位，预示了汉语将来的发展。汉语的未来是美好的。借用一句成语可以说是“前程似锦”。下面我想换一个角度，从现实生活、从我个人的切身感受来谈谈这个问题。

首先，说说汉语在埃及。40 年前，汉语在埃及几乎是一片空白。1958 年埃及创建中文专业，可是时间很短，1962 年就中断了。1977 年重建中文系，一直到现在。自 1981 年以来已经毕业了一百多人。有的取得了博士学位，留校作老师，走上了汉语教学第一线；有的在中国驻埃及使馆、新华社工作；有的在商贸、建筑公司做翻译；有的在旅游公司作导游。通过他们的劳动，中国文化和埃及文化得到了广泛的交流，中埃双方的友好合作和传统友谊得到了发展与开拓。汉语这棵友谊之树开始在尼罗河畔、在埃及的土地上扎下根来，而且枝繁叶茂，正在茁壮成长。繁花似锦、硕果累累的明天是可以想见的。想到这一点，我们中国汉语教师就感到特别高兴，感到莫大的欣慰。我自己三次来语言学院中文系任教，前后一共 6 年时间，按照中国规定 60 岁退休，我在这里 6 年，也就是说，我把十分之一的年华奉献给了埃及，奉献给了语言学院中文系，奉献给了诸位同学，奉献给了埃及的汉语教学事业。虽然有时候也感到寂寞，感到不便，感到苦恼，但更多的是感到荣幸！

其次，我要说说这次来埃及在路上的一点感受。从香港到曼谷，我乘坐泰国航空公司的飞机。飞机起飞时，我听到了泰语广播，听到了英语广播，紧接着，出乎意料，我听到了汉语广播。当时，我真是又惊又喜，又亲切又感动。在外国航空公司的飞机上听到汉语广播，我是生平第一次！不仅如此，飞机上还有一位“空姐”会讲汉语。于是，一路上我很顺心很舒心地到达了目的地。这是一件大好事。这说明飞机上的中国人多起来了，说明汉语的使用范围在扩大，汉语的国际地位在提高。我相信，再过一些年，来埃及的中国人将逐渐增多。总有一天，埃及航空公司的班机上也将会出现汉语广

---

① 《成都晚报》2006 年 4 月 9 日第 14 版：联合国《2005 年世界主要语种、分布与应用力调查》，汉语排在十大语言的第二位。

播，出现会讲汉语的“空中小姐”!

汉语正在走向世界，我们祝福它!

附注

①1996 年 5 月，为庆祝埃及、中国建立外交关系四十周年，开罗艾因·夏姆斯大学语言学院中文系举办了第 16 届中国文化周，召开了第一届汉语学术讨论会，并将提交讨论会的部分论文结集出版了纪念专号——埃及《语言学报》第 134 期。本文就是其中的一篇。岁月沧桑，自那时以来，中国发生了震惊世界的变化，埃及的汉语教学又有了长足的发展，这一切无不令人欢欣鼓舞。今天重新发表此文，使我们有机会回望历史的足迹，重温珍贵的记忆，从而更加满怀信心，奔向未来。因为，我们深知：要使汉语在 21 世纪成为一种真正意义上的国际通用语，我们必须加倍努力!

参考文献

陆云彬. 论邓小平的发展战略思想 [J]. 新华文摘，1994 (11).

世界诸语言 [M] //中国大百科全书总编辑委员会. 中国大百科全书·语言文学. 北京：中国大百科全书出版社，1988.

王梦奎. 社会主义现代化事业跨世纪的宏伟纲领 [J]. 新华文摘，1995 (12).

周有光. 汉语的国际地位 [J]. 语言教堂与研究，1989 (2).

(王文虎，四川大学海外教育学院退休教授，主要从事对外汉语教学和四川方言研究。)

浅谈语言测验的取向*

——语言能力

王　燕

摘　要：本文通过分析语言知识和语言能力的区别和联系，以及语言测验发展的三个重要阶段：书面语测验、分立式测验和综合技能测验，重点阐述语言测验的主要目标是科学地测量出学习者的语言能力，从而为学生的汉语学习水平提供一个客观、准确而全面的衡量标准，也为教学提供良好的指导。

关键词：语言测验；语言知识；语言能力

The Orientation of Language Testing: Language Ability

Wang Yan

Abstract: This paper analyzes the difference and relation between language knowledge and language ability, and three important stages of language test development: the written test, split test and comprehensive ability test, then expounds that main target language test is the scientific measurement of the learners' language ability, which can not only provide the objective, accurate and comprehensive measurement for students' Chinese

* 本文为四川大学青年教师科研启动基金项目，项目编号：skq201335。

learning, but also a good guide for teaching.

Key words: language testing; language knowledge; language ability

1 引论

语言测验是一种工具，它的作用是科学地测量出学习者的语言能力。这里所说的“语言”指的是人的和语言有关的心理活动，也就是使人能够说出和写出一些话的心理能力，即语言能力。那么这样看来，语言能力和人的任何其他心理能力一样，都是大脑的活动，是看不见、摸不着、不可直接测量的，语言测验的作用必然会受到削弱，达不到预期的效果。所以，多少年来人们一直寻找一种既能客观而准确地记录学生成绩，又能科学地度量学生运用语言能力的测验。

2 语言知识与语言能力

在语言测验中，若想科学测量出语言能力，离不开语言知识的测验。就语言知识本身而言，有明示的、有意识的知识（如语法规则），也有隐含的、直觉的知识（如感觉到那样说不对，但又说不出道理）。一般在教学中教师教的是明示的语言知识，考的是隐含的语言知识及综合语言知识的运用转换。由于这些孤立测量的隐含的语言知识和综合运用语言知识的实际语言能力仍有一段距离，所以近十年来，随着对外汉语的教学目标转为把语言作为一种交际能力的工具，语言测验的重点也从语言知识转移到语言知识的运用能力。但提法上还有不够全面的地方，好像语言知识和语言能力是可以分立的，其实语言知识不等于语言能力，但是语言能力包含语言知识，就像程序性知识包含陈述性知识一样。所以测验关心的不仅仅是能力，还有知识怎样上升为能力，如果考生缺乏某一方面的能力，可能是因为他缺乏知识基础，还可能是他已具有知识，不过知识未能转化为能力。

另外，从任意一份考卷的整体都可看出，高分者的知识是比较完整和全面的，低分者的知识是十分零碎的，得到中间分数者介乎两者之间。但是当我们考的是选择题，如果猜中了，那么 1 分就太多了，应少给一点；如果能力正好答对这个题，得 1 分恰好。另外，如果没有能力答这个题，做错了理应是零分，但是因为粗心答错了，得零分则太冤枉了，因此题目的分数往往不能正确反映被试的能力。还有听、说、读、写、译的能力都有效率（流利）性的差异，但怎样测量效率确实是问题。程序性知识执行得较快，且注意资源使用得较少，评估必须考虑到时间因素。目前的语言速度测验主要靠增加题量，使题量超过一般考生所能完成的限度，通过题量的完成数看效率，但是每一部分、每一个题目的效率却仍难以测量。

最后看一下概括能力，概括是知识和技能的延伸和转移，把阅读理解中的能力转移到听力理解，把口语能力转移到笔试，都是概括。概括能力的提高往往是语言能力提高的结果，但是在把部分的能力上升为整体的能力时，会出现所谓过度概括，即忽略了某些事例的特殊性。这在语言规则中是常常出现的。此外还有组合的程度、学习策略等问题。

从上述几方面看，要科学地测量语言能力的确有很多地方值得研究，不但要正确处理语言知识和语言能力之间的关系，更要有明确的编制能力测验的一套理论构想，然后依次编制测验，并检验测验结果在多大程度上符合构想的理论。

3　语言测验的发展阶段与语言能力测验

语言测验主要经历了三个发展阶段，测验的重点从语言知识逐渐转向了语言能力，并不断地改进，力求客观、准确和全面。

首先是传统书面语测验。语言教学要求学生读作家学者的作品，记忆语法规则，分析句子以及做外语和母语之间的互译，考试的形式大都是分析句子、翻译和写作。这种考试对完成当时的教学大纲，提高学生的语法分析、翻译和写作能力都发挥了应有的作用，是语言测试史上的一个重要阶段。但是这种考试从命题到评分大都主观性很强，题目覆盖的知识面狭窄，容量较小，还常带有命题者的偏见，因此有明显的片面性，当然不能很客观全面地衡量学生的语言知识和技能。另外评分也有很大问题，如用词、造句、篇章结构以及思想内容等缺乏科学准确的尺度来衡量，要靠阅卷人的主观判断，阅卷人的水平、好恶和偏见，都会或多或少地影响分数的高低。那时口语考试几乎是没有的，如果有就是自由交谈或者口头作文，那就更难以科学地评定成绩。所以传统的书面测试从总体上来说，用以评估考生的成绩，其可靠性是比较差的，更谈不上科学地测量语言能力。

其次是分立式测验。它的出现是受结构主义语言学的影响，改变了传统教学只重视书面语的弱点，认为任何语言都是由一套语法结构、语音系统和词汇构成的，如果人们掌握了这些，那么他就掌握了这种语言，所以外语教学应当由翻译文章、研究语法规则、分析句子转变到口语训练上来。拉多（R. Lado）根据结构主义语言学理论提出了一个语言研究的“对比法”，指出：母语和所学的外语在组织结构上有不少相同点和不同点，二者间进行对比分析研究，可以帮助外语教师和应用语言学家确定学习外语的人所要进入的“潜在问题区”，发现学习特别困难的那些语言单位。把这个结构主义的对比分析法应用于语言测试，在教学中所确定的疑难语言单位自然就成了分立式考试的项目。

分立式测验逐渐取代传统书面语测验，其主要优势是：（1）考题设计者可以在要测验的范围内选择确定从语音、词汇、语法等要素到听、说、读、写等技能的各种语言项目来测验学生。（2）分析对比法可以把较大的语言要素分成较小的单位，所以可以系统地组织设计详尽的测验项目。（3）因为这种测验是一个题目只测一个项目，所以评分比较客观，分数的可靠性高。但是后来人们又开始对这类分立式测试产生了一些疑问，他们认为：第一，水平测试的命题和评分都主观性很强，缺少客观的科学的标准；第二，分立式测试若没有严格的考试大纲遵循，即使用多项选择法，面对成千上万可测试的语言项目，也很难确定测试哪些就能判断出应考者的语言水平；第三，用对比设计的分立式考题有很大的局限性，不同母语的学生学同一种外语有一些相同的难点，但也有许多不同的难点。尤其是分立式测试不能很好地反映语言的实际应用，所以考分很难反映出应试者的语言交际能力。

最后是综合技能测验。1961 年哈佛大学教育心理学教授卡罗尔在“Fundamental Considerations in Testing for English Language Proficiency of Foreign Students”一文中第一次用了“综合法”这个术语，而这一术语在语言测验上就叫“综合技能测验”。在这篇文章中，他为综合技能测验列出了 10 个可以测验语言能力项目：（1）语言结构知识；（2）常用词汇知识和特指领域的词汇知识；（3）听能辨别力；（4）口头表达力；（5）阅读（主要指朗读）；（6）拼写；（7）听力理解的速度和准确度；（8）交谈中口头表达的速度和得体度；（9）阅读理解的速度和准确度；（10）书面写作的速度和准确度。

综合技能测试与分立式测试相比主要有以下 3 个优点：（1）综合技能测试最突出的一点是考察考生的实际理解和运用语言的能力。题目设计者不需要研究大纲，也不必了解课程的详细情况，因此这种测试最适于校外人主持的考试。(2) 综合技能测验放弃了与母语的各种对比因素，而集中考察所学语言的水平，所以命题评卷比较简便。(3) 试题的设计比分立式容易一些，所以在时间上比较节约。但是这种综合技能测验也是有局限和缺点的，若把它作为诊断性考试来检验学生的学习效果，发现学习中的薄弱环节，那就不如分立式考试有效。另一个缺点是，有时会出现被测试者语言能力不平衡状态。原因是当我们评估被测试者的语言水平时，不能只用一种语言技能做标准。如果他有一种语言技能特别弱，而其他三种都比较好，而这种特别弱的技能又恰好被列为重点项目来测验，那么测验结果就不能准确地反映他的总体语言能力。

4 小结

目前语言测验技术正在迅速地发展着。许多试题设计者、应用语言学家和语言教师都在研究和设计语言能力的测验，如美国的奥拉在加州大学洛杉矶分校试验用听写和完形填空来测试学生的语言熟练程度，他证明听写与完形填空同分立式测试之间的相关系数高于其他种类试题之间的相关系数，因此他认为听写和完形填空是测验学生语言能力的有效方法。

我国对外汉语教学界近二十年来也越来越重视语言测验问题，一方面制定教学大纲、考试大纲；一方面举行多种类型的考试，如 HSK、BCT 等。我们的试题几乎都是分立式和综合式两种，但是只有对语言能力的科学测试才能使语言测验更好地发挥它的作用，更客观、准确而全面地衡量学生的汉语水平，并为教学提供全面合理的指导。

参考文献

戴海琦，张锋，陈雪枫. 心理与教育测量（修订本）［M］. 广州：暨南大学出版社，2007.

桂诗春. 标准化考试——理论、原则和方法［M］. 广州：广东高等教育出版社，1986.

韩宝成. 语言测试：理论、实践与发展［J］. 外语教学与研究，2000（1）.

谢小庆. 关于 HSK 等值的试验研究［J］. 世界汉语教学，1998（3）.

杨自俭. 语言测试的发展［J］. 世界汉语教学，1992（4）.

张凯. 语言测验理论与实践［M］. 北京：北京语言文化大学出版社，2002.

Bechman，L. F. *Fundamental Considerations in Language Testing*［M］. Oxford：

Oxford University Press，1996.

（王燕，教育硕士，四川大学海外教育学院讲师，主要研究方向为课程与教学论、第二语言习得。）

字母 A，B，C，D 和汉语水平考试简称 HSK 的念法

王永场

摘　要：本文对比了 7 门拉丁字母系列语言中字母 A，B，C，D 和汉语水平考试简称 HSK（全称 Hanyu Shuiping Kaoshi）的念法，找出了优势念法的分布语言，并提供了念法选择的参照。

关键词：字母表；HSK；念法

Articulation of A，B，C，D and Chinese Acronym HSK

Wang Yongchang

Abstract：Making a contrast of the articulations of seven languages written in Latin alphabets，and showing the variety of the articulations of letters A，B，C，D and Chinese acronym HSK，this paper finds the articulations that have relatively large portion among seven languages，and gives some materials for reference to the choice of articulations.

Key words：alphabet；HSK；articulation

1　字母 A，B，C，D 之名称

统计显示，字母 A，B，C，D 的名称音由 7 门语言的 21 个音节表示。其中，法语、葡萄牙语念法/a//be//se//de/统计分布占 7 门拉丁字母系语

言第一位，但 7 门语言念法统一困难。在对外汉语教学中，我们采用汉语拼音字母念法时应充分注意到各国念法的差异。

1.1　总论

具有不同语言背景的留学生完成标准化多项选择填空练习题，必然会遇到 A，B，C，D 的选择问题，由于拉丁字母系列语言字母念法并不统一，按照谁的标准念，应该有个一致的看法。

为此，笔者比较了法语、葡萄牙语、英语、德语、意大利语、西班牙语、罗马尼亚语 7 门语言 7 个念法体系的字母念法，发现 C 念法歧异最多，有 7 个不同念法，其次是 B（5 个念法）、D（5 个念法），歧异最少的是 A，也有 4 个不同念法。

异同我们以国际音标符号为准。发音以“位”的聚合为主，比如 A 的 /a/舌位前央后合并记。而元、辅音长短、清浊须计入比较。

通过比较，可以发现，从在 7 门拉丁字母系语言中的分布数量上看，法语、葡萄牙语的念法相同并占优。从总体音节数量分布来看，7 国 7 个念法体系 21 个音节用于字母 A，B，C，D，离散度高，统一困难，法语、葡语相对占优。

有鉴于此，本文从目的语汉语教学的角度出发而不是从数量统计出发，提倡按照汉语拼音字母表字母名称音念法念汉语拼音字母。

1.2　分析

字母 A，B，C，D 哪种念法在 7 门语言 21 个音节里占优势呢？请看下面的统计表。

表 1　字母 A，B，C，D 念法分布表

字母	7 语最多念法	法语	葡萄牙语	英语	德语	意大利语	西班牙语	罗马尼亚语
A	/a/	/a/	/a/	/eɪ//e/	/ɑː/	/a/	/a/	/a/
B	/be/	/be/	/be/	/biː/ /bi/	/beː/	/bi/	/be/	/bɛ/
C	/se/	/se/	/se/	/siː/ /si/	/tsʰeː/	/tʃʰi/	/θe/	/tʃʰɛ/

续表1

字母	7语最多念法	法语	葡萄牙语	英语	德语	意大利语	西班牙语	罗马尼亚语
D	/de/	/de/	/de/	/diː/ /di/	/deː/	/di/	/de/	/dɛ/

表1反映了7门拉丁字母系列语言最占优势的念法是/a//be//se//de/。

从统计可看出，法语、葡萄牙语念法在7门拉丁字母系语言成组念法A，B，C，D里占优，西班牙语A，B，D成组念法占优，而英语与意大利语的B，D成组念法也占优。罗语A念法占优。

再将各音节的数量分布统计归纳如下：

表2 字母A，B，C，D念法分布数量统计表

音节	/a/	/ei/	/e/	/ɑː/	/be/	/biː/	/beː/	/bi/	/bɛ/	/se/	/ siː/	/si/	/ ts^heː/
语言	5	1	1	1	3	1	1	2	1	2	1	1	1
音节	/$tʃ^h$i/	/ɵe/	/ $tʃ^h$ɛ/	/de/	/diː/	/deː/	/di/	/dɛ/					
语言	1	1	1	3	1	1	2	1					

从数量可看出，以上21个音节在7门语言中的离散度很高，两门语言同的音节有3个，三门语言同的音节有2个，五门语言同的音节只有1个，这种情况势必成为多语场合念法不同的自然缘由。也就是说，不确定目的语，各按其既有的念法习惯念，很难统一。相对而言，/a//be//de//bi//se//di/数量大于1，即法语、葡萄牙语、西班牙语、英语意大利语相对占优。

有鉴于此，教师从汉语拼音方案教学角度按照汉语拼音字母念法念的时候，应注意各国留学生的不同念法与相对优势的念法。

2 汉语水平考试简称HSK的念法

7门拉丁字母系主要语言7组念法的对比显示，除了字母H念法数量平均外，字母S和K法语、西班牙语念法数量稍占优。但我们现有习惯是英语念法。

HSK哪一组念法在7门语言20个音节里占优呢？表3统计如下：

表 3　首字母缩略词 HSK 念法分布表

字母	德语	法语	罗语	葡语	西语	意语	英语	优势音	
H	/hɑː/	/a ʃ/	/ha/	/ɐga/	/a tʃʰe/	/akka/	/eitʃʰ/ /e tʃʰ/	无	
S	/ɛs/	/ɛs/	/se/	/ɛsə/	/ese/	/ese/	/es//ɛs/	/ɛs/	/ese/
K	/kʰɑː/	/kʰa/ / ka/	/ka/	/kapɐ/	/ka/	/kappa/	/kʰe/ /kʰei /	/ka/	

可以看出，H 各国念法不同，无相同的，无一个念法占优势；S 是德语、法语、英语和西语意语念法分别占优势；K 是法语、罗马尼亚语、西班牙语占优。S 和 K 两个字母均占优的是法语和西班牙语。即 H 念法平均，S 德语、法语、英语、西班牙语、意大利语，K 是法语、罗马尼亚语、西语。S，K 两个字母则法语西语。这样 H 任意念法加上 S 和 K 的法语、西语念法即优势念法/　//ɛs// ka/和/　//ese// ka/。

20 个音节的数量分布情况如下：

表 4　首字母缩略词 HSK 念法分布数量统计表

音节	/hɑ：/	/a ʃ/	/ha/	/ɐga/	/atʃʰe/	/akka/	/eitʃʰ/	/e tʃʰ/	/ɛs/	/ese/	/ɛsə/	/se/	/es/
语言	1	1	1	1	1	1	1	1	3	2	1	1	1
音节	/ka/	/kʰa/	/kʰɑ：/	/kapɐ/	/kappa/	/kʰe/	/kʰei/						
语言	3	1	1	1	1	1	1						

从 20 个音节在语言中的分布数量看，/ɛs//ese //ka/相对占优。

现在通行的念法是英语念法，因为普及率最高。汉语拼音字母念法除了 H 外 S，K 听起来类似英语念法，只是 K 辅助元音舌位低一点。而英语念法又在以上 7 门语言念法中有相对的优势，所以本文主张可以沿用汉语水平考试界习用了数十年的英语念法 HSK，尽管未涵盖所有语言。

（王永场，文学硕士，四川大学海外教育学院副教授，主要研究方向为汉语课堂教学。）

语法化理论在对外汉语教学中的适当运用

——以“把”字句为例*

徐　蔚

摘　要：在对外汉语教学中，可以合理利用语法化的研究成果来为对外汉语教学服务。文章以“把”字句为例，说明语法化研究对于对外汉语教学所具有的意义和价值。“把”字句的相关语法化研究成果不仅有助于进行“把”字句各种句型的选择和排序，也有助于解释“把”字句，从而提高教学效率。

关键词：语法化；对外汉语教学；“把”字句

Research on Application of Grammaticalization to TCSL：A Case Study of “把” Sentence

Xu Wei

Abstract：The achievement in grammaticalization on researches can be used in Teaching Chinese as a Second Language（TCSL）. This paper takes “把” sentence as an example to explicate that the achievements from grammaticalization on researches can play in TCSL. The achievements in grammaticalization researches can help us to teach grammatical items in a more reasonable sequence, and facilitate our explanation of “把” sentence. Besides, they

* 本文为四川大学中央高校基本科研业务费研究专项基金项目，项目编号：skq201121。

may also improve our efficiency of TCSL.

Key words：grammaticalization；TCSL；“把” sentence

1 引言

20 世纪 80 年代以来，语法化理论作为语言学中的一个重要研究领域逐渐成为一个热点。随着该理论在汉语语法研究中的引入，其研究范围不断扩大，不少学者对语法化的概念、语法化的动因与机制等进行了深入的探讨，取得了较为丰硕的成果。在对外汉语教学领域，也开始有一些学者主张引入语法化理论解决教学问题，如高顺全（ 2002）指出，研究动词虚化问题无论是在课堂教学方面还是在对外汉语教材编写方面都有帮助，他（2006）又以“了”为例讨论了对外汉语教学中语法项目的排序与语法化顺序之间的关系，认为语法化顺序、二语习得顺序都和认知过程有关，语言点的安排应该在语言点的使用频率和语言点难度的基础上充分考虑语法化顺序的因素。在此理论假设基础之上，高顺全（2011）以多义副词“还”为例，指出可以根据语法化顺序预测习得顺序，在描写了“还”的各个意义和用法的语法化顺序之后，依此构拟了其多个用法的习得顺序，最后通过中介语语料库的相关统计分析证明了语法化顺序和习得顺序的一致性。这种实证性研究从一定程度上证实了语法化顺序与习得顺序之间确实存在一定相关性。

管春林（ 2008）也认为语法化顺序和二语习得顺序都与人类的认知过程有着密切的联系，他以“所”字的语法化为例，说明了语法化研究成果对于对外汉语教学的价值。孙德金（2011）则认为在对外汉语语法教学中应慎用语法化理论，不能过分强调语法化研究对第二语言教学的作用，但如果在语法教学过程中能够处理好教学阶段与教学策略、教师知识与教学设计的关系，适当运用相关语法化知识也会对教学起到促进作用。笔者同意孙德金的看法，语法化理论为对外汉语语法教学注入了新的理论元素，在适当的教学阶段采取恰当的教学策略，将一定的语法化知识转化为可以实施的教学语法，可以提高教学效率，降低习得的难度。

2 语法化理论和对外汉语语法教学

语法化是现代语言学的概念，指的是语法范畴和语法成分产生和形成的过程或现象，最典型的表现是语言中意义实在的词汇或结构式演变成无实在意义，仅表语法功能的语法成分，或者一个较虚的语法成分变成更虚的语法成分。传统语言学中的“实词虚化”其实也是一种语法化，只是没有上升到理论高度。实词虚化的研究由来已久，元朝的周伯琦在 13 世纪的《六书正伪》中说：“大抵古人制字，皆从事物上起。今之虚字，皆古之实字。”这是最早的“语法化”的概念。法国语言学家梅耶（Meillet）在《语法形式的演变》（1912）一书中首次使用了“grammaticalization”一词来描写一个词语形式如何演化成一个语法标记。

近年来的汉语语法化研究主要包括两个方面：一是“基于词汇/句子”的历时语法化研究，即研究词汇语素是如何演变为语法语素的；二是“基于话语/语用”的共时语法化研究，即研究篇章成分或语用法是如何凝固为语法成分的。实词虚化实际上就是历时语法化研究，即指语言中意义实在的词转化为无实在意义，仅表语法功能的成分这一过程或现象。

语法化研究是一种“解释型”研究，其最大特色是从语言的历时变化来看语言共时现象，从语言演变的规律解释语法规则，寻找语言认知动因和语言变化对现代语言形成的作用。第二语言的语法教学讲授的主要是共时的语法规则，而这些语法规则从哪里来，它为什么会是当前这个样子，正是语法化研究所要回答的两个主要问题。因此，“解释”是语法化研究与对外汉语教学的一个结合点，将语法化研究的成果运用于第二语言教学是可行的。

对外汉语的语法教学，除了让学习者掌握语法规则以外，有时还需要解释为什么。教师教学的时候虽然不可能大讲语法理论，可以只对语法规则进行描写，告诉学习者“是什么”，但由于大多数学习者都是成年人，早已掌握了母语的语法规则，有成熟的逻辑思维，很多学习者不但想知其然，还想知其所以然，因此他们常常会提出“为什么”，即“为什么汉语要这么说，不那么说的问题”。这些就不是课本能告诉他的，需要教师对他进行解释。如果教师熟练掌握了相关的语言学理论知识，知道语法规则产生的原因，能恰到好处地说明“为什么”，就能促进学生对汉语语法的学习和应用。即使学生没有问“为什么”，教师心里明白“为什么”，也可以在教学中潜移默化地将“为什么”融入教学中，有利于促进教学，帮助学生掌握汉语语法规则。因此，教师可以在对外汉语教学中适当地运用一些语法化研究的成果。

3 “把”字句的语法化研究成果在“把”字句教学中的适当运用

将语法化研究成果运用于对外汉语教学主要包括两个方面：一是指导不同类型“把”字句在初级教材编写中的选择与排序或者指导教师对教材内容进行选用；二是对“把”字句的解释。

3.1 “把”字句的来源

关于“把”字句的来源，蒋绍愚（2005：136～155）对各家观点做了详细描述，其书中说，王力（1958）、祝敏澈（1957）、贝罗贝（1989）认为“把”字句产生于7世纪到8世纪之间，“把”字句来源于由动词“把”构成的连动式。在这个连动式里，“把”的宾语也是后面动词的宾语。贝罗贝（1989）认为“把”字句是通过语法化产生的，先有共时的变化：主＋动$_1$“把”＋宾$_1$＋动$_2$＋宾$_2$→主＋动$_1$“把”＋宾＋动$_2$，条件是宾$_1$＝宾$_2$；然后是历时的变化，通过语法化的过程，动词“把”变成介词“把”：主＋介词“把”＋宾＋动。陈初生（1983）认为“用介词‘以’字提宾的句式是处置式的更早形式，‘以’字提宾句式在西周金文中就出现了”。梅祖麟（1990）认为“处置式”的来源有三种：（1）先秦的“以”字句式；（2）在受事主语句前加“把”字；（3）省略重复的第二个宾语。梅祖麟所说的第一个来源与陈初生的观点一致，第三个来源和王力、祝敏澈、贝罗贝的分析是一致的，“把”字句是由带两个相同宾语的连谓结构中省略后一个宾语而成的。由上述可知，陈初生的观点是就结构而言，王力、祝敏澈、贝罗贝的观点是就“把”的虚化而言，二者着眼点不同。就“把”字句而言，“把”字句来源于由动词“把”构成的连动式，这是一致的看法。

3.2 教材对“把”字句的处理

“把”字句是对外汉语语法教学中的重要句式，研究成果颇多，但教材中对“把”字句的处理却不尽如人意，主要表现在以下两个方面：

第一，很多教材把本体研究的成果直接照搬过来。以北京语言大学对外汉语本科教材《汉语教程》第二册为例，第十二课的语法部分对“把”字句的说明如下：“‘把’的作用就是‘提宾’。提宾的目的是为了保持句子的平衡。因为在汉语的动词谓语句中，动词后边的成分不能太长、太复杂。而动词前面的状语可以很长、很复杂。这类‘把’字句表达通过动作使某确定事物（‘把’的宾语）发生某种变化或产生某种结果，这种变化和结果一般是位置的移动、从属关系的转移和形态的变化等。”第十三课语法部分列举了“把”字句的句式要求，包括以下几点：①主语一定是谓语动词所示动作的发出者；②“把”的宾语同时也是谓语动词涉及的对象，而且必须是特指的；③动词后面一定有其他成分，说明动作产生的结果或影响，“其他成分”指：了、重叠动词、动词的宾语和补语等；④否定副词“没（有）”或能愿动词应放在“把”前。

在实际教学中，这些规则一般都是直接让学生记住，只有说明而没有解释。一方面，“提宾”“保持句子的平衡”等说法比较抽象，没有或只有很少汉语语感的留学生是很难理解的；另一方面，“把”字句表示的语法意义，宾语“特指”，否定词“没（有）”和能愿动词要放在“把”的前边等规则是分别加以说明的，没有“一以贯之”的解释，这样就会让学生因“把”字句规则太多而生畏，从而出现“把”字句的回避现象。而且，学习者很容易产生一个疑惑：汉语是一种 SVO 型语言，为何会产生“S+把+O+V+其他成分”这样的句式呢？受事为何会跑到动词前面去了？如果学习者提出这样的问题，恐怕很多教师都会以“这是汉语的习惯”来搪塞。

第二，关于“把”字句的各种句型在教材中应该怎么进行选择和排序，已有很多学者从不同角度进行了研究。卢福波（2005）认为，对外汉语教学基本句型的排序依据，从教学和使用角度着眼，主要定位在三个方面：汉语句型习得的难度分析、汉语句型系统内部的相互制约因素、句型在实际语言运用中的使用频率。那么，根据这三个原则，“把”字句的各种句型在课本中应该怎么进行选择和排序呢？不同教材处理的方法也不同，下面以《汉语教程》和《新实用汉语课本》为例进行分析。

卢福波（2005）认为对外汉语教学中“把”字句一共有 12 个基本句型，可以分为 4 个阶段进行教学。根据她的分类，笔者对《汉语教程》第二册中第十二课、第十三课中出现的所有“把”字句做了一个统计，如表 1 所示。

表 1　《汉语教程》中的“把”字句统计（第十二课）

阶段	序号	句型	“把”字句数量	例句
第一阶段	1	S+（状）+把 NP+V+C（趋向）	2	小林还没把水仙花送来吧？
	2	S+（状）+把 NP+V+C（结果）		
	3	S+（状）+把 NP+V+C（介宾词组）	55	我们把它摆在了教室的前边。（“它”指圣诞树）
	4	（S）+请+把 NP+V+C（给+N）	28	我们想，到晚会上再把生日礼物拿出来送给她。
	5	S+（状）+把 NP+V+C（数量）	4	昨天下午服务员把教室打扫了一下儿。
	6	S+（状）+把 NP+V+O	1	我们还没把这事告诉她。
第二阶段	7	S+（状）+把 NP+V+了		
	8	S+（状）+把 NP+V（叠式）		
	9	S+（状）+把 NP+V+成/作+N2	24	我们把桌子摆成了一个大圆圈。
第三阶段	10	S+（状）+把 NP+V+得+C（情状）	3	（我们）用彩灯和彩带把它装饰得非常漂亮。
第四阶段	11	S+（状）+把 NP+状+V+着		
	12	S+（状）+把 NP+“一”+V，……		
			共计 117 个句子	

表 2 《汉语教程》中的“把”字句统计（第十三课）

阶段	序号	句型	“把”字句数量	例句
第一阶段	1	S+（状）+把 NP+V+C（趋向）	28	把它放上去吧。（“它”指箱子”）
	2	S+（状）+把 NP+V+C（结果）	51	我先把电池装上。
	3	S+（状）+把 NP+V+C（介宾词组）	2	请把这张桌子搬到楼上。
	4	（S）+请+把 NP+V+C（给+N）	1	我已经把那本书还给图书馆了。
	5	S+（状）+把 NP+V+C（数量）	10	把卡子扳一下儿就打开了。
	6	S+（状）+把 NP+V+O	13	请把护照和机票给我。
第二阶段	7	S+（状）+把 NP+V+了	9	（我们先去办理登机手续，）把行李托运了。/ 她把药喝了。
	8	S+（状）+把 NP+V（叠式）	3	快拿纸把它擦擦。（“它”指桌子）
	9	S+（状）+把 NP+V+成/作+N2	2	他们已经把鲁迅的这篇小说拍成电影了。
第三阶段	10	S+（状）+把 NP+V+得+C（情状）		
第四阶段	11	S+（状）+把 NP+状+V+着		
	12	S+（状）+把 NP+“一”+V，……	1	把这个插头往里一插就行了。
			共计 120 个句子	

由表 1、表 2 可以看出，动词后出现的其他成分，第十二课主要是“C（介宾词组）”“C（给+N）”“成/作+N”，这三个句型都是第一阶段和第二阶段的句型，除此以外，只有“得+C（情状）”是第三阶段的句型。第十三课出现的主要是“C（趋向）”、“C（结果）”、“了”、宾语，这四种都属于第一阶段和第二阶段，另外还有动词重叠式及“C（数量）”及“把 NP+‘一’+V，……”，只有后者是第四阶段的句型。

同样，笔者对《新实用汉语课本》第二册中第十六课、第十八课中出现的所有“把”字句也做了一个统计，如表3所示。

表3 《新实用汉语课本》中的“把”字句统计（第十六课）

阶段	序号	句型	“把”字句数量	例句
第一阶段	1	S+（状）+把NP+V+C（趋向）		
	2	S+（状）+把NP+V+C（结果）		
	3	S+（状）+把NP+V+C（介宾词组）		
	4	（S）+请+把NP+V+C（给+N）		
	5	S+（状）+把NP+V+C（数量）		
	6	S+（状）+把NP+V+O		
第二阶段	7	S+（状）+把NP+V+了	27	（我们上楼去，）先把借书证办了。/我把书还了。/他把他的药吃了。
	8	S+（状）+把NP+V（叠式）		
	9	S+（状）+把NP+V+成/作+N2		
第三阶段	10	S+（状）+把NP+V+得+C（情状）		
第四阶段	11	S+（状）+把NP+状+V+着		
	12	S+（状）+把NP+“一”+V，……		
			共计27个句子	

表 4 《新实用汉语课本》中的“把”字句统计（第十八课）

阶段	序号	句型	“把”字句数量	例句
第一阶段	1	S+（状）+把 NP+V+C（趋向）	12	把名片拿来。
	2	S+（状）+把 NP+V+C（结果）		
	3	S+（状）+把 NP+V+C（介宾词组）		
	4	（S）+请+把 NP+V+C（给+N）		
	5	S+（状）+把 NP+V+C（数量）		
	6	S+（状）+把 NP+V+O	13	请把包裹通知单给我。
第二阶段	7	S+（状）+把 NP+V+了	1	我把包裹通知单忘了。
	8	S+（状）+把 NP+V（叠式）		
	9	S+（状）+把 NP+V+成/作+N2		
第三阶段	10	S+（状）+把 NP+V+得+C（情状）		
第四阶段	11	S+（状）+把 NP+状+V+着		
	12	S+（状）+把 NP+“一”+V，……		
			共计 26 个句子	

由表 3、表 4 可以看出，动词后出现的其他成分，第十六课只有一个“了”，是第二阶段的句型。第十八课出现的是“C（趋向）”和宾语，都属于第一阶段的句型。

我们来比较《汉语教程》（以下简称《教程》）和《新实用汉语课本》（以下简称《新实用》）中“把”字句各种句型的选择和排序。首先，从数量上看，《教程》共有十一个句型，《新实用》共三个，前者明显要多得多，这与两套教材的教学对象和教学目标有关。《教程》是对外汉语本科系列教材，教学对象是全日制学习汉语的学生，《新实用》是为以英语为母语或媒介语的学习者编写的教材，供大学汉语课（一般是选修课）使用。因此从选择的“把”字句句型数量上看，前者多于后者是合理的。其次，从排序来看，《教程》的十一个句型中，有两个属于第三、第四阶段的句型，分别是“S+（状）+把 NP+V+得+C（情状）”和“S+（状）+把 NP+“一”+V，……”，这两个句型的例句难度并不太大，其他均属于第一、第二阶段。《新实用》选择的三个句型均是第一阶段和第二阶段的句型。最后，值得注意的是，卢福波把“S+（状）+把 NP+V+了”列入第二阶段，两套教材也都选择了这个句型，尤其是《新实用》首先出现的就是这个句型。这个句型从表层结构来看似乎很简单，动词后面只有一个“了”，但实际上学习难度并不小。不是所有动词都能进入这个句型，刘永华（2001：366）认为能进入的一般是具有“消失”或“破坏”义的动词，如“吃、喝、丢、扔、卖、关、忘、洒、戒”等。除此以外，他（2001：736）还认为：“有时如果一件事是听说双方都知道要做或会做的，也可以用这个句型，这种句子可以补出一个补语。”《教程》中的例句如“（我们先去办理登机手续）把行李托运了”“她把药喝了”，《新实用》的例句如“（我们上楼去）先把借书证办了”“我把书还了”“他把他的药吃了”。其中“把行李托运了”和“先把借书证办了”是祈使句，“托运”“办”这些动作尚未发生，而“她把药喝了”“他把他的药吃了”是陈述句，“喝”“吃”的动作已经完成。“我把书还了”中“还”是否发生要看上下文语境，如果是“你去图书馆做什么？——我把书还了”，“还”未发生；如果是“你刚才做什么了？——我把书还了”，“还”已完成。这对于学习者来说很容易混淆，而且能进入这个句式的动词本就有限，处于初级阶段的学生词汇量又很少，因此笔者认为《新实用》中的“S+（状）+把 NP+V+了”出现过早，《教程》中在“把”字句语法的第二课出现虽然可以接受，但是课本中未对能进入这个句型的动词语义予以任何说明，需要教师在教学时进行补充和说明。

3.3 “把”字句的语法化成果在“把”字句教学中的运用

3.3.1 初级教材编写中“把”字句的选择与排序

根据卢福波的观点，对外汉语教学基本句型排序要考虑汉语句型习得的难度、汉语句型系统内部的相互制约因素以及句型在实际语言运用中的使用频率。高顺全的研究在一定程度上说明了习得顺序和语法化顺序之间确实存在着一定联系。因此，语法化的研究成果对于教材中基本句型的选择和排序是一种有价值的参考依据。按照高顺全的观点，习得顺序应与语法化程度成正比关系，即语法化程度较低的语言成分比语法化程度高的语言成分较容易习得。

综合考虑以上各种因素，笔者认为对外汉语初级阶段的语法教学中，“把”字句的各种句型可以参考表 5 中的顺序进行选择和排序：

表 5　初级阶段“把”字句句型的选择和排序

阶段	序号	句型
第一阶段	1	S+（状）+把 NP+V+C（趋向）
	2	S+（状）+把 NP+V+C（结果）
	3	S+（状）+把 NP+V+C（介宾词组）
	4	（S）+请+把 NP+V+C（给+N）
	5	S+（状）+把 NP+V+C（数量）
	6	S+（状）+把 NP+V（叠式）
第二阶段	7	S+（状）+把 NP+V+O
	8	S+（状）+把 NP+V+成/作+N2
	9	S+（状）+把 NP+V+了

如果教材中“把”字句的各种句型按照其他顺序出现，教师也可以对教材进行灵活处理，按照表 5 的阶段进行教学。

3.3.2　对“把”字句的解释

如前文所述，课本中“提宾”“保持句子的平衡”等说法比较抽象，不但教师解释起来很麻烦，即使解释清楚了，学生也不一定能理解。而且，学习者很容易产生一个疑惑：汉语是 SVO 型语言，为何会产生“S+把+O+V+其他成分”这样的句式？受事为何会跑到动词前面去了？

笔者的看法是可以避开这些抽象的概念，直接从“把”字句的连动本源进行教学。首先，告诉学生在古代汉语里“把”是动词，“把”字句是一个连动句，“把”是“拿”的意思，整个句子的意思是拿了某个东西要做什么。连动句是语言中普遍存在的句法结构，学生很容易理解。比如“把书看”，“把”总是出现在 V_1 的位置，后一动词意义比较重要，处于 V_1 位置的“把”的意义越来越不重要，渐渐虚化，最后变成现代汉语的介词“把”。因此，现代汉语中的“把”字句是从连动句演变而来。所以，现代汉语中出现“S+把+O+V+其他成分”这样的句子并不奇怪。

其次，从连动的角度看表 1～4 中的上述句型，笔者对《教程》第十二课、第十三课和《新实用》第十六课、第十八课的所有“把”字句共计 290 个进行了统计，90%的“把”字句中的“把”可以理解成“拿”的意思。如“我们把它摆在了教室的前边”就是“我们拿圣诞树摆在了前边”，“把护照和机票给我”就是“拿护照和机票给我”。一般说来，可以发出“拿”这个动作的只有人类或者某些动物，可以“拿”的东西也应该是具体的事物，如“圣诞树”“护照和机票”等。但是随着“把”字句的发展，动词“把”的“词汇源义”逐渐弱化，其“语法源义”逐渐产生并发展，这时有些抽象的事物也可以用于“把”字句了。实际上，这些抽象的事物在人们的认知中也是可以“拿”的。如“我们还没把这件事告诉她”中的“这件事”，把“事”告诉她跟把“护照和机票”给她是一样的。从认知语言学的角度来看，这是从具体领域向抽象领域的一个认知投射。

再次，如果从连动角度理解“把”字句，可以把第一阶段中的句型串联起来。如“拿圣诞树过来”，可以“摆在前边”，可以“搬上去”，可以“送给朋友”等。由此我们就可以得出如下这些句子：“把圣诞树拿过来”“把圣诞树搬上去”“把圣诞树送给朋友”等。

因此，第一阶段和第二阶段的“把”字句完全可以从“连动”的角度给出很好的解释，而此时的学生正处于初级阶段，笔者认为从“连动”的角度进行教学是完全可行的。所以，笔者认为在开始教学“把”字句时，不必讲“提宾”“保持句子的平衡”等概念，可以从“把”的动词本源和“把”字句的“连动”来源讲起。

4 结 语

总之，语法化研究的成果也可以帮助我们解释一些共时研究不能解释的语言现象，为我们的对外汉语教学提供方便。有人认为，将语法化的概念引入对外汉语教学会使简单问题复杂化，因而没有这个必要。比如教“把”字句时，只要教会学习者怎样正确、恰当地使用就可以了，没有必要说明“把”字句的来龙去脉。笔者认为，对外汉语教学中确实没有必要全面介绍某一语法现象的语法化过程，但若将语法化的研究成果用来解释某些语法难点还是有必要也是可行的。

参考文献

高顺全. 从语法化的角度看语言点的安排——以“了”为例［J］. 语言教学与研究，2006（5）.

高顺全. 动词虚化与对外汉语教学［J］. 语言教学与研究，2002（2）.

高顺全. 多义副词“还”的语法化顺序和习得顺序［J］. 华文教学与研究，2011（5）.

管春林．语法化研究及其在对外汉语教学中的运用——以“所”字为例［J］．云南师范大学学报（对外汉语教学与研究版），2008（5）．

蒋绍愚．近代汉语研究概要［M］．北京：北京大学出版社，2005．

刘珣．新实用汉语课本［M］．北京：北京语言大学出版社，2003．

刘永华．实用汉语语法［M］．北京：商务印书馆，2001．

卢福波．对外汉语教学基本句型的确立依据与排序研究［J］．语言文字应用，2005（4）．

孙德金．对外汉语语法教学应慎用语法化理论［J］．语言文字应用，2011（4）．

杨寄洲．（对外汉语本科系列教材）汉语教程（修订本）［M］．北京：北京语言大学出版社，2006．

（徐蔚，文学硕士，四川大学海外教育学院副教授，研究方向为汉语作为第二语言教学。）

对外汉语高级口语课中的会话修正研究

杨 恬

摘 要：本文系统考察了高年级留学生的课堂会话修正情况。研究发现，第一，留学生所使用的修正类型存在“重形式，轻内容”的特点，过多使用相同修正影响了学生表达的流利性。第二，留学生在使用会话修正的引发策略时，出现了明显失衡：修正标记语的使用频率最高，其次是语气词，但是其他几类策略使用率很低。第三，自我直接修正在学生的会话中出现频率最高，说明大多数学生具有较强的修正意识，但是使用的修正结构简单，表明学生建构会话的能力有限。第四，具备不同文化背景的男女生在修正会话时具有明显异质性。根据研究结果，本文对会话修正教学的开展进行了思考。

关键词：高级口语课；会话修正；文化背景性别

Study of Conversation Repair in Oral Chinese Class for Advanced-level Chinese learners

Yang Tian

Abstract: This article has systematically studied the conversational repair situation in oral Chinese class for advanced-level students with methods of quantitative and qualitative study. The research found that: firstly, the repair patterns students used most often are mainly about the language itself, but not content of the conversation. Too much same repair would affect the fluency of students' expression. Secondly, obvious imbalance appears in the initiated strategies adopted by students, in which repair marker is the most popular one. Thirdly, students are more likely to use self-initiated self-repair; yet most of the repair patterns are simply structured, showing that students still lack the ability to construct more complex conversation. Finally, there exists apparent heterogeneity between male and female students with different cultural backgrounds. This article tries to offer some teaching suggestions according to the findings of the research.

Key words: oral Chinese class for advanced-level students; conversational repair; cultural background; gender

1 引言

会话修正是话语、访谈等言语交际中双方轮流发话时出现的一种互动现象——当双方意识到会话中存在听、说、理解方面的问题后，大多会进行意义协商，以共同解决问题（戴云娟，2007）。会话修正对二语习得具有重要意义。二语习得者修正会话时，也在重新组建语言建构，从而改变其对知识的存取行为，促进二语习得（Liebscher & Dailey-O'cain，2003）。

1977 年，谢格洛夫（Schegloff）等人发表的《会话中修正结构的自我更正优先》一文被认为是会话修正研究的开始，关注修正的结构及功能、自我引发及修正的优先性、修正与语法的关系等。卡斯帕（Kasper，1985）、赫斯特（Van Hest，1996）等人研究了二语习得中的自我修正现象。例如，卡斯帕指出会话修正之于句式建构的重要性，认为出现在第二话轮、第三话轮的自我修正对语言习得最有利；赫斯特结合二语习得特点对自我修正进行了更为具体的分类。近年来，国外学者更多地运用会话分析的方法研究二语教学中的会话修正现象：雷贝舒（Liebscher，2003）与迪波德（Dippold，2011）讨论了在二语课堂的互动反馈中，老师与学生对会话修正策略的运用以及对意义协商过程里角色的维护问题；纳萨及（Nassaji，2011）通过实证研究分析了第二语言学习者在互动反馈中的即时修正行为与学习模式的关系，指出学生间的修正比教师对学生的修正更有效，不同类型的修正策略对二语习得产生的效果不同。

国内关于会话修正的研究多集中于外语教学界。陈立平（2005，2007）发现男生的隐性修正行为多于女生，女生的显性修正行为和修正标记语的使用显著多于男生；基于语料库的研究表明，在大学生英语口语自我修正中，相同信息修正和语言错误修正所占比例最高，反映出“重语言形式，轻交际内容”的特点。童淑华等（2010）的调查表明处于不同学习阶段的学习者在使用各类自我修正频数方面有显著差异。王晓燕等（2014）研究了外语环境下同伴他启修正模式特征及其对语言实践的影响，认为该修正模式既有助于语言习得，又有利于认知能力和社会行为能力的提高。

对外汉语教学界关于留学生会话修正的研究还很少。戴云娟（2007）描述了汉语学习者的会话修正现象，但未进行更深层的探讨。刘峰（2014）分析了高年级留学生在汉语口语表达中进行自我修正的模式和特点。根据对国内外文献的梳理，本研究认为，第一，总体来看，国内关于会话修正的研究大多是对国外研究的“移植”，研究领域较为狭窄。第二，研究内容主要集中于自我修正，尤其是对修正类型的分析，关于修正的引发策略与修正结构的研究很少。第三，这些研究大多将语言学习者视作一个整体，忽视了这个群体的内部异质性。第四，大多数学者都选择定性分析作为研究手段，进行定量研究的文章寥寥无几，一些缺少数据支持的文章在观点论证上还比较薄弱。

鉴于会话修正对二语习得的重要性，本文对高年级留学生的课堂会话修正现象进行系统的描述与分析，并从文化背景与性别的维度，考察留学生在进行会话修正时所体现出来的异质性。在此基础上，本研究试图总结留学生会话修正模式的特点和问题，希望通过这一研究，为高级口语课的开展提供有益思考。

2 研究设计

2.1 研究对象

研究中的受试者为四川大学海外教育学院高级班的62名留学生，这些学生具有两年以上的汉语言专业学习经历，能够较为流利地使用汉语展开会话。由于被告知课堂会话表现将作为期末考试的重要组成部分，所有学生都认真完成了会话任务。

性别、文化背景是影响第二语言习得的重要因素（丁安琪，2014）。本文按照这两个维度对留学生群体进行了划分。考虑到日、韩两国同处汉字文化圈，于是将两国合并到同一文化背景中。

表1　受试者个人信息统计

文化背景＼性别	男	女	总计
欧洲	11	10	21
美国	7	7	14
日韩	11	16	27
总计	29	33	62

2.2　会话任务

本次会话任务的设计原则是能够更好地测量留学生的汉语口语水平，因此考虑了语言任务的复杂性、认知假设与学生的关系，任务形式为基于高级口语课内容与日常生活现象相结合的开放式讨论，每个话题的难易程度保持基本相等。八个话题分别为：（1）我的梦想；（2）我的职业；（3）我最爱听的一首歌；（4）家乡的风俗；（5）一次难忘的旅行；（6）我最重要的朋友；（7）我在中国的生活；（8）我了解中国的方式。

2.3　语料的收集

本研究所用语料通过口语课堂考试录音而收集得到。考试时，笔者将两到四名留学生分为一组，尽量避免小组成员来自同一文化群体或者全部为男生（或女生）的情况，以保证小组的异质性。根据讨论任务，学生进行大约20分钟的会话，笔者进行全程录音，观察并记录每组学生的会话时长（每人不少于5分钟）及会话表现。录音时长总计为5个多小时。最后，根据赫勒曼（Hellermann，2008）的会话转写规则，笔者筛选出21段比较完整的会话，并转写成文字，共计22408字。

2.4　语料分析方法

本研究从会话修正类型、修正中的引发策略、修正结构这三个维度对21段会话中的修正现象进行了编码，并运用Stata软件统计数据。在此基础上，本文分析了高年级留学生会话修正在性别与文化背景两个维度上体现出来的异质性，使用的方法是独立样本T检验。

3 研究结果分析与讨论

3.1 会话修正类型

本文对修正类型的分类主要依据赫斯特（Hest，1996）、康玛斯（Kormos，1999）等对第二语言自我修正的研究与本研究所用语料特征，以下例子是对各类修正的具体说明。

3.1.1 相同修正

相同修正是指学生重复已说过的信息，重复的内容包括语素、词、短语、言语片段等。

（1）语素修正：来中国，以后，我，常，常用纽约报纸，网络的中文，来了解中国。

（2）词语修正：怎么说，破摔了？因为他们、他们建新的，但是，看起来是古老的，其实不是。

（3）短语修正：我知道怎么说，但是我不能、不能写，我不知道什么汉字之类这种。

（4）言语片断修正：因为他们都非，他们都非常喜欢 K 歌。

3.1.2 不同修正

不同修正指学生放弃已表达的信息，传递新的信息。

（1）信息替代修正：但是，最近我跟中国人，这个同事，去唱歌，是非常不好的主意。

（2）不同事实修正：你觉得，他们的，你现在国家的态度，是什么态度？

3.1.3 恰当修正

恰当修正是在不改变原信息内容的前提下，为使表达更贴切所进行的语用层面的修正。

（1）恰当替换修正：因为，外国人，比……外国教英语的老师比中国教英语的老师更少……

（2）恰当插入修正：觉得做不好就是丢脸，对我来说，就是，对，丢脸。

（3）恰当删除修正：呃，我们日本人，我了解的中国，了解中国的方式是……

（4）恰当消歧修正：那个，对中国，有点那个，有点怕。

3.1.4 错误修正

错误修正是学生对语音、词汇、语法等方面出现的错误所进行的修正。

（1）词语修正：在广州什么都是甜的，所以有点无聊，其实……而且，成都来的外国人，对我来说，更有意思。

（2）语法修正：对，他们都是，做……为……来……为做生意来的。

从表2来看，相同修正（47.2%）是高级班学生使用得最多的修正类型，其次是错误修正（27.7%）；不同修正的使用频率最低（7.3%）。在相同修正内部，语素与词语的修正频数多于短语、言语片断的修正；错误修正中，语法修正频数多于词汇修正。数据表明，进入高级阶段后，学生的语言监控能力增强，主要体现在对语言形式（语素、词语、语法、语用）的修正上，反映出高年级学生对语言表达的恰当性与适切性考虑得更多。但是，不同修正的频数最少说明学生对内容的监控意识较弱，口头表达存在“重形式，轻内容”的倾向。

表2 会话修正类型统计

修正类型		修正频数	占本类修正百分比	合计频数（不同类百分比）
相同修正	语素修正	69	35.6%	194（47.2%）
	词语修正	66	34.0%	
	短语修正	37	19.1%	
	言语片断修正	22	11.3%	
不同修正	信息替代修正	12	40%	30（7.3%）
	不同事实修正	18	60%	
恰当修正	恰当替换修正	14	19.2%	73（17.8%）
	恰当插入修正	35	47.9%	
	恰当删除修正	3	4.1%	
	恰当消歧修正	21	28.8%	
错误修正	词语修正	46	40.4%	114（27.7%）
	语法修正	68	59.6%	
总计		411		411（100%）

本研究按照性别维度，对男女学生的会话修正类型进行了统计分析（见表3）。从修正行为的整体情况来看，每位男生平均做了9.862次修正，每位女生平均6.273次。经过独立样本T检验，笔者发现，总体上男女之间修正行为在1%的水平下有显著性差异（T=2.746，P=0.008，双尾），男性多于女性。

四类修正行为中，除恰当修正以外，男生的平均修正频数都高于女生。男生的相同修正频数多于女生，并且在1%的水平下具有显著性差异（T=3.964，P=0.000）。相同修正属于隐性修正，说话者通过重复以获得思考时间，从而及时对没有表达出来的信息进行语音、词汇、语法、语用乃至内容等方面的修正。相同修正是在错误还没有发生前阻止错误的发生，以提高语言的准确性与适当性，是一种交际策略（Komos，1999）。本研究中，男生的相同修正频率较女生高，表明即便具备不同的文化背景，在会话中，男生都比女生更注意在维护面子的前提下进行修正；但是，过多相同修正也影响了男生表达的流利性。此外，男生的不同修正次数在5%的水平下显著多于女生（t=2.257，p=0.028）。

关于二语习得的研究中，大部分文献已经证明女性在第二语言学习中比男性有更大的优势，课堂表现更积极，得到的语言学习的积极反馈也较多（丁安琪，2014）。在本研究中，对处于同一水平的男女生而言，男生的会话修正能力强于女生。这个结果一定程度上表明男生更注意对汉语输出时的修饰，具有更强的语言监控能力。这一发现值得引起重视。

表3 男女学生修正频数统计及独立样本T检验

	男生均值	女生均值	男女生均值差	t值	p值（双侧检验）
修正总次数	9.862	6.273	3.589***	2.746	0.008
相同修正次数	5.414	2.636	2.777***	3.964	0.000
不同修正次数	0.690	0.303	0.387**	2.257	0.028
恰当修正次数	1.138	1.212	−0.074	−0.196	0.845
错误修正次数	2.621	2.121	0.499	0.749	0.457

注：样本中男生共29人，女生共33人。*，**，***分别代表在10%，5%，1%的水平下均值存在显著差异（双侧t检验）。

按照文化背景差异，本研究统计分析来自日韩两国、欧洲、美国的留学生的会话修正类型，并对三个文化群体的修正行为进行成对样本T检验

（见表4）。数据显示，日韩学生的修正总次数在10％的水平下显著高于欧洲学生，在5％的水平下显著高于美国学生。日韩学生与欧美学生在修正行为上的显著性差异还体现在相同修正与错误修正上。日韩学生进行相同修正的频数明显高于美国学生；日韩学生的错误修正频数在1％的水平下显著高于欧美学生。结果说明，日本与韩国学生的语言监控意识要强于欧美学生。面子文化对日韩学生，特别是男生的影响较大，这致使他们更注意表达的适切性；由于身处汉字圈，较欧美学生而言，大部分日韩学生具备更扎实的词汇、语法知识，这促使他们更多地去修正词汇、语法层面的错误，以实现表达的准确性。

调查表明，欧洲学生与美国学生的会话修正行为不存在显著差异。欧美学生的修正频数仅仅在“不同修正”上略高于日韩学生，未呈现出显著差异。

表4　不同文化背景学生的修正频数统计

均值及均值差 / 修正次数	日韩学生均值	欧洲学生均值	美国学生均值	日韩与欧洲均值差	日韩与美国均值差	欧洲与美国均值差
总次数	9.926	7.048	5.500	2.878*	4.426**	1.548
相同修正次数	4.667	3.667	2.929	1.000	1.738*	0.738
不同修正次数	0.370	0.667	0.429	−0.297	−0.058	0.238
恰当修正次数	1.259	1.190	1.000	0.069	0.259	0.190
错误修正次数	3.630	1.524	1.143	2.106***	2.487***	0.381

注：样本中日韩学生27人，美国学生14人，欧洲学生21人。*，**，***分别代表在10％，5％，1％的水平下均值存在显著差异（双侧t检验）。

3.2　会话修正中的引发策略

会话时，当说话者的话语未被理解或误解时，说话者（或受话者）常通过引发策略以进行自我修正或者引发他人来修正。本文中修正策略的分类基于雷贝舒和戴利（Liebscher & Dailey-O'cain，2003）、拉德福（Radford，2008）等人的研究以及本文语料特征。

表5的结果显示，修正标记语（51.2％）是高级班学生使用得最多的引发策略，其次是语气词（36.2％），而其他几种引发策略所占比例则很低。

表 5　不同文化背景的男女学生对引发策略的使用频数统计

引发策略	欧洲		美国		日韩		总计
	男	女	男	女	男	女	
使用修正标记语	43	37	12	6	60	65	223（51.2%）
使用语气词	25	30	17	22	32	32	158（36.2%）
使用疑问词	2			1	3	9	15（3.4%）
阻碍源+疑问词		1					1（0.2%）
重复阻碍源	2		1	1	5	10	19（4.4%）
对阻碍源的理解	4	2	4	2	3	5	20（4.6%）
总计	76	70	34	32	103	121	436

修正标记语用于话语内部，预示对刚说过的话进行重复或者修正，以起到对会话实施管理与调节的作用（Jucker & Yael，1998）。受访者所使用的标记语分为汉语与英语两类，例如：

①在中国，那个人和人之间的关系很亲密，很快就跟其他人，那个，交朋友。就是在日本的话，就是没有那么容易的，因为我们的话，那个，就是，按年龄，按辈分，我们那个关系是固定的……

②老师的汉语是非常标准的，可是，那个，我的朋友说的，是，嗯，怎么说，很地道的。

③……所以，但是，yeah，比较厉害，现在，所以我不喜欢，you know，现在的态度。不，like，之前，没有那么大问题。

根据统计（见表 6），日韩两国学生共使用修正标记语 123 次，且全部为汉语。例①中"那个""这个"这类包含了非真实条件意义的标记语在日韩学生的会话中共出现了 98 次，占使用总次数的 79.7%。

欧美学生共使用修正标记语 99 次。欧洲学生使用 81 次，使用英语标记语 9 次；"那个""这个"的使用次数共 30 次，约占总次数的 37%。美国学生仅使用 18 次标记语，并且 9 次都使用了英语标记语，如例③中的"yea，you know，like"；对其他类标记语的使用甚少。结果说明，留学生对修正标记语的习得整体上存在失衡现象，对不同功能标记语的掌握程度较低。

表 6　不同文化背景男女生使用修正标记语的频数统计

修正标记语		欧洲		美国		日韩	
		男	女	男	女	男	女
汉语	这个、那个	16	14	2	1	41	57
	怎么说	4	6	1		2	
	比如说	1	5	1		2	1
	一般来说					1	
	这样的话	1				1	2
	是这样的					1	
	看起来	1					
	说实话	3	1				
	我不知道	1			1		1
	你不知道						
	我觉得	1	4		1	3	2
	不知怎么说	1	3				
	不瞒你说	1					
	对我来说		1	1	1	8	1
	我的意思是	6	2				
英语	Yeah	6	1	2	1		
	You know	2			1		
	Like			5			
总计		44	37	12	6	59	64

本文对三个文化群体的引发策略使用进行了成对样本 T 检验（见表 7）。数据显示，日韩学生与美国学生在 1%的水平下有显著差异，前者比后者多 3.492 次；欧洲学生与美国学生在 5%的水平下有显著差异，前者比后者高 2.810 次。总体来看，日韩学生与欧洲学生使用标记语的水平较美国学生高。不过，即使从策略使用的总体情况来看，两个文化群体具有一定优势，但是他们失衡的标记语使用情况是不容忽视的问题。

另一方面，通过 T 检验，笔者发现，每位男生平均使用 4.857 次标记语，每位女生则是 3.917 次，虽然男生高于女生，但两者不存在显著性差异。

表7　不同文化背景学生的修正标记语使用情况统计

	日韩学生均值	欧洲学生均值	美国学生均值	日韩与欧洲学生均值差	日韩与美国学生均值差	欧洲与美国学生均值差
修正标记语频数	4.778	4.095	1.286	0.683	3.492***	2.810**

注：样本中日韩学生27人，美国学生14人，欧洲学生21人。*，**，***分别代表在10%，5%和1%的水平下均值存在显著差异（双侧t检验）。

3.3　会话修正结构

本研究对修正结构及出现位置的编码基于谢格洛夫（Schegloff，1977）对修正的分类和本文语料特征，对不同类型修正结构的统计数据见表8。

表8　不同类型修正结构的数据统计

修正结构	频数（百分比）
自我直接修正	275（63.2%）
自我引发—自我修正	108（24.8%）
他人引发—自我修正	33（7.6%）
他人直接修正	4（0.9%）
他人引发—他人修正	4（0.9%）
自我引发—他人修正	11（2.6%）
总计	435（100%）

自我直接修正是高级班学生所使用的主要修正结构，占修正结构总数的63.2%，说明学生普遍具有较强的修正意识，例如：

④A：我觉得你可以跟他们，可以教他们，但是也可以顺便跟他们，交朋友，你呢？

B：其实，我很喜欢小孩儿，因为我觉得非常好玩儿，我们可以唱歌，或者玩儿游戏。

例④为两个美国女生之间的对话，阻碍源“可以跟他们”出现后，阻碍源发出者A立即进行了直接修正“可以教他们”，非阻碍源发出者B接受了A的修正。在这一类结构中，修正的位置通常都在第一个话轮。

“他人引发—自我修正”（简称“他引自正”）是指会话中，当说话者话语没有被理解或被误解或在某种方式上存在问题时，受话者不直接提供正确表达形式，而是通过引发策略给对方自我修正的机会，使其话语趋向可理解性和准确性（Lyster & Ranta，1997）。雷哈德（Shehadeh，2001）、纳萨及（Nassaji，2011）等学者的研究发现，这种修正结构在课堂互动语境中占据统治地位，而且能够促使说话者与同伴、环境的协调互动，学习者的第二语言习得水平也能够得到提高。

在本研究中，“他引自正”结构仅仅占修正结构总数的7.6%。例如：

⑤A：这是什么样的问题啊？
B：啊？
A：这是什么东西？

例⑤中的修正结构是：话轮1，阻碍源；话轮2，他人引发（使用疑问词“啊”）；话轮3，自我修正。修正的位置通常出现在第三个或者之后的话轮，修正位置离阻碍源越远，越能够说明言语结构的复杂性、展示会话的互动性。不过，本研究受试者并没有进行充分的“他引自正”，表明学生通过互动反馈进行会话修正的能力还较弱。

例④至例⑤中的修正结构是直线型的，即修正行为直接出现在自我引发或者他人引发之后。笔者在语料中还发现了非直线型修正结构，例如：

⑥A：我觉得可能是有伤心我的人。
B：为什么？呃，那个，什么是让你伤心的人？
C：伤心还是信心？
A：有信心，呃，对我有信心。

例⑥的修正结构是：话轮1，阻碍源；话轮2，他人引发1（包含自我引发自我修正）；话轮3，他人引发2；话轮4，自我修正（包含自我引发自我直接修正）。嵌套结构出现在话轮2、话轮4中。又如：

⑦A：还有青岛冬天的时候，特别，我感觉，特别热。
B：特别热？
A：特别热，啊，冬天，特别、特别冷。对不起，说错了，特别冷。

例⑦中，话轮1中出现了阻碍源“特别热”，同时包含自我直接修正“特别，我感觉，特别热”，修正类型属于恰当插入修正；话轮2是以重复阻碍源的形式出现的他人引发；话轮 3 包含自我反馈“特别热”以及自我引发自我修正“啊，冬天，特别、特别冷”。本文暂时没有分析这类嵌套结构出现的规律性，但是，嵌套结构的存在说明说话者与受话者在不断调整自己的言语输出，尽量达到确切，以推动会话进展。但是，在我们调查的语料中，嵌套性修正结构仅有 14 例，说明所调查的会话结构大多比较简单，学生建构会话的能力有限。

需要说明的是，在本研究语料中，有 135 处修正是失败的，例如：

⑧我觉得成都，一般韩国人也是，呃，感觉是，对中国不是那么很好的，就是，呃，表示，在中国各种各样的民族在一起，还有你们的国家太大了，但是表示我们看，对中国的这样的环境，一般来说，不怎么很好的。

例⑧中，出现了阻碍源“一般韩国人也是”，说话者先后将其修正为“（一般韩国人）感觉是”“（一般韩国人）表示”“但是表示我们看”，但仍然是不恰当的表达。笔者认为，错误的修正带来表达不连贯、表意模糊等问题，影响了交际效果。

4 结论

本文以会话修正理论为基础，采用定量与定性相结合的复合型方法，系统考察了高年级留学生的课堂会话修正情况，研究的主要结论如下：

第一，相同修正是高级班学生使用得最多的修正，其次是错误修正，不同修正的使用频率最低。这说明学生对语言形式具有较强的监控能力，但是交际内容的修正意识比较薄弱。此外，过多的相同修正影响了学生表达的流利性。

从性别的维度来看，男生使用会话修正的能力在总体上要强于女生，特别是在相同修正与不同修正行为上。这可能与男生具有更强烈的维护面子的文化意识有关。从文化背景来看，日韩学生使用会话修正的能力比欧美学生强，说明由于身处汉字文化圈，日韩学生具备更扎实的汉语言知识以顺利推进会话。

第二，高级班学生在使用会话修正的引发策略时，出现了明显的失衡：修正标记语使用得最多，其次是语气词，然而其他几类策略的使用频率很低。失衡同时也体现在日韩、欧洲、美国三个文化群体的策略使用上。尽管日韩学生对修正标记语的使用频次最高，但是 79.7%的标记语都是“这个”“那个”。部分欧美学生仍然使用英语标记语，说明学生对标记语的习得情况还不太理想。

第三，自我直接修正属于直线型结构，高级班学生对该修正结构的使用频率最高，这说明大多数学生具有较强的修正意识，但是使用的修正结构简单，建构会话的能力有限。他人引发自我修正有助于推进课堂会话、增强互动性，在本研究的语料中出现频率却很低，表明学生通过互动反馈进行会话修正的能力还较弱。研究进一步发现，很多学生意识到自己的口语产出有问题，但却修正失败，反而为会话带来更多障碍。本文认为，造成修正失败的原因包括个人知识储备不足、与他人缺乏良性互动、紧张的考试环境等。

基于以上研究结果，本文认为，在高级口语教学中，首先，教师应根据学生的水平设计相应的会话修正知识，尤其要引导学生习得不同类型的修正行为，培养其对语言形式、交际内容的修正意识；在口语活动的设计上，可以安排学生与中国人会话，让学生在自然的交流中了解并掌握会话修正技巧。其次，每次口语练习后，教师可以选择部分会话作为样本，带领学生分析会话修正结构，在总结问题的基础上，介绍并引导学生使用不同结构的修正，提高其组织与推进会话的能力；同时，教师应该教授给学生一些会话策略（如不同类型的引发策略），增强学生表达的流利性。最后，具备不同文化背景的男生、女生在会话修正行为上具有显著的异质性，因此，在教学过程中，教师应重视这些变量因素，展开针对性教学。

参考文献

陈立平．大学生英语口语自我修正性别差异研究［J］．现代外语，2005（3）．

陈立平，濮建忠．基于语料库的大学生英语口语自我修正研究［J］．外语教学，2007（2）．

戴云娟．第二语言学习者汉语会话修正现象研究［J］．汉语学习，2007（6）．

丁安琪．来华留学生汉语学习动机强度变化分析［J］．语言教学与研究，2014（5）．

刘峰．留学生汉语口语自我修正研究［J］．华文教学与研究，2014（1）．

童淑华，胡伟．英语专业学生口语产出中自我修正的发展研究［J］．外国语文，2010（5）．

王晓燕，王俊菊．外语环境下同伴他启修正研究［J］．现代外语，2014（2）．

Dippold，D．“That's Wrong”：Repair and Rapport in Culturally Diverse Higher Education Classrooms［J］．*The Modern Language Journal*，2004（1）．

Hellerman, J. Social Actions for Classroom Language Learning [M]. Clevedon, UK: Multilingual Matters, 2008.

Jucker, A. H., Z. Yael. Discourse Markers: Introduction [C] // A. H. Jucker, Z. Yael (eds.). *Discourse Markers: Description and Theory*. Amsterdam & Philadelphia: HohnBenjamins, 1-12.

Kasper, G. Repair in Foreign Language Teaching [J]. *Studies in Second Language Acquisition*, 1985 (7).

Kormos, J. Monitoring and Self-repair in L2 [J]. *Language Learning*, 1999, 49 (2).

Liebscher, G., J. Dailey-O'cain. Conversational Repair as a Role-defining Mechanism in Classroom Interaction [J]. *The Modern Language Journal*, 2003 (87).

Lyster, R., Ranta. Corrective Feedback and Learner Uptake: Negotiation of Form Incommunicative Classrooms [J]. *Studies in Second Language Acquistion*, 1997 (19).

Nassaji, H. Immediate Learner Repair and Its Relationship with Learning Targeted Forms in Dyadic Interaction [J]. *System*, 2011 (39).

Radford, J. Practices of Other-initiated Repair in Classroom of Children with Specific Speech and Langue difficulties [J]. *Applied Linguistics*, 2008 (31).

Schegloff, E. et al. The Preference for Self-correction in the Organization of Repair in Conversation [J]. *Language*, 1977, 53 (2).

Shehadeh, A. Self-and Other-initiated Modified Output Task-based Interaction [J]. *TESOL Quarterly*, 2001 (35).

Van Hest, E. *Self-repair in L1 and L2 Production* [M]. Tilburg: Tilburg University Press, 1996.

(杨恬，文学硕士，四川大学文学与新闻学院2012级博士研究生，四川大学海外教育学院讲师，研究方向为对外汉语教学、会话分析、跨文化传播。)

中高级综合汉语课堂话题讨论方法初探

尹绍华

摘　要：本文认为，话题讨论是中高级综合汉语课堂教学的重要内容，因此在高级综合汉语课程的教学中，要坚持每课安排一次认真的话题讨论，形成制度，持之以恒。在话题的选择、讨论过程的安排及后续总结等环节充分体现实用性、相关性、趣味性，以达到更好的教学效果。

关键词：话题讨论；效果；关联；分享

Techniques for Discussion in Intermediate and Advanced Chinese Classroom

Yin Shaohua

Abstract: Discussion in class is one of the most important contents in intermediate and advanced integrate courses. Teachers should pay much attention to arrange each step of such activities carefully and adopt various approaches to carry out the discussion effectively. It is the purpose of writing this essay to discuss these approaches.

Key words: discussion ; effect; relevance; share

戴维·纽曼（David Nunan）曾经对交际式语言教学的特征进行了总结，即强调通过对目的语的交互使用学习交际，在学习环境中引入真实语境，为学生提供机会使其不仅关注语言而且关注学习过程本身，提升作为课堂学习重要参与要素的学习者个人的经验，以及努力把课堂语言学习与课外语言活动联系起来（Brown，2001）。话题讨论正体现了这些特征，是中高级综合汉语课堂教学的重要内容。基于这样的认识，笔者在中高级综合汉语课程的教学中，坚持每课安排一次认真的话题讨论，形成制度，持之以恒。在话题的选择、讨论过程的安排及后续总结等环节充分体现以上五项特点，以期达到更好的教学效果。

话题讨论安排为每课学习内容的最后一个环节，话题讨论的目的在于引导学生自然地使用本课学习的语言知识及相关文化背景知识讨论相关的话题，使学生学以致用，学会自然、准确、详细地使用汉语来表达自己的思想和观点，而“学有所用”的感觉也会自然地调动起学生的学习积极性；鼓励学生调动自己的知识积累，并通过各种方法搜集、补充相关话题的文化知识。语言功能的训练是话题讨论的短期目标，提升学生内在的学习积极性是长期目标。

1　话题的选择

话题的拟定可以由教师决定，也可以发动学生提供他们感兴趣的与课文主题相关的话题，然后从中选择合适的题目。学生的参与使得话题的选择更加贴近学生的兴趣，也提高了学生的学习热情。

笔者在拟定话题时遵守以下的原则：与课文主题相关，但不能只是课文主要观点的重复；与现实生活密切相关，容易激发学生的兴趣；能够调动学生的知识积累，与多数学生的知识结构与水平相适应；能够引导学生表达不同的文化背景下不同的观点或介绍不同国家的情况。

在选题时，笔者会尽量避开简单的道德判断。比如，高级汉语《一诺千金》这篇课文的相关话题，如果简单设计为“你对‘一诺千金’这种价值观怎么看”，显然就容易造成道德判断带来的观点上的一致，无法深入拓展。而如果设计为“借钱给朋友真的是失去朋友的最快的方式吗”，就可以从各国人与人之间在金钱方面的关系入手，探讨关于信任、守信、借贷、脱困方法等种种下位话题。学生既可以自然地使用本课学到的语言知识，又可以充分表达自己的观点，同时彼此分享各自独特的感受与知识积累，还可以了解其他国家的相关情况。

2 话题讨论的准备

在话题讨论进行之前三天发放任务单，并在自愿优先的原则下指定四名重点发言人。任务单对话题讨论提出基本要求，提供可行性基本内容范围和表述脉络。在发放任务单的时候，教师会向学生强调，鼓励他们自行选定自己发言的内容、结构以及表达方式。

任务单的内容包括：题目、若干围绕话题的引导性问题、指定使用的词语和结构清单。如：

"网络如何改变了人与人之间的关系？"

1. 你所知道的人们通过网络进行交流的方式有哪些？这些交流方式各有什么用途或特点？（请至少举出三个）

（交流、沟通、如此、其中、除了……还……、方式、表达）

2. 通过网络进行交流有什么好处，或者需要注意哪些方面？（请至少举出三个）

（在我看来、讯息、谈不上、不必、省却、尽快、沟通；虽然……但是……、即使……也……、一方面……另一方面……、如果……就……、只有……才……）

3. 经常使用网络进行交流的人有什么特点吗？你觉得为什么是这些人群？

（烦恼、寂寞、现实、生活、枯燥、无法、沟通、渴望；不是……就是……、有的人……还有的人……、因为……所以……、只要……就……）

4. 你认为网络交流的增多对现实生活中的人际关系产生了什么样的影响？（请至少说出三个方面的内容）

（假如、虚假、沟通、涉及、轻率、沉闷、梦境、谈何容易、迷惑、因为……所以……）

列出引导性问题的目的在于避免部分学生发言过于简单而使讨论流于形式。问题的内容要与话题密切相关，又要在某个方面达到一定的深度；要与学生当前的语言水平相符合，而且要简单明确。只要问题选择得当，即使是中文水平一般的学生对话题的讨论也不会过于空泛，而水平较好的学生在此基础上进行进一步思考，会有更大的收获。

指定词语包括本课学习的重要生词与短语、常用的关联词语以及一些功能词语。提出词汇方面要求的目的在于，一方面提示学生在讨论某一问题时可以使用哪些词语，另一方面引导学生主动积极地使用刚学到的词汇与结构，学以致用，切实保证学生在语言学习上踏上一个新台阶，而不是局限于，甚至满足于“低水平的流利”（这种情况在高级班的一些学生中具有一定的普遍性）。只有这样，课堂讨论才会真正成为留学生以较高水平的汉语进行较为严肃、深入的思考与表述的平台。

3 话题讨论的进行

话题讨论分为两个阶段：小组讨论和全班重点发言。

3.1 小组讨论

小组讨论时间约 15 分钟。学生两人或三人分成一组，小组的划分基本上根据学生当天的座位情况就近随机安排，但一个必须遵守的划分原则是不同国别的学生组成一组，尽量避免同国学生的组合，其目的在于让文化背景不同的同学分享各自的理念、想法和不同国家的情况。设计小组讨论这一环节的目的在于给更多的学生口头表达的机会，也使多数学生能在压力较小的情况下进行自由发挥，对于将要进行重点发言的同学来说也是一种演练。

在讨论之前，如果需要，教师会适当地引入相关的交际功能词语，指导学生如何开始和保持一个话题，以保证交流的持续进行。在小组讨论的过程中，教师不断巡视，对于学生遇到的语言上的困难（在学生求助的时候）提供帮助，适时提出问题，引导发言过于简单的学生进行较为深入的讨论，掌控全班讨论的时间安排，在此过程中发现的某些有趣的话题可以留待总结阶段进一步进行讨论。

3.2 全班集中，由指定学生进行重点发言

在 90 %的学生完成预定内容的小组讨论之后，进入下一阶段。每堂课指定四名学生进行重点发言，在一个学期内保证每个学生至少有一次重点发言的机会。个别学生不习惯在压力太大的情况下发言或由于某种原因不想参与本课指定话题的重点发言，教师并不会勉强，但会在以后适时地与学生沟通，在条件成熟的时候再让他们进行重点发言。

在这一阶段，教师对发言学生提出更高的要求，鼓励重点发言的学生运用 PPT 等多媒体手段，广泛利用能够搜集的各种资料丰富自己报告的内容，

目的在于提高学生的学习能力和学习兴趣。每个学生发言之后，鼓励其他学生对其所提出的观点进行讨论，或对其介绍的情况做进一步的了解。只要形成习惯，学生们在这个环节会越来越主动，越来越有创意。

4 全班总结

学生重点发言之后，教师会对每个学生的发言内容进行简要概括，表扬每个学生的优点，尤其是有独创性的观点或精彩的表述方式，然后对小组讨论或重点发言中出现的有趣或具有代表性的问题进行拓展讨论。

在整个讨论过程中，教师始终是一个引导者，引导学生丰富自己报告的内容，保证本课重点语言知识切实得到运用，控制课堂节奏，适时引入深入讨论，必要时对讨论中涉及的语言问题进行处理；而学生是表述的主体，是整个讨论活动的主角，他们参与话题的选择，彼此合作、互动，推进话题讨论的进行。

笔者坚持话题讨论的做法取得了良好的教学效果：学生越来越习惯结合本课学习的语言知识和文化知识针对某一话题进行较为全面、深入的讨论，语言能力不断增强，学习热情不断提高。分组使每个学生都得到了自由表达的机会，而重点发言又使得每个学生都有可能学会全面、深入地探讨某一问题；在讨论的过程中，全班结合成一个整体，增强了团队精神；查找资料等过程对学生是一个挑战，调动了学生内在的学习动力和知识积累，也锻炼了学生的学习能力。事实上，学生们在重点发言时常常会给教师一些意外的惊喜，他们表述的方式各式各样：讲故事、做采访、进行科普讲座，文本、图片、图表、视频，花样翻新；他们的合作精神也很令人感动。

实践证明，采用有效的方式进行话题讨论对于提高学生运用语言的能力和学习能力、培养合作精神、了解与理解不同文化、养成用汉语进行思考的能力都是很有助益的。

参考文献

Brown, H. Douglas . *Teaching by Principles: An Interactive Approach to Language Pedagogy* [M]. Beijing: Foreign Language Teaching and Research Press, 2001.

（尹绍华，文学硕士，四川大学海外教育学院讲师，主要研究方向为现代汉语。）

从对外汉语教学的视角看《现代汉语词典》编纂中的释义问题

游　黎

摘　要：本文从对外汉语教学的视角分析了《现代汉语词典》编纂中在释义方面存在的一些问题，包括释义不准确、释义的思路和方法有待改进、释义时忽视对词语用法的展示与说明等，提出在释词时应多采用以下方法：第一，在分析构词语素的意义并探求其构词理据的基础上释义。第二，在此基础上，逐步采用描写性的释义法代替近义词释义法。

关键词：对外汉语教学；《现代汉语词典》；释义

Understanding the Problem of Defining Words in *Modern Chinese Dictionary* from the Perspective of "Teaching Chinese as a Foreign Language"

You Li

Abstract: This article analyses common problems of defining words in *Modern Chinese Dictionary* from the perspective of "Teaching Chinese as a Foreign Language". Common problems include the inaccuracy of word definitions, the need for an improved system and methodology for the definition of words, the lack of clear and logical examples and explanations of these. This article proposes the following ways for an accurate definition of words: firstly, defining words based on analysing the meaning of different morphemes and seeking for a theory of word definition based on word formation; secondly, on this basis, to gradually adopt a descriptive definition of words instead of using a definition based on homonyms.

Key words: Teaching Chinese as a Foreign Language; *Modern Chinese Dictionary*; defining words

1 问题的提出

词典是语言学习与教学的重要工具。近年来，随着对外汉语教学事业的迅猛发展，汉语学习者的数量快速增加，拥有一本能对汉语学习带来切实帮助的汉语词典成为很多学习者（特别是中高级水平的学习者）的迫切需要。笔者对四川大学海外教育学院高级班50名学生进行的问卷调查显示：有近96％的学生在学习汉语的过程中有使用词典的习惯，其中80％左右的学生认为在汉语学习的高级阶段应减少使用双语词典，而尽可能多地使用汉语词典。有近60％的学生已经开始使用汉语词典而非双语词典进行学习。同时，由于目前国内很多汉语教材的生词释义是直接取用于现有的汉语词典，因此汉语词典的编纂思路、形式、质量直接影响着汉语教材的质量和汉语教师的教学思路。可见，汉语词典的编纂无论对汉语学习者还是对汉语教师来说，都具有非常重要的意义。

然而，笔者在教学实践中也发现，现存的汉语词典并不能完全满足学习者的需要。很多学习者提出，一些汉语词典不能完全解决他们在学习中的疑问，甚至有些词典还对他们的学习造成了一些困扰。同时，现有的汉语词典在很多时候不能完全满足汉语教师备课的需要或无法对课堂教学提供有效的帮助，也成为很多汉语教师的共识。

造成这个问题的原因是多方面的，但笔者认为，汉语词典在释义方面存在的一些问题是其中一个不可忽视的因素。本文选取目前在现代汉语词典中影响最大、使用者最多的商务印书馆出版的《现代汉语词典》为研究对象[①]，以北京大学《博雅汉语》中、高级教材中的生词为调查词表，试图说明词典释义中出现的问题及对使用者造成的影响[②]。

2 《现代汉语词典》中词语释义存在的问题

笔者认为，《现代汉语词典》中词语释义存在的问题主要有3类，即：（1）词典释义本身不准确；（2）释义的思路、方法有待改进；（3）释义时忽视对词语用法的展示与说明[③]。下面分别举例进行说明。

2.1 释义不准确

造成《现代汉语词典》中词语释义不准确的原因主要有如下三方面：（1）漏收词义；（2）以语用义释词义；（3）释义的语言组织不够细致严谨，存在一定漏洞，容易造成误解。

2.1.1 漏收词义

【突破】①集中兵力向一点进攻或反攻，打开缺口；②打破（困难、限制等）。

《现代汉语词典》仅收录了“突破”的动词意义，但事实上，“突破”一词在汉语中的名词用法是极为常见的，可以表示“很大的进步”，如“汉语水平有了突破”“双方的关系取得了突破”“一个决定性的突破”等。词典释义不全，对学习者正确理解本词的含义、掌握本词的用法都会造成影响。

【小报】篇幅比较小的报纸。

“小报”除了可以指篇幅较小的报纸（small-sized newspaper）外，在汉语中更常见的用法是指“格调不高、影响不大或读者层次比较低的报纸（tabloid)”。词典失收此词最常用的义项，当然也会对学习者的理解造成影响。

2.1.2 以语用义释词义

语用义是词语“在具体语境中具有或获得的意义”，是“语言运用者在

① 在我们的调查中，有50%以上的学生在汉语学习中使用《现代汉语词典》或者其电子、网络版本。

② 由于《现代汉语词典》的专业性和权威性，它对现代很多汉语词典的编纂都有或多或少的影响，因此它在释义方面存在的问题在很多其他汉语词典中也都存在。

③ 本文所调查的《现代汉语词典》版本为2012年6月第6版，为目前最新版本。

一定语用目的支配下，在语言运用过程中，以语境或上下文为参照而赋予一个词的临时意义”，因此，语用义的形成有其特殊的语境或固定的形式，如将词语的语用义（临时意义）与其词义混淆起来，则会对语言学习者造成误导或困扰。在这方面，《现代汉语词典》存在较大的问题，甚至常常出现把一些连语用义都算不上的意思归入词语义项的情况：

【毁】①破坏，糟蹋；②烧掉：烧毁，焚毁。

将“毁”释为“烧掉”是缺乏考虑的。“烧毁”或“焚毁”实际上就是“烧而致毁”的意思，这里的“毁”，就是“破坏、毁坏”之义。我们不能因为“烧”“毁”二字连用就认为“毁”有“烧掉”的意思，正如我们不能因为可以说“坠毁”“撕毁”“摧毁”就认为“毁”字还有“坠落”“撕扯”的义项一样。这样的解释，会对学习者造成很大的误导，也会对汉语教师造成一定的困扰。

【计较】①计算比较：斤斤计较/他从不计较个人的得失。②争论：我不同你计较，等你气平了再说。③打算；计议。

义项②释“计较”为“争论”，又有将语用义与词义混淆的嫌疑。但事实上，即使在“我不同你计较”这样的句子中，我们也无法得出“计较”即为“争论”之义的结论（因为也有可能是指“我不跟你打斗”或“我不跟你生气”等其他情况）。这句话中的“计较”，与义项①中“斤斤计较”“不计较个人得失”的“计较”实在是并无二致的。

【透亮】①透明；明亮；②明白：经你这么一说，我心里就透亮了。

“透亮”并没有“明白”的意思，它仅仅只是在“心里透亮”这一固定的结构中，以“心里亮”来比喻明白之义。我们当然不能据此就说它具备“明白”的义项。曾经有留学生造出“原来看这篇课文的时候，我不透亮，后来老师解释了，我就透亮了”这样的句子，显然就是受到了词典的误导。

《现代汉语词典》中类似的问题还比较多，如释“开心”为“戏弄别人，使自己高兴”，释“亮堂”为“（胸怀、思想等）开朗清楚”等，都存在着将词汇的语用义与语言义混淆起来的问题。限于篇幅，我们不一一列举，但这充分说明了词典中的这种问题可能对学习者造成的巨大干扰。

2.1.3 释义不够细致严谨，造成误解

在《现代汉语词典》中，还存在着较多的因为释义的用语不够细致严谨或不够全面，容易造成学习误解的问题。

【倦怠】疲乏困倦：倦怠无力。

将“倦怠”释为“疲乏困倦”，是仅仅解释了“倦”的意义，而忽视了可能更为重要的“怠”的含义，容易使学习者简单地将“倦怠”与“疲倦”的意义等同起来。事实上，“倦怠”是指疲倦懈怠，强调着一种因为疲倦或其他原因，感受到缺乏动力，没有兴趣，无聊的心理、生理状态。

【单身】①没有家属或没有跟家属在一起生活；②指单身的人；③只身。

笔者认为，义项①的解释同样存在不够严密的问题。汉语中“家属”的含义范围较广，可指除了本人以外的一切家庭成员[①]。强调“单身”就是指没有家庭成员或不与家庭成员一起生活，这当然是不准确的（按照这个解释，一个年幼的孤儿也可以称为是单身，而一个与父母一起居住但还没结婚或没有女朋友的小伙子则不能称为是“单身”的）。其实，在现代汉语中，“单身”一词主要是指一个人成年以后仍然没有配偶，可以是从没结过婚的，也可是已经离异的，还可以指丧偶的。近年来，引申为没有男（女）朋友，也是可以称为单身的。

2.2 释义方法有待改进

我们说《现代汉语词典》的释义方法有待改进，主要是指两个方面：(1) 释义的语句过难，使用者不易理解；(2) 释义方法过多地依赖近义词释义法。

2.2.1 释义语句过难

【巴结】①趋炎附势，讨好奉承。

在“HSK等级词汇大纲”收录的8822词中，“巴结”为丁级词汇，而“趋炎附势”和“奉承”“讨好”皆为超纲词汇，说明这些词汇的使用频率低于“巴结”一词。而对学习者来说，“巴结”一词的学习顺序也一定在“趋炎附势”之前。如果用于释义的语句选取太难，不但无助于学习者对词汇的理解，而且会使学习者对学习丧失兴趣。当然，我们也认识到，《现代汉语词典》的定位并非一部专门针对外国学习者的学习型词典，可是，即使对于本国的使用者、学习者（比如中小学生）来说，“以简释难”也应该是词典

---

① 《现代汉语词典》，P. 624。

编纂的一条基本原则。

造成词典释义过难的原因很多，但从我们的研究来看，最主要的一个原因还是习惯于以近义词释义的方式解释词汇，而忽视了从词义本身去解释词汇。比如对本词的释义，编纂者就罗列了“趋炎附势”“奉承”“讨好”等一堆近义词加以解释，而忽视了这些词汇本身的基本意义。关于过分使用近义词释义法的利弊，下文将专门阐述。这里仅仅列举出两部英文词典中对类似的“flatter”一词的解释，以引起我们的思考：

Flatter：to say nice things about sb.，often in a way that is not sincere，because you want them to do sth. for you or you want to please them.（对某人说好听的话，常常并非出自真心，因为你想让他们为你做事或让他们高兴。）——《牛津高阶英语词典》

Flatter：to praise someone in order to please them or get something from them，even though you do not mean it.（为了让某人高兴或从他们身上得到一些东西而表扬他们，即使你不是真心的。）——《朗文当代英语词典》

2.2.2　过分依赖近义词释义法

以近义词释义是中国词典编纂的传统方法。古代的词典、字典如《尔雅》《说文解字》等，都大量地使用了近义词释义的方法。后世的汉语词典编纂基本也继承了这一传统。《现代汉语词典》也较多地使用了这种方法。

《现代汉语词典》中的近义词释义法主要有两种形式，一是直接列出被释词的近义词加以解释，如释“冷漠”为“冷淡”，“徒步”为“步行”等。二是将某些复合词的组成语素拆分，每个语素再组成一个近义词加以解释，如释“粗俗”为“粗野庸俗”，“凶残”为“凶恶残暴”等。这种方式与传统的近义词释义法在形式上虽略有不同，但其本质上仍然是采用“以词释词”的方式，我们仍然可以将其归为近义词释义法。

近义词释义法当然有其优点，比如方便、简洁、高效等，然而，其缺点也非常明显。首先，近义词释义法对词语的解释是建立在学习者对其他词语了解的基础上的，它要求学习者必须要先掌握某个词语的近义词的意义，才能了解这个词的词义。词典对近义词释义法的过分倚重，又常常造成以A释B，再以B释A的循环，使得学习者一头雾水。这无疑加重了学习者的学习负担和难度。而更为重要的是，一个语言中事实上极少有所谓的“等义词”，大部分的所谓近义词在意义或用法上都存在着差异，有些时候，这些差异甚至是巨大的。过多地使用近义词释义法，会误导学习者，导致他们以为被释词与其近义词的意义是等同的，无法准确理解词义，对其学习造成不良影响。

【拥有】领有；具有（大量的土地、人口、财产等）。

词典释“拥有”为“领有”或“具有”，是典型的近义词释义法。可是，汉语中的“拥有”和“领有”“具有”无论在意义上还是用法上都是有很大差异的。比如汉语中常用的“拥有家庭、拥有青春、拥有健康、拥有核武器、拥有彼此、拥有一个小店、拥有回忆”等，其中的“拥有”，都是不能用“领有”或“具有”来替换的。轻率地将二者互释，容易造成使用者认为二者意义一致的情况。另外，释义中在“具有”之后的括号内加上“大量的土地、人口、财产等”，是想说明“拥有”一词的常见搭配，但这既容易让人误以为“拥有”一词只能用于与大宗的事物搭配，又容易让人以为“具有”也可以与“土地、人口、财产”等搭配，其缺陷性是非常明显的。

《现代汉语词典》中类似的释义是很多的，如上所举释“冷漠”为“冷淡”，“徒步”为“步行”，“惩办”为“处罚”，“领悟”为“领会”，“风雅”为“文雅”等，限于篇幅不再一一列出。其实，这些近义词在意义或用法上都存在差异，采用这样的方法并不能准确地揭示出词语的意义。再看：

【凶残】凶恶残暴　　【残暴】残忍凶恶　　【毒辣】狠毒残酷
【狠毒】凶狠毒辣　　【凶狠】凶恶狠毒　　【精巧】精细巧妙
【精美】精致美丽　　【精致】精巧细致　　【精细】精密细致
【精密】精确细密

这样的释义方式循环往复，对词典的使用者（无论是中国人还是外国人）的帮助到底有多大是值得怀疑的。因为对一个不理解“凶残”的意义的学习者来说，我们比较难假设他已经懂得了“凶恶”和“残暴”的意思。而根据这样的释义，使用者在查询了词典之后，能否正确理解“精致”“精细”“精密”的区别，则更是要打问号的。

笔者认为，过分依赖近义词释义法是《现代汉语词典》所存在的问题中最为突出和最迫切需要解决的。

2.3　释义时忽视对词语用法的展示与说明

如前所述，《现代汉语词典》的定位并非一本完全意义上的学习型词典，它的主要功能是解释词义。然而如果能在解释词义的同时，使使用者初步了解词汇的用法，特别是对一些用法与意义有很大关联的词汇来说，是很有价值的。

【至于】表示另提一事：这两年来，村里新盖的房子就有几百间，至于村民添置的电器，就不可胜数了。

类似于“至于”这样的词，如果不提它的用法，仅仅要从词义解释上使学习者明白它的意思是非常困难的①。因此对这样的词语来说，对其用法的解说应更加详细严密一些，才能使使用者真正理解其意义。“表示另提一事”这样的解释过于简单，使用者很难根据这个解释真正地掌握其意义与用法。

笔者认为，对“至于”一词的解释，至少应说明其在句中的常见位置以及其作用“引出与前一个话题有关的另一个话题”，并辅以较多的例句，甚至还可以对部分例句进行解释、说明，才能真正使使用者理解这个词的意义。

3　一些建议

前文提出了《现代汉语词典》在词语释义方面存在的一些问题。在这些问题中，本文最想提出讨论的是过分依赖近义词释义法的问题。这并不是说释义不准确或对用法解释不够等问题就不重要。但是笔者注意到，《现代汉语词典》再版数次，不断修订，编纂者对词典存在的这些问题是有所认识并在不断改进中的。比如：第五版释“纵横”为“竖和横”，而第六版改为“竖和横；横一条竖一条的”；第五版释“著称”为“著名”，而第六版改为“因著名而被称道”等。因此笔者认为并且有理由相信，这些问题是词典编纂中的细节问题，它将随着词典的不断修订而逐渐完善，限于文章的篇幅，我们暂不讨论。而与之相比较，释义时使用何种方法，每种方法使用到何种程度等问题是属于词典编纂的思路与方法论的问题，是更值得讨论的。

就笔者目前的不完全统计，近义词释义法在《现代汉语词典》中的使用频率占到了近30%左右，即词典中有近30%的词是使用这种方法来解释词

① “表示另提一事”这样的解释事实上也并不是在解释它的词义，而是在说明它在句中的作用。

义的。笔者并不完全排斥近义词释义法，但根据前文所述近义词释义法的缺陷，笔者认为其在词典中所占比例不宜太高。下面提出对解决这个问题的两条建议：

第一，结合汉语特点，分析构词语素的意义，从语素的本义入手，探求其构成合成词的理据，将有助于我们对词义本身的准确理解，从而避免一些不必要的近义词释义的出现。如前文对“精美”等词的解释，将“精美”释为“精致美好”，很多学习者由于也不理解“精致”之义，很容易简单地将“精美”理解为“美好、漂亮”的意思。笔者认为，“精”在汉语中的本义为“质量好的米”，因此引申为有“小而质量好”或“每一个细小之处的质量都很好”之义，故“精美”一词除了表示“美好”之义，更重要的是在于强调“事物的每一个细微之处都做得很好、质量很好”。因此在释义时强调这个意思，就能使学习者准确理解“精致、精美”的意义，避免造成学习者对近义词的混淆。

再比如《现代汉语词典》以近义词释义法将“清爽”一词分别释为“清洁凉爽（雨后空气清爽）”“轻松爽快（任务完成了，心里很清爽）”“整洁干净（把房子收拾清爽）”“清淡爽口（滋味清爽）”等义，不仅繁杂，而且不尽准确。如果能认识到“清”的本义是“水中杂质少”，因此就有“不多、少”的意思；而“爽”有“舒适”之义，故“清爽”实为“因某种事物少而感到舒服”的意思（“空气清爽”是因为空气的杂质少而感到舒服，“心里清爽”是因为压力少而感到舒服，“房间清爽”是因为杂物少而感到舒服，“滋味清爽”是因为调料少而感到舒服）。这样释义更为准确，避免了近义词释义的缺陷，也使得使用者更容易理解。

第二，在分析词语语素构成并准确掌握其词义的基础上，逐步采用描写性的释义法代替近义词释义法。描写性的释义法在准确分析词汇意义的基础上，采用浅显的语句描写、解说词汇的意义，从而使使用者更容易理解。与“以词释词”的释义法相比，描写性的释义方法往往更加细致、形象、具体。这种方法在当代有影响力的英文词典中有广泛的使用，如《牛津高阶英语词典》《朗文当代英语词典》等。而《柯林斯高级英语学习词典》更创立了“整句释义法”，将部分描写性的短语改为整句，力求词典的解释更加生动、具体。关于英文词典的这种释义方式，已有很多英语研究学者专文论及，此不赘述。下面仅列举两例，读者可以自行比较、体会两种释义方式的异同。

比如，“蜷缩”这个词，《现代汉语词典》将其释为“蜷曲收缩”。而

《朗文当代英语词典》将与之相对应的英文“curl up”释为“to move so that you are lying or sitting with your arms and legs bent close to your body”，相比之下，后者显然更容易让使用者理解其意义。

再如，《现代汉语词典》释“寂寞”为“孤单冷清”，而《柯林斯高级英语学习词典》将英文中相对应的“lonely”释为：“Someone who is lonely is unhappy because they are alone or do not have anyone they can talk to.”以简单的词汇、语句详细地描写出词汇的意义，是这种释义方法的特色。

笔者认为，这种描写性的释义方法在很多方面是值得汉语词典学习的。当然，汉语具备自身的特点，笔者也并不赞成汉语词典完全照搬英文词典的这种释义方法。然而，逐步减少近义词释义法的使用，而注意探索其他更为细致、具体、准确的释义方法，是《现代汉语词典》编纂工作中应当注意的方向。

参考文献

王弘宇．外国人需要什么样的汉语词典［J］．世界汉语教学，2009（4）．

中国社会科学院语言研究所词典编辑室．现代汉语词典［M］．北京：商务印书馆，2012．

（游黎，文学硕士，四川大学中文系在读博士，四川大学海外教育学院教师，主要研究方向为古汉语研究和面向对外汉语教学的汉语本体研究。）

中级汉语听力课堂教学思考

张晓洪

摘　要：本文从中级汉语听力课堂教学的实际出发，提出教师应高度重视听力课堂教学，做好充分的课前准备工作和听前准备工作，把握课堂节奏，保持课堂互动，从而让听力课发挥出其应有的作用。

关键词：听力课堂教学；重视；准备工作；课堂节奏；课堂互动

A Considered Opinion on the Intermediate Chinese Listening Teaching

Zhang Xiaohong

Abstract: According to this paper, TCSL teachers should pay great attention to Chinese listening teaching and make full preparation before class. Also, teachers should be in good controlling the rhythm of class and interacting with students in class, which allows listening course to play its proper role.

Key words: listening teaching; pay attention to; preparation; rhythm of class; interaction

在汉语作为第二语言的教学中，技能训练一直是重要的组成部分。其中，听说技能训练又是重中之重。在二语习得教学法理论体系中，强调听说领先的理论也占有一席之地。因此，在对外汉语教学实践中，口语听力课逐渐完善，形成一门不可或缺的独立课型，在留学生的汉语学习中起着不可小视的作用。

但在具体的教学实践中，真正受到教师和学生共同重视的课程还是综合课，其他如口语、听力、阅读等技能训练课或多或少会遭到教师和学生的轻视，听力课尤其突出。笔者通过对中级汉语听力课堂教学的实践和思考，认为在听力课堂教学中，作为教师，要注意下列几个问题。

1　做好准备工作是顺利教学的保证

也许有人会问："上听力课还需要备课吗？不就是放录音让学生听吗？有什么好准备的呢？准备什么呢？"在笔者看来，听力课的准备工作非常重要，这些准备工作分为课前准备和课堂中的听前准备。

1.1　课前准备

课前准备有两个含义，一是指新学期伊始，教师接受听力课以后，上第一堂听力课之前要做的一些准备，包括：（1）确定上课地点；（2）检查教室中的设备，比如电脑或录音机，事先操作一遍，既能熟悉机器的使用，又能确保机器功能完好；（3）将教材通读一遍并试听，对整个学期课时进度的安排做一个计划，对教材中的难点、重点了然于心。

其实"确定上课地点"这一条对所有课型都适用，这并不是说知道在哪儿上课就行了，而是要实地去看看，找到教室所在地并熟悉其环境及设备。在笔者所收集的教学案例中，不乏这样的例子：由于事先没有实地考察上课地点，上课第一天，教师四处寻找教室，导致迟到，或者因不知如何操作设备而耽搁大量时间。特别是在教师不熟悉环境或者校区跨度大、教学楼结构复杂、教室数量繁多的情况下，这一条显得尤其重要。

事先确定上课地点，最重要的目的就是检查并熟悉教室中的设备，在新技术广泛应用的今天，这同样适用于所有课型，但对听力课来说尤为重要，关系到教学能否顺利进行。笔者上期承担中级一①听力课。在第一堂课的前一天，笔者找到教室，熟悉环境并检查听力设备，发现设备不能用，换一台，声音太小，电源接触不好，再换一台，正常。熟悉使用后，将第二天上课的内容试听了一遍，发现录音材料中停顿时间太短，每个问题之后，只停顿两秒左右就进入下一题了，这么仓促的时间学生根本来不及看清选项并作

① 中级一是指学习者已经学习汉语一年，刚进入中级阶段学习，相当于本科二年级上学期水平。

答，这提醒我上课时在每个问题后要暂停录音，根据选项的长短、复杂与否给学生留出10~15秒的时间作答（后来在实践中，听第二遍时，停留时间可视情况缩短至7~10秒），那么，我教案中设计的各环节的课堂时间也要相应做出调整。

对外汉语教学有自己的特殊性，教师每学期面临的学生很大部分都不同，不一定都是你上学期教过的学生，甚至有可能完全是新面孔。学生和教师从陌生到熟悉有一个磨合的过程，因此，第一次课有着举足轻重的作用。如果第一次课因为教师课前准备不充分而导致事故或波折的话，会影响以后的教学进程以及师生的磨合。由此可见，课前做好上述三方面的准备对整个学期教学的顺利进行有着重要的意义。

课前准备的另一个含义就是每一堂课开始以前所做的准备，即我们通常所说的备课。对即将要教授的内容，教师应自己先听一遍，对本课即将训练的听力内容做到心中有数：哪些部分对学生来说比较容易，哪些比较难，难是难在哪儿——短语、词汇、语音语调还是句子太长、太复杂，有没有必要讲练，需不需要补充辅助训练的图片、教具、听力材料等，教师都应提前有所准备。

另外要提到的一点是，一般听力教材所配的录音都是每课从头至尾录一遍，而在实际课堂教学中，有的内容只需听一遍，有的内容却需要反复听两三遍。因此，基于我们目前的教学条件，教师在备课时，有必要先听一遍内容，记录下每一部分内容开始和结束的时间，以便在课堂教学时，不至于因为倒带不顺利而浪费宝贵的课堂时间。

1.2 听前准备

听前准备是课堂教学中的一个环节。开始听力训练以前，针对即将要听的内容，其中的生词、难词或重要的短语，可花少量的时间让学生先学习一下，必要时，有些词语可做简单讲解和练习；又或者对所听内容涉及的话题做简单的讨论，引入即将要听的内容。听前准备环节也就是开始听力训练之前的一个热身（Warm-up）。除了听前准备，有时针对不同部分的内容，听前也可有一个小小的热身，既是听前准备，又可让紧张的大脑得到片刻的休息。根据笔者的经验，提前将词汇短语板书写在黑板上，对学生很有帮助。

2 课堂节奏的把握和课堂互动

在上过听力课的教师中，有的认为听力课非常好上，很轻松；有的认为一点也不好上，课堂很无聊。觉得听力课好上或者不好上的教师，很大程度上是认为听力课没什么内容可讲，放着录音让学生听，然后对答案就可以了。甚至有教师放着录音，自己就去做别的事了。其实，听力课是有东西可上的，听力课也有它的课堂节奏，也处处充满互动。

首先，开始听语料以前，利用少量的时间对部分必要的生词短语进行学习，毫无疑问，这是一个互动学习的过程。前面提到的各部分内容的听前准备，也是一个小小的互动过程。

其次，听的过程中，也有互动的时机。有的听力内容，学生不能理解，是因为对背景不了解或不理解，这时，教师应补充必要的背景知识介绍，让学生了解中国人的思维方式、生活习惯、相处方式等。此外，在听的过程中，教师应时时关注学生的感受，注重学生的反馈，解决学生的问题，并据此调整课堂学习的节奏。以中级一听力为例，精听部分中的“听句子填空”，学生听起来比较顺利，犯的错误也少，这部分内容对他们来说比较简单，这时可征求学生意见，只听一遍即可，节奏可以快一点。而有的句子或对话内容如果学生反映很难，犯的错误也多，可以再听第二遍，有的特别难听懂的内容甚至可以听第三遍、第四遍，直到听懂为止①。针对短文的听力训练，教师也可视情况进行取舍。有的短文，对学生来说，生词极多，内容和句式都是学生极不熟悉且话题本身并非学生感兴趣的内容，教师可以引导学生听懂大意即可，甚至可以舍去。这样可以避免引起学生的烦躁情绪，打击学生的积极性和自信心。对于内容适中的短文，教师可以先提出一些问题，让学生带着问题去听，力求第一遍能听懂大意，第二遍再听一些细节的信息。在这里，顺便要提到的是，教师应教给学生听的方法，让他们边听边记，用最适合自己的方法、符号记录关键的词语、数字等，以避免边听边忘，听完就什么都不知道了②。

在课堂上要做到时时与学生保持有效互动，笔者的体会是，除了教师课前将上课的内容听一遍以外，上课时最好不用教师用书，而用学生用书，跟学生一起听、一起记，这样能促使教师像学生一样全神贯注地听材料，更能体会学生的感受，也更能检测出语料及选项是否准确。笔者就因为这样上课而发现有两处选项不明确，模棱两可，A 也可，B 也可，让学生无所适从，

---

① 我院中级一听力课采用的教材是《阶梯汉语 中级听力 1》，华语教学出版社出版。

② 关于听力训练技巧，本文在此处仅因需要而涉及，不做详细论述。

这时教师就应及时给学生做出解释，同时也能明白和理解学生为何这样选择，并据此估测学生的听力理解能力。试想，如果教师上课前不试听一遍，上课时不和学生一起听，只是手持教师用书，给学生报正确答案，固然很轻松，效果却差远了，甚至有误人子弟之嫌。学生感受不到老师的用心和热情，听力训练效果不佳，对听力课也会失去兴趣。

听后互动也是必需的。对所听的内容进行总结，对有趣的话题进行讨论，对学生的疑惑进行解答，既能帮助学生进一步理解听到的内容，也是对大脑紧张训练之后的放松，同时又是另一种方式的口语和听力训练，一举几得，何乐而不为呢？

总之，听力课教学的节奏，应以学生的需要和接受为原则，不能一味以进度要求和教师自己的主观想象为标准。这就要求教师除了熟悉教材内容以外，要多与学生交流，了解他们的需求，洞察学生的变化和感受，对教材内容进行适当的取舍和补充，根据学生的学习情况调整学期中的学习节奏，并根据每节课的情况及时对当堂课的节奏进行微调。这也说明，听力课不应是一堂沉闷无聊的“听”课，而应充满了教师与学生之间心灵的互动、眼神的互动、思想的互动以及语言学习的互动。

3　教师对听力课程的重视程度决定听力课的教学质量

最后我想说，教师对听力教学的重视是保证听力教学高效、高质量的重要因素。留学生们非常重视口语和听力能力的提高。笔者认为，部分学生之所以不重视听力课，在一定程度上与教师的不重视有很大关系。虽然外因是通过内因起作用的，但教师这个外部因素在很大程度上能促进学生这个内部因素起作用。如果教师发自内心地重视听力课，做好充分的课前准备，熟悉教学内容，考虑学生的感受，精心设计教学环节，教授学生听力技巧，激发学生的学习热情，使课堂学习充实而张弛有度，使学生学有所得，这样的听力课就是高质量的听力课，就会获得学生的重视，也一定会让学生有所收获。

（张晓洪，文学硕士，四川大学海外教育学院讲师，研究方向为对外汉语教学和研究。）

分层次教学模式在对外汉语教学中的应用及启示

——以美国犹他大学三年级中文课为例

周　丹

摘　要：针对目前对外汉语教学中普遍存在的同一班级学生水平参差不齐，各项语言技能发展不平衡，学习目标多元化，而单一的教学模式难以充分满足学生需求这一问题，本文以美国犹他大学中文课的分层次教学改革为例，对如何实施分层次教学，让不同水平、不同学习目标的学生都能学有所得提出了具体的建议，并阐述了分层次教学模式对对外汉语教学的重要意义。

关键词：对外汉语教学；分层次教学模式；实施；意义

The Application and Inspiration of Hierarchical Teaching Model in Teaching Chinese as a Second Language:

Take the Third Grade Chinese Class in the University of Utah as an Example

Zhou Dan

Abstract: More and more teachers noticed that the foreign students in the same class often have different language level and diversified learning goals, and the single teaching model is difficult to fully meet the needs of students. The thesis take the third grade Chinese class in the University of Utah as an example to discuss how to apply Hierarchical Teaching Model in Teaching Chinese as a Second Language, and elaborate the significance of the model for

Chinese teaching.

Key words：Teaching Chinese as a Second Language；Hierarchical Teaching Model；application；significance

随着中国经济的腾飞和国际影响力的增强，越来越多的海外留学生来到中国学习汉语，学生生源出现了国别多元化、需求多样化的特点。以往千人一面、标准单一的传统教学模式在实际教学中遇到了越来越多的挑战。适用于某一学生群体的教学内容和方法不一定适用于其他的学生群体，课堂上有的学生“喂不饱”，发牢骚，有的学生却“坐飞机”，同样不满意。尤其是高级班的汉语教学，始终是对外汉语教学的一个瓶颈。

要找到解决问题的办法，首先要找到产生这一问题的根源。众多学者已对此进行过探讨。总的来说，以上问题的产生主要缘于以下因素的共同影响：学生语言文化背景不同、学生学习能力存在个体差异、教师教学方式有待改进等。在此，笔者根据美国犹他大学三年级中文课程进行的教学改革，对如何兼顾各类学生的不同需求，有针对性地帮助他们提升汉语水平，提出一点自己的看法。

1　美国犹他大学中文课学生语言学习背景的差异

对母语相同、在自己所在国学习第二语言的学生来说，语言学习背景的差异是导致学生语言水平存在差异的一个重要原因。这一点，在笔者曾任教的犹他大学特别明显。这与当地的宗教信仰及历史文化背景紧密相关。

犹他大学的所在地——美国犹他州盐湖城是美国耶稣基督后期圣徒教会，也就是国内常说的“摩门教”的发源地和圣城。这里70%的居民信仰摩门教。摩门教规定，男孩在18岁后要传教2年，女孩则在21岁后自愿决定，时间是18个月。在中国台湾、中国香港乃至中国内地，摩门教的传播越来越广泛，而众多的摩门教徒也把学习中文当作传教的必要条件，在中文环境下的传教生活也为他们说一口流利的汉语提供了条件。这些传教士在传教结束后很多都回到高校继续自己的学业，因此在犹他大学的中文课堂，有不少有传教经历的学生。这部分学生与那些一直在母语环境中学习中文，但没有在中文环境下生活、学习过的学生相比，口语能力明显占很大优势，在课堂上也更为积极活跃。学生在语言水平上的这一差异给中文课的教学，尤其是中、高级班的教学带来了挑战。为此，犹他大学语言文学系在三年级中文课教学中开始尝试一项新的改革。

三年级中文课 CHIN3020 是犹他大学语言文学系在春季学期为本科三年级学生开设的一门中文课程。每周两次课，每次课 80 分钟，学生修业合格可拿到 3 个学分。该课的主讲教师是犹他大学语言文学系副教授玛格丽特·万（Margaret Wan）。她于 2000 年获哈佛大学东亚语言文化系博士学位，在中国明清文学研究方面屡有建树，并长期教授高年级学生汉语、中国文学、中国文化等课程。该课程的学生主要为本科生，还有个别进修生。其中有不少从中国台湾、中国香港及中国内地回来的传教士，而其他学生的汉语学习经历仅限于课堂学习。该课程教材为教师自选的语言材料，主要是发表在期刊上的与当代中国社会生活和文化相关的文章。

面对同样的教材和教学内容，学生表现出明显的两极分化。部分学生虽然已至少学习了两年以上汉语，但却难以在课堂上根据教材内容顺畅地表达自己的观点并和同学们展开讨论，学习起来较为吃力；另一部分学生则感觉教学内容相对简单，挑战性不够，整齐划一的教学模式难以有重点、有针对性地帮助自己提高汉语综合水平。在同一课堂上如何兼顾不同水平学生的学习需求，有针对性地帮助他们提高语言水平，调动每一个学生的积极性，让他们在学习中真正有所收获，同时也体会到成功的快乐？在经历了一段时间的思考和准备之后，万老师从 2013 年秋季学期开始，尝试了一种全新的授课方式。

2　美国犹他大学三年级中文课的尝试

从 2013 年春季学期开始，万老师在三年级中文课上采用了分组教学的模式，分层次、有针对性地开展教学。

开学后的两周是语言摸底期，通过一系列课堂口语、阅读和写作练习综合评估每一个学生的汉语总体水平，最后将学生分成红队和蓝队。红队的学生水平为“Advanced Low”（高级低）和“Intermediate High”（中级高），蓝队的学生水平为“Intermediate Mid”（中级中）和“Intermediate Below”（中级低)①。考虑到学生可能会对分组这一方式产生异议，开学伊始，教师就在课程说明时阐明了做这一教学改革的原因及其预期的效果，并强调分组并不代表任何等级差异，只会使教学过程更为公正合理，尽可能地满足每一位学生的需求，让每一位学生都能在充满挑战性的课堂上体会到语言学习的快乐。

为贯彻和实现以上目的，课程指南也分成相应的两个版本，在教材一致、练习机会均等及作业次数总体相同的原则下，对教学内容和评估标准进行了调整。课程按若干主题组织阅读材料，引导学生以阅读为基础，多方面地锻炼自己的听、说、读、写能力。在教学任务上也对两组学生提出了不一样的要求：红队在课堂上的口语练习多以口头报告的形式呈现，蓝队则主要以组员之间的对话训练为主。考虑到三年级学生的汉语学习要求，在课堂上更多地加入了对学生汉语写作能力的训练。在任务设计上，针对不同层次学生的实际情况给予相应的区分和考量。限于篇幅，在此仅选择部分代表性的题目加以说明②。

表 1　Writing Tasks for CHIN 3020

Thematic unit	In-class timed writing task	Homework
宗教	(Red Group: Intermediate High/Advanced Low) Write a letter from the girl to her parents, explaining her decision. [The other group of students will just have done a dialogue where one is the pregnant daughter of a pro-life minister, and the other is a social worker.]	请你谈一谈你参加过的一次宗教活动或宗教仪式 (Taiwan Today p. 127 #6)
种族	(Blue group) Write a letter to your parents explaining why you want to marry someone from another race, and describing his/her good points.	

① 这一水平划分是根据美国 ACTFL (American Council on the Teaching of Foreign Languages) Speaking Proficiency Guidelines Interpersonal 所作。

② 此处的写作任务表和下文的口语及写作评估标准均由犹他大学 Margaret Wan 副教授提供，特此致谢。

续表1

Thematic unit	In-class timed writing task	Homework
工作	(Red group) Summarize the main factors people use in choosing a profession. Explain which you think are most important, and why.	第一次找工作的经历 (Reading into a New China p. 158 #7)
工作	(All) What is your ideal job? Explain.	Cover letter and Resume. ①
婚姻	(Red group) What is the significance of the differences in what men and women in North America look for in a spouse? [Based on #6.1 北美婚恋观点调查（摘自《世界周报》）; they will have just had an oral discussion on it]	任选一题： 我所追求的爱情 我所向往的婚姻 我为什么不想结婚 (RINC 第220页#7)
婚姻	(Blue Group) When choosing a potential spouse, what are the most important factors to you? Explain.	Write an essay about your opinion of online dating using discourse connectors. (RINC 第252页#7)

“宗教”这一单元的内容设计可以清楚地反映出对两组学生的不同定位和要求。在读完一篇讨论堕胎问题的阅读材料后，红队的课堂任务是在规定时间内以一个女孩的口吻给她的父亲写一封信，告诉他自己的决定；而蓝队的任务则是口语练习，学生分组以一位反对堕胎的官员怀孕的女儿和一位社会工作者的身份进行对话。这样，在同一课堂上，在一部分学生进行某一话题写作练习的同时，另一部分学生也在热烈地讨论同一话题。这样既帮助口头表达能力已达到一定水平的学生提高了书面表达能力，又兼顾了口头表达能力尚待提高的学生的学习需求，使每一位学生都得到了与其实际水平相适应的语言锻炼，都能从将课堂“输入”变成个人“输出”的过程中体会到完成任务的成就感，避免了部分学生因练习难度超出实际水平而举步维艰，完不成任务，进而失去自信，失去学习兴趣。

在“婚姻”这一单元，红队须完成的课堂任务是根据阅读材料，针对北美男性和女性择偶标准的不同进行讨论，课后须从栏中所示的三个题目中任选一题写成作文。蓝队的课堂任务则是写一段话阐明自己在择偶时最看重哪些方面。课后作业则是写一篇文章阐明自己对“网络约会”的看法，并要注

① 因篇幅限制，此处略过具体要求。

意使用连接词。以上教学内容的设计也鲜明地体现出对不同层次学生的区别性关照。红队的任务体现为小组讨论和书面写作相结合，学生须对阅读材料进行归纳、总结和比较，并和其他同学互动交流。写作题目也是开放性的，能使学生联系自身实际进行深入阐述；而蓝队的写作训练则侧重于客观陈述，更易于操作。两队的课后作业均与教学内容呼应，并进一步联系到学生的实际生活和个人感受，使学生对婚恋问题的探讨更为具体、深入。

值得一提的是，在总体上实施分层次教学的同时，该门课程也注意了“分中有合”。如在“工作”这一单元，不管是红队还是蓝队，每位学生都要对自己心目中的理想工作进行说明，并为自己草拟一份求职信和简历。这从一个侧面可以反映出教师在教学内容的设计上既考虑了话题的能产性、开放性，对教学内容的实用性、针对性也有充分的考量。

与课堂教学分层次展开相适应的是，该门课程对学生进行等级评估时分别采用了两套标准，因为篇幅的限制，以下仅以口语和写作评估标准中的最高等级为例，从对照中我们可以看出一些明显的差异。

表 2 Oral Assessment Rubric：Red group

4	Showed awareness of register 关注评估者的要求[①] Spoke in paragraphs using discourse connectors 能成段表达并使用连接词使语义连贯 Substantiated an opinion with reasons，evidence，etc. 能充分有据地论证某一观点 Used precise vocabulary 用词准确 Used a wide range of grammar constructions with minimal errors 能使用大量的语法结构且错误很少 Good pronunciation and tones with minimal errors 发音和声调标准 Dealt with complications confidently 遇到困难能应对自如

表 3 Oral Assessment Rubric：Blue group

4	Communicates meaning effectively 交流有效 Speaks with confidence，without many hesitations 发言自信，较少出现迟疑 Speaks in linked sentences or basic paragraphs with some use of discourse connectors 能用句子和段落表达并使用连接词使语义连贯 Uses appropriate vocabulary 用词恰当 Uses grammar and word order with minimal errors which do not interfere with understanding 用词和语法错误很少，不影响理解 Good pronunciation and tones：minimal errors which do not interfere with understanding 发音和声调标准，不影响理解

① 为便于对照阅读，笔者为评估标准加上了中文译文。

表 4 Writing Assessment Rubric：Red group

4	Writes in paragraphs with good organization using discourse connectors 能成段写作并恰当地使用连接词 Used precise vocabulary 用词准确 Used 2 new grammar patterns from recent lessons 用到 2 个最近学到的语法范例 Used a wide range of grammar constructions with minimal errors 使用大量的语法结构且错误很少 Writes characters with minimal errors 极少出现错别字

表 5 Writing Assessment Rubric：Blue group

4	Communicates meaning effectively 表达有效 Writes in linked sentences or basic paragraphs 能用句子和段落表达 Uses appropriate vocabulary 用词恰当 Uses correct grammar and word order，with minimal errors which do not interfere with understanding 能正确使用词汇和语法，错误很少，不影响理解 Writes characters with minimal errors which do not interfere with understanding 错别字少，不影响理解

在写作能力评估标准后有一条补充说明，要求学生必须手写，红队的字数要求为至少 150 个字，蓝队至少 75 个字。可以看出，无论是口语评估标准还是写作评估标准，对两组学生的要求均体现出梯级差异。总的来说，对水平相对较高的红队更强调考查学生用中文进行成段表达、阐述自己观点的能力；在语意连贯、论述的充分程度、用词用语的准确性、交流的有效性等方面，对红队的要求也明显高于蓝队。

需要提到的是，考虑到学生语言水平和学习需求的动态发展，该课允许学生根据自己的水平发展状况申请调换到另一组。这种动态调整既增强了学生的学习动力，鼓励他们给自己更大的挑战，又给那些“吃老本”、不思进取的学生带来了压力，使他们不敢懈怠，以更高的标准要求自己，从而形成一种良性的竞争和激励机制。

从以上课程内容及评估标准的改革可以看出，为了充分满足不同层次学生的需求，使每一个学生学有所得，任课老师可谓用心良苦，在课程内容设计、课堂组织、创新教学方法、制定评估标准等方面付出了双倍的努力。这一努力也得到了应有的回报——从实施这一教学改革的第一个学期开始，该课的评教结果明显高于往年，鲜有学生再抱怨课程内容过难或过于简单。而这一教学成果也在齐德立教授主持的犹他大学中文教学组的研讨会上进行了交流。

3 分层次教学法的重要意义

目前，对汉语本科生及中长期进修生，国内高校普遍采用分班教学的模式开展教学。将学生分为初、中、高三个等级，每个等级再分成若干个班，开课前进行分班考试，根据学生的考试成绩和汉语水平将其编入不同的班。分班时，往往在同一个班安排不同国别的学生，以避免学生依赖母语进行交际。这样的分班模式为学生提供了更多使用汉语的机会，有助于营造一种多元互助的学习氛围，增进不同文化学生之间的相互了解，但同时也给教学带来一些问题。在教学过程中，笔者常常发现，从学生个人的角度来说，同一学生在听、说、读、写能力上往往存在明显的不平衡性；从班级整体水平来说，不同学生之间这种不平衡性也非常明显。以汉字学习为例，欧美学生在汉字读写方面遇到的障碍就明显大于日韩等国学生。此外，学生在学习目的和学习动机、认知能力和学习能力等方面也存在较大差异。例如，部分学生学习汉语只是为了便于在生活或工作中与中国人进行口头交流，提高中文书写能力并不是他们的关注点。如果以整齐划一的教学方式去要求他们，容易使他们产生畏难和逃避情绪，与同学的差距越来越大，很难积极有效地投入到课堂讨论和小组活动中。那么，对于这些普遍存在的问题，如何找到更好的解决方法呢？犹他大学三年级中文课的教学改革证明，分层次教学模式是值得尝试的一条有效途径。

所谓分层次教学（Differentiation），也称复式教学，是指针对教学中客观存在的学生水平差异现象，对不同层次的学生制定不同的教学目标，采取不同的教学方法，实施不同的教学方案，布置不同的探究任务，创设不同的探究问题的情境，使每个学生都能得到适当的主动发展，使得不同层次的学生都学有所得的策略体系（李娜，2009）。它并不是要降低对学生的要求，而是根据学生的现有水平安排合适的学习内容。这一理念充分体现了孔子“因材施教”的教育思想。

与传统的分班教学模式相比，分层次教学模式立足于学生的个体差异，更关注他们能够提高和发展的区域，力求分层次、有针对性地帮助学生提高汉语综合能力。学生在学习过程中也能够给自己一个准确的定位，避免因学习内容超越自身实际水平而带来焦虑感和受挫感。此外，水平接近的学生一起完成课堂任务也保证了分组练习的互动性、有效性，而动态分层使学生可以在不同层级间流动，也让学生有机会、有动力向更高层次发起挑战。以上特点均使课堂氛围更为积极、活跃，激发了每个学生的积极性和创造性。

目前，国内对外汉语教学界对分层次教学模式的研究尚未充分展开，对如何在教学中实施这一模式讨论还不够深入，具体的可供借鉴的操作性的案例研究较少。其中，郭慧晶（2012）曾对韩国忠南大学孔子学院未实施差异教学的初级口语早班和实施差异教学的初级口语晚班进行了对照分析。蔡婷婷（2012）则根据自己在国际学校（中学）的教学经历，探讨了分层次教学策略在初级水平汉语教学过程中的实施。本文则是以美国综合性大学的三年级中文课程为例，从教学对象、教学内容、评估标准等如何具体地实施分层次教学这一角度展开讨论。虽然犹他大学的这一课程在生源结构、教学目标、课程设计等方面与国内高校存在差异，但其教学理念和具体操作模式对国内的汉语教学仍具有重要的借鉴和启发意义。

需要强调的是，在同一课堂实施分层次教学，教师的作用尤为关键。犹他大学中文课的教学改革告诉我们，“众口难调”不应成为教师墨守成规的借口，只要教师做一个有心人，课堂教学真正做到以学生为本，“让每一个学生都学有所得”并非是无法企及的目标。而如何营造宽松自由又积极主动的学习环境，既照顾到每一水平层次的学生，又使整个课堂协调统一，是有志于尝试这一教学模式的教师们需要进一步探索和思考的问题。此外，实施分层次教学对教材编写也提出了新的要求。希望今后有更多的以分层次教学为编写原则的教材出现，而现有的适用于传统教学模式的教材在对内容做更新调整时，也应考虑更多地体现分层次教学这一理念，充分满足学生的不同需求，同时也为教师转换思路、改进教学方式提供有益的引导。

参考文献

蔡婷婷. 国际学校（中学阶段）分层次教学初步研究［D］. 长春：吉林大学，2012.
郭慧晶. 差异教学在对外汉语教学中的应用研究［D］. 济南：山东大学，2012.
李娜. 分层次教学在对外汉语教学中的应用与研究［J］. 现代语文，2009（10）：132.

（周丹，女，文学博士，四川大学海外教育学院副教授，研究方向为文化研究与对外汉语教学。2012年12月—2014年5月作为公派汉语教师任教于美国犹他大学孔子学院。）